사회복지시설 운영론

박용순 · 송진영 · 권성애 지음

창지사

머리말

사회복지시설운영론은 사회복지관련 학생과 실천현장의 사회복지전문가들을 위한 지식과 실천의 안내서이다. 저자는 지난 20년 이상 『사회복지행정론』을 집필하여 강의해 오면서 사회복지행정의 확장된 시각과 현장중심의 접근으로서의 교재의 필요성을 갖게 되었다. 특히 사회복지시설운영의 관점에서 사회복지행정의 중요성을 감안하여 사회복지시설론을 강의하고 현장에서 시설운영의 경험이 있는 강사와 사전에 협의하여 공동으로 교재를 집필하게 되었다.

지금까지 사회복지시설들은 총체적 경제위기와 열악한 사회복지환경 속에서 사회복지 마인드를 실천하며 일익을 담당해 왔으나, 사회복지시설을 운영함에 있어서 많은 문제점을 내재하고 있는 것은 사실이다. 이로 인해 사회복지시설에 대한 평가제도의 개선, 사회복지환경에 대한 시정 등 시설의 효율적인 운영과 전문적인 경영능력에 대한 부담감을 안고 있다.

본서는 이와 같은 시대적 환경 속에서 사회복지시설 종사자, 운영자, 그리고 사회복지를 공부하는 학생들의 사회복지행정과 사회복지시설운영에 대한 이해를 높이기 위해서, 사회복지시설의 설치 및 운영 전반에 관한 이론과 실제를 다양한 사회복지이론과 실천현장의 경험을 바탕으로 구성하였다. 즉, 학생들과 독자들이 사회복지시설운영에 대해 포괄적이고 체계적이며 쉽게 이해할 수 있도록 전체 내용을 3부로 구분하여 '사회복지시설 총론', '사회복지시설 운영론', '사회복지시설 분야론' 등으로 제시하였다.

제1부 '사회복지시설 총론'에서는 사회복지시설의 기본적인 이해를 바탕으로 사회복지현장에서의 인권과 사회복지시설의 역사적 배경은 어떠하며, 지역사회와 사회복지시설의 관계와 설립에 대한 내용 등을 제시하였다. 이에 따라 제1장 사회복지시설의 이해, 제2장 사회복지시설의 인권, 제3장 사회복지

시설의 역사, 제4장 사회복지시설과 지역사회, 제5장 사회복지시설의 설치 등으로 구성하였다.

제2부 '사회복지시설 운영론'에서는 사회복지시설을 운영하는 데 필요한 사회복지행정의 관점에서 시설운영방법을 제시하였다. 이에 따라 제6장 사회복지시설의 인적관리, 제7장 사회복지시설과 프로그램기획, 제8장 사회복지시설의 마케팅홍보, 제9장 사회복지시설의 재정관리, 제10장 사회복지시설과 평가 등으로 구성하였다.

제3부 '사회복지시설 분야론'에서는 최근 사회복지시설 중에서 가장 관심이 있는 분야를 선택하여 제시하였다. 이에 따라 제11장 사회복지시설과 재가복지서비스, 제12장 아동복지시설, 제13장 장애인복지시설, 제14장 노인복지시설 등으로 구성하였다.

본 교재를 집필하면서 독자에게 유익한 사회복지시설운영론을 제공하기 위해 나름대로 노력하였으나 미흡한 부분이 많음을 솔직히 고백하지 않을 수 없다. 독자 제현들의 비판적 충고와 넓은 학문적 가르침을 진심으로 기대한다. 특히 본서를 출간하면서 먼저 학문적 · 인격적 · 신앙적으로 이끌어 주신 고 어윤배 총장님께 머리 숙여 깊은 감사드리며, 필자가 본 대학에 봉직하는 데 항상 힘이 되어 주신 학부 교수님들께 감사를 드린다.

본서의 개정을 위해 함께 힘든 작업을 하면서 소중한 시간을 할애해 준 공동저자인 송진영교수와 권성애교수에게 감사한다. 향후 지속적으로 사회복지 관련 분야에서 저서를 집필하며 사회복지를 공부하는 학생들에게 전문적으로 도움을 주는 저자가 되기를 기대해 본다. 본서가 출판되기까지 세심한 교정과 자료정리를 해준 대학원 박현숙 조교에게 매우 고맙게 생각한다. 그리고 적극적으로 출판을 맡아주신 김기섭 사장님, 출판을 위해 많은 협조와 수고를 아끼지 않으신 이상대 부장님과 편집부 여러분에게도 깊은 감사를 드린다.

2012년 1월
수리산 기슭의 연구실에서
대표저자 박용순

차례

제1부 사회복지시설 총론

Part 01

제1장 | 사회복지시설의 이해

사회복지시설은 일반적으로 사회복지의 목적을 실현하기 위한 정부의 제도적 실천의 장이다. 즉, 사회복지정책의 구체적인 서비스로서 도움을 필요로 하는 클라이언트에게 제공하는 급부형태를 말한다. 그리고 사회복지시설은 이를 사용하는 클라이언트와 그 가족의 모든 조건에 의하여 이루어지는 문제상황과 이에 대응하는 서비스제공의 요인에 의하여 구성된 유기체라 할 수 있다. 이에 사회복지시설은 지역사회에 필요한 기관으로서 시설생활자와 함께 살아가는 이웃으로 여길 수 있도록 올바른 이해가 선행되어야 한다. 따라서 본 장에서는 첫째, 사회복지시설의 개념, 둘째, 사회복지시설의 종류 및 유형, 셋째, 사회복지시설의 기본원리 등을 중심으로 살펴보고자 한다.

제1절 사회복지시설의 개념

1. 사회복지시설의 정의

사회복지시설(social agency)이란 사회복지사업법 제2조의 사회복지사업을 행할 목적으로 설치된 시설을 의미한다. 사회복지시설 여부는 시설운영자의 주관적인 목적이 아니라 실질적으로 사회복지사업을 행하는지에 따라 판단하며, 국가 또는 지방자치단체, 사회복지법인 또는 비영리법인, 개인 등은 결격사유가 없는 한 누구나 사회복지시설을 설치 · 운영할 수 있다(보건복지부, 2011: 1). NASW(1987: 15)의 사회복지사전에 의하면, 사회복지시설은 특별한 사회문제를 가지고 있거나 그러한 사회문제를 갖게 될 위험이 있는 사람에게 일정한 범위 내의 사회복지서비스를 제공하기 위하여 사회복지사와 사무직원, 기타의 직원들로 구성되고 이사회에서 운영하는 조직이나 시설로 규정하고 있다.

Goffman(1961: 22)에 의하면, 사회복지시설(total institutions)은 가정생활을 특수한 모양으로 변환시킨 공동체와 관료기구적 또는 형식적 조직체와의 사회적 혼혈체임과 동시에 그 안에서 생활하는 시설생활자를 어떤 특수한 방향으로 변화시키는 강제력을 갖춘 사회적 제어장치로 정의하고 있다. 박태영(2009: 17)에 의하면, 사회복지시설이란 사회문제를 갖고 있거나 그러한 문제의 위험이 있는 사람들에게 생활(수용), 통원, 기타의 방법으로 일정한 범위의 사회복지서비스를 제공하기 위한 물리적 · 기능적인 제 자원의 총체라고 정의하였다.

사회복지시설은 단순히 건물, 설비, 기자재 등의 외형적인 것만을 의미하는 것은 아니며, 외형적인 것과 더불어 시설생활자에게 제공되는 각종 서비스를 포함하고 있다. 즉, 시설직원이나 자원봉사자, 지역사회주민이나 각종 단체에 의해 제공되는 다양한 서비스와 지역사회주민에게 제공되는 사회복지서비스, 그리고 시설직원이나 자원봉사자, 지역사회주민이나 각종 단체에 의해 제공되는 다양한 서비스와 지역사회주민에게 제공되는 사회복지서비스, 사회복지 교육, 상담, 각종 서비스까지 포괄하고 있다.

이상의 사회복지시설을 종합적으로 정의하면, 사회복지시설은 지역사회에 살고있는 클라이언트, 즉 심신의 미발달, 미성숙, 노화 혹은 심신의 장애로 인한 핸디캡 등으로 인해 다른 무엇인가에 의존하지 않으면 자립이 곤란한 조건하에 있는 사람들에게 필요한 도움을 제공하는 기관이다. 이는 아동, 노인, 장애인 등 스스로 정상적인 사회생활을 하기 어려운 사람들에 대해 보호 · 치료 · 자립 등의 서비스를 제공할 목적으로 통원 · 수용 기타의 방법으로 이들에게 편익을 제공하기 위해 마련된 장소 · 설비 · 건조물 등의 외형적인 것과 시설생활자나 이용자에게 제공되는 서비스 등을 포함하고 있다.

2. 사회복지시설의 용어

사회복지시설이라는 용어는 사회복지영역에서 사회복지기관의 호칭과 혼용되어 사용하고 있다. 용어의 쓰임새에 대하여 정리해 보면, 사회복지관계법규에서는 사회복지시설이라는 용어만 사용되고 사회복지기관이라는 용어는 사용하지 않고 있다. 그러나 사회복지현장에서는 모든 사회복지시설 및 기관을 포함하여 사회복지기관으로 사용하는 경우가 있고, 협의의 사회복지기관은 사회복지분야에서 간접적인 서비스 기관(각종 협의회, 협회, 연합회 등)과 이용시설(사회복지관, 각종상담소, 보육시설 등)을 지칭하고 있다.

사회복지시설은 운영주체에 따라 ① 국가, 지방자치단체가 직접 시설을 설립하고 운영하는 '공립공영시설', ② 국가, 지방자치단체가 시설을 설립하고 민간단체에서 위탁 · 운영하는 '공립민영시설', ③ 민간이 설립하여 지자체에 맡기는 '사립공영시설', ④ 개인이 설립하여 운영하는 '사립민영시설' 등으로 구분할 수 있다. 그리고 사회복지시설은 이용형태에 따라 크게 생활시설과 이용시설로 구분할 수 있다. ① 이용시설은 지역사회복지관, 노인종합복지관, 장애인종합복지관 등의 복지관과, 재가센터(주간보호서비스, 단기보호서비스,

방문요양, 방문목욕, 방문간호) 등이 있으며, ② 생활시설은 노인복지시설, 장애인복지시설, 아동복지시설 등이 있다. 여기서는 사회복지시설이라는 용어로 통일하여 사용하고 협의의 사회복지시설인 생활시설에 초점을 두고 있다.

3. 사회복지시설의 특징

'사회복지시설의 특징은 다양하게 구분할 수 있다. 여기서는 '생활거점의 공간으로서 시설', '인격형성의 장으로서 시설', '사회생활준비의 터로서 시설' 등으로 구분하여 제시하고자 한다.

1) 생활거점의 공간으로서 시설

사회복지시설은 이용자에 있어서 필수적으로 생활을 영위할 수 있는 장소이다. 시설은 가정은 아니지만 교육, 휴식 등 개인적으로 정서안정이 가능한 조건을 정비하고 더 나아가 재활, 치료, 훈련 등의 기능을 배치할 필요가 있다. 우선 생활의 기본적 조건을 명확히 하여 이용자가 쾌적하고 유효한 생활을 영위할 수 있도록 측면 혹은 전면적으로 원조하는 것이 사회복지시설의 본질이다. 즉, 인간으로서 삶의 의욕을 갖고 생활할 수 있는 시설의 장을 통해 스스로 살아가는 기회가 주어져야 할 필요가 있다. 그리고 사회복지대상자인 아동이나 노인, 장애인 등에게도 '살아있다고 하는 자각과 함께 삶을 갖고 있는 자신을 현 시점에 놓여있는 형편에서 충실히 사는 것'이 생활이라는 것과 충실히 산다는 것이 자기 존재감이라는 것을 알게 하고, 이것이 '삶의 보람'과 연결될 수 있도록 해야 한다.

2) 인격형성의 장으로서 시설

사회복지시설은 생활의 거점으로서 정서적 안정이 이루어진다면 인격형성의 효과적인 장으로서 위치가 부여된다고 할 수 있다. 일반적으로 문제성이 강한 아동의 배경에는 부모의 정서불안에 의한 아동의 정서불안의 경우가 많이 나타나고 있다. 개인적 정서의 안정이 회복되지 않으면 자주성이나 적응능력도 발휘하지 못하고 여유있는 태도도 생기지 않으며, 지식의 습득도 불가능하게 된다.

아동의 발달은 능력유지, 즉 대인관계의 폐쇄적 경향을 예방하는 등 노화에 따르는 모든 현상의 발생을 예방하는 것과 관계가 있다. 그리고 인생 전체에 영향을 미치는 것으로서 인격구조의 재형성과도 관계가 있다. 또한 시설에 있어서, 서비스의 전문직원 및 이용자의 상호관계가 그의 발달과 재형성에 작용하게끔 돕는 배려가 시설서비스의 중요한 포인트가 된다는 것을 인식할 필요가 있다.

3) 사회생활준비의 터로서 시설

사회복지시설에서의 생활은 사회복지나 가족복지를 전제로 가정의 기능을 충당한다는 연장선상에 위치하고 있다. 이는 자칫 시설보호로서 지역사회로부터 격리될지도 모르지만, 기본적으로 시설보호가 지역주민의 한사람으로서 의식을 불어 넣을 필요가 있으며 주민의식에 의해 지지되고 있는 시설생활이 전개되어야 한다.

올펜스버거(Wolfensberger, 1972)는 사회복지시설은 문화적으로 표준적인 개인의 행동과 성격을 확립하고 그 유지를 위하여 가능한 모든 방법을 동원하여 대응하는 것임을 강조하고 있다. 특히 아동의 경우 현저하게 나타나고 있는 예로서 사회복지시설의 생활에서는 적응력이 있으며, 문제가 적은 착한 어린이로 생각되는 아동이 시설에서 퇴소하면 사회적 부적응을 일으키기도 하고 자살미수를 반복하는 경우를 볼 수 있다. 이것은 아동 자신의 문제로 생각할 수 있지만 시설이용기관에 있어서 서비스 접근의 부재로 볼 수 있다. 범사회적인 시설서비스가 문화적이고 표준적인 대응이 되지 못했음을 의미하고 있다.

이상의 문제점을 시정하기 위해서는 전술했던 시설이용자에 대한 지역주민의 이해와 시설과의 교류관계, 즉 시설수용자와 주민과의 심리적 거리감이 없는 관계성이 창출될 필요가 있다. 이를 위한 구체적인 전개로서 하나하나 전개해 가는 과정이 이용자에게 사회생활의 준비로 매우 중요하다. 따라서 사회복지시설의 서비스는 지역사회 생활과의 관계에 의해 전개되는 것이 바람직하다고 본다(석정철실 · 길택한자, 1986: 216).

제2절 사회복지시설의 종류 및 유형

사회복지시설은 구분하는 종류에 따라 다양하게 유형화될 수 있다. 여기서는 먼저 사회복지시설의 종류를 개략적으로 설명하고, 사회복지사업법을 중심으로 사회복지시설의 유형을 제시하고자 한다.

1. 사회복지시설의 종류

1) 운영주체에 따른 구분

사회복지시설은 국가, 지방자치단체, 사회복지법인, 비영리법인, 개인 등 어느 누구나 설치 · 운영할 수 있다. 따라서 운영주체에 따른 분류를 제시하면 다음과 같다.

- 공립공영(公立公營) : 국가가 설치하여 국가가 직접 운영
- 공립공민영(公立公民營) : 국가가 설치하여 관 · 민 합동으로 운영
- 공립민영(公立民營) : 국가가 설치하여 민간에게 위탁하여 민간이 운영
- 사립민영(私立民營) : 민간이 설치하여 민간이 운영
- 사립공영(私立公營) : 민간이 설치하여 국가에 위탁하여 국가가 운영

〈표 1-1〉 운영주체에 의한 분류

설립주체 운영주체	공 립	사 립
공 영	공립공영	사립공영
민 영	공립민영	사립민영

2) 시설이용방법에 따른 구분

시설이용방법 면에서 대상자에게 사회복지서비스가 제공하는 장(場)에 따라 구분된다. 따라서 시설이용방법에 따른 구분을 제시하면 다음과 같다.

(1) 생활시설

생활시설은 요보호대상자들을 24시간 일정한 장소에서 보호하는 시설이며, 일반적으로 호칭되고 있는 사회복지시설들이 이 부류에 속하고 있다. 일반적으로 생활시설은 심신발달, 미성숙, 노화, 심신장애 등으로 타인을 향한 의존이 없이는 자립생활이 곤란한 조건하에 있는 사람으로서, ① 이들을 보호해야 할 가족이 어떠한 이유이든 현재 없던가, 있다 하더라도 가족의 부양기능이 결여되어 가족 내에서 생활이 곤란하고 부적당한 경우, ② 각종 장애로 인한 치료보호의 이유로 가정 또는 가족으로는 대처할 수 없는 경우, ③ 경제적 곤궁에 의해 자립생활이 곤란한 경우 등에 있는 사람들에게 그의 생존권을 보장하는 시설을 말한다(사회복지사전, 1993).

(2) 이용시설

이용시설은 재가 혹은 수용시설의 보호대상자들을 통원하게 하여 서비스를 제공하는 시설이며, 사회복지관, 장애인복지관, 노인복지회관, 영유아보육시설인 어린이집 등이 속하고 있다. 따라서 이용시설을 두 가지 의미로 구분할 수 있다(사회복지사전, 1993).

첫째, 시설의 이용형태에 따라 생활시설에 대비하는 통원시설이라고 하는 점이다. 통원시설에서는 전문적인 프로그램을 가지고 재가의 요보호자를 치료, 교육, 훈련, 갱생시키는 것을 말하며, 이러한 통원시설에서는 지역주민이 선택적 혹은 주관적으로 매일 이용하는 시설과 제한적으로 사용하는 경우가 있다. 이러한 통원시설에는 노인이나 장애인복지센터, 노인휴양시설, 아동관, 사회복지관, 인보관, 커뮤니티센터 등이 있다.

둘째, 조치시설에 대한 계약시설을 이용시설이라 하는 경우이다. 이는 조치권과 관계없이 본인의 자유의지에 따라 시설장과 계약하여 시설을 이용하는 것을 의미한다. 예컨대, 유료노인시설과 적은 돈으로 입소가 가능한 노인시설 등을 말한다. 아동, 장애인, 노인, 부녀 등의 기존 시설과 각종 사회복지 관련 정부기관(아동상담소, 복지사무소)과 사회복지협의회, 사회복지관 등과 상호 연계하여 활용될 수 있는 방안이 모색되어야 한다. 즉, 노인이나 장애인들의 생활시설이 훌륭한 설비를 갖추었다고 해도 입지조건이나 시설의 운영상 지역주민들에게 별로 활용되지 못하거나 이용이 전혀 되지 못하는 시설이 있을 것이다. 이러한 시설들은 지역사회에 더욱 개방화하여 지역사회 내에서 서비스프로그램이 상호 이용될 수 있도록 시설의 사회화가 선행되어야 한다. 따라서 장애인과 정상아동 간에 통합화와 정상화의 이념에 따라 상호 서비스를 교환할 수 있는 다목적 시설로서 성격이 전환되어야 한다.

(3) 중간시설

중간시설이란 영국과 미국의 Halfway House를 번역 사용한 데서 유래되었다. 영국에서는 병원으로부터 가정에 복귀하기까지 중간의 시설을 총칭하여 사용되었으나, 현재는 중간의 서점을 의미하는 시설로서의 명칭으로 사용되고 있지 않다(이종복 외, 2010). 미국은 중간시설을 정신장애인이나 형무소 출소자들의 사회복귀시설로서 의미하며, 일본의 경우는 노인의 사회복귀시설로 이해하면서 의료나 복지시설 혹은 지역사회와의 중간에 위치한 시설로서 막연히 이해되고 있다. 따라서 중간시설의 의미를 종합해 보면, 의료와 복지시설, 그리고 가정과의 중간에 위치한 시설의 총칭으로 보는 견해가 지배적이다.

3) 사회복지관계법에 따른 구분

사회복지관계법에서 규정하고 있는 사회복지시설의 유형으로 아동복지법, 노인복지법, 장애인복지법, 모 · 부자복지법 등에서 사회복지시설을 구분하여 설명하고 있다.

2. 사회복지시설의 유형

사회복지사업법에서 규정하고 있는 사회복지시설의 유형을 구체적으로 제시하고자 한다(보건복지부, 2011: 4). 이에 사회복지시설의 종류는 〈표 1-2〉와 같다.

1) 아동복지법에 의하여 설치되는 아동복지시설 (아동복지법 第52조)

동법은 2000년 개정되어 가장 큰 변화가 일어난 것으로서, ① 다른 사회복지서비스법과는 다르게 유일하게 시설의 종류가 시행령에 규정되어 있었으나 이번 개정으로 법에 규정되었고, ② 아동복지시설의 활성화를 위하여 종합시설로 설치할 수 있다는 조항 등 많은 이점을 제시하였다.

- 아동양육시설 : 보호대상아동을 입소시켜 보호, 양육 및 취업훈련, 자립지원 서비스 등을 제공하는 것을 목적으로 하는 시설
- 아동일시보호시설 : 보호대상아동을 일시보호하고 아동에 대한 향후의 양육대책수립 및 보호조치를 행하는 것을 목적으로 하는 시설
- 아동보호치료시설 : 아동에게 보호 및 치료 서비스를 제공하는 다음 각 목의 시설
  - 불량행위를 하거나 불량행위를 할 우려가 있는 아동으로서 보호자

가 없거나 친권자나 후견인이 입소를 신청한 아동 또는 가정법원, 지방법원소년부지원에서 보호위탁된 19세 미만인 사람을 입소시켜 치료와 선도를 통하여 건전한 사회인으로 육성하는 것을 목적으로 하는 시설

- 정서적 · 행동적 장애로 인하여 어려움을 겪고 있는 아동 또는 학대로 인하여 부모로부터 일시 격리되어 치료받을 필요가 있는 아동을 보호 · 치료하는 시설

- 공동생활가정 : 보호대상아동에게 가정과 같은 주거여건과 보호, 양육, 자립지원 서비스를 제공하는 것을 목적으로 하는 시설
- 자립지원시설 : 아동복지시설에서 퇴소한 사람에게 취업준비기간 또는 취업 후 일정 기간 동안 보호함으로써 자립을 지원하는 것을 목적으로 하는 시설
- 아동상담소 : 아동과 그 가족의 문제에 관한 상담, 치료, 예방 및 연구 등을 목적으로 하는 시설
- 아동전용시설 : 어린이공원, 어린이놀이터, 아동회관, 체육 · 연극 · 영화 · 과학실험전시 시설, 아동휴게숙박시설, 야영장 등 아동에게 건전한 놀이 · 오락, 그 밖의 각종 편의를 제공하여 심신의 건강유지와 복지증진에 필요한 서비스를 제공하는 것을 목적으로 하는 시설
- 지역아동센터 : 지역사회 아동의 보호 · 교육, 건전한 놀이와 오락의 제공, 보호자와 지역사회의 연계 등 아동의 건전육성을 위하여 종합적인 아동복지서비스를 제공하는 시설

〈표 1-2〉 사회복지시설의 종류

관련법	시설종류	세부종류		소관부처
		생활시설	이용시설	
사회복지사업법	사회복지관 부랑인 · 노숙인 시설 결핵 · 한센시설	• 부랑인 시설 • 결핵 · 한센시설	• 사회복지관 • 노숙인쉼터 • 상담보호센터	
노인복지법	노인복지시설	• 노인주거복지시설 • 노인의료복지시설	• 재가노인복지시설 • 노인여가복지시설 • 노인보호전문기관	보건복지부
농어촌 주민의 보건복지증진을 위한 특별법	복합노인복지시설	• 농어촌 지역에 한해 노인복지법 제31조 노인복지시설을 종합적으로 배치한 복합노인복지시설을 설치 · 운영 가능		
아동복지법	아동복지시설	• 아동양육시설 • 아동일시보호시설 • 아동보호치료시설 • 아동직업훈련시설 • 자립지원시설 • 아동단기보호시설 • 공동생활가정 • 지역아동센터	• 아동상담소 • 아동전용시설 • 아동복지관 • 지역아동센터	보건복지부
장애인복지법	장애인복지시설	• 장애인생활시설 • 장애인유료복지시설	• 장애인 지역사회재활시설 • 장애인 직업재활시설 • 장애인 생산품판매시설	
정신보건법	정신보건시설	• 정신요양시설 • 사회복귀시설 중 생활(주거)시설	• 사회복귀시설 중 이용시설	

관련법	시설종류	세부종류		소관부처
		생활시설	이용시설	
국민기초 생활보장법	지역 자활센터		• 지역자활센터	보건복지부
한부모가족 지원법	한부모자 복지시설	• 모(부)자보호시설 • 모(부)자자립시설 • 미혼모(자)시설 • 공동생활가정 • 일시보호시설	• 여성복지관 • 한부모가족 복지상담소	
영유아보육법	보육시설		• 보육시설	
다문화가족 지원법	다문화가족 지원센터		• 다문화가족 지원센터	
성매매방지 및 피해자 보호 등에 관한 법률	성매매피해 지원시설	• 일반지원시설 • 청소년지원시설 • 외국인여성지원시설	• 자활지원센터	여성가족부
성폭력범죄의 처벌 및 피해자보호 등에 관한 법률	성폭력피해 보호시설	• 성폭력피해자 보호시설	• 성폭력피해 상담소	
가정폭력 방지 및 피해자 보호 등에 관한 법률	가정폭력 보호시설	• 가정폭력피해자 보호시설	• 가정폭력 상담소	

아동복지시설은 각 시설의 고유업무 외에도 다음 각 호의 사업을 실시할 수 있도록 규정하고 있다.

- 아동가정지원사업 : 지역사회아동의 건전한 발달을 위하여 아동, 가정, 지역주민에게 상담, 조언 및 정보를 제공하여 주는 사업
- 아동주간보호사업 : 부득이한 사유로 가정에서 낮 동안 보호를 받을 수 없는 아동을 대상으로 개별적인 보호와 교육을 통하

여 아동의 건전한 성장을 도모하는 사업

- 아동전문상담사업 : 학교부적응아동 등을 대상으로 올바른 인격형성을 위한 상담, 치료 및 학교폭력예방을 실시하는 사업
- 학대아동보호사업 : 학대아동의 발견, 보호, 치료 및 아동학대의 예방 등을 전문적으로 실시하는 사업
- 공동생활가정사업 : 보호대상아동에게 가정과 같은 주거여건과 보호를 제공하는 것을 목적으로 하는 사업
- 방과 후 아동지도사업 : 저소득층아동을 대상으로 방과 후 개별적인 보호와 교육을 통하여 건전한 인격형성을 목적으로 하는 사업

2) 노인복지법에 의하여 설치되는 노인복지시설(노인복지법 31조)

(1) 노인주거시설

- 양로시설 : 노인을 입소시켜 급식과 그 밖에 일상생활에 필요한 편의를 제공함을 목적으로 하는 시설
- 노인공동생활가정 : 노인들에게 가정과 같은 주거여건과 급식, 그 밖에 일상생활에 필요한 편의를 제공함을 목적으로 하는 시설
- 노인복지주택 : 노인에게 주거시설을 분양 또는 임대하여 주거의 편의 · 생활지도 · 상담 및 안전관리 등 일상생활에 필요한 편의를 제공함을 목적으로 하는 시설

(2) 노인의료복지시설

- 노인요양시설 : 치매 · 중풍 등 노인성질환 등으로 심신에 상당한 장애가 발생하여 도움을 필요로 하는 노인을 입소시켜 급식 · 요양과 그 밖에 일상생활에 필요한 편의를 제공함을 목적으로 하는 시설

- 노인요양공동생활가정 : 치매 · 중풍 등 노인성질환 등으로 심신에 상당한 장애가 발생하여 도움을 필요로 하는 노인에게 가정과 같은 주거여건과 급식 · 요양, 그 밖에 일상생활에 필요한 편의를 제공함을 목적으로 하는 시설

(3) 노인여가복지시설

- 노인복지관 : 노인의 교양 · 취미생활 및 사회참여활동 등에 대한 각종 정보와 서비스를 제공하고, 건강증진 및 질병예방과 소득보장, 재가복지, 그 밖에 노인의 복지증진에 필요한 서비스 제공을 목적으로 하는 시설
- 경로당 : 지역노인들이 자율적으로 친목도모, 취미활동, 공동작업장 운영 및 각종 정보교환과 기타 여가활동을 할 수 있도록 장소제공을 목적으로 하는 시설
- 노인교실 : 노인들에 대하여 사회활동 참여욕구를 충족시키기 위하여 건전한 취미생활 · 노인건강유지, 소득보장, 기타 일상생활과 관련한 학습프로그램의 제공을 목적으로 하는 시설

(4) 재가노인복지시설

- 방문요양서비스 : 가정에서 일상생활을 영위하고 있는 노인(이하 재가노인)으로서 신체적, 정신적 장애로 어려움을 겪고 있는 노인에게 필요한 각종 편의를 제공하여 지역사회 안에서 건전하고 안정된 노후를 영위하도록 하는 서비스
- 주 · 야간보호서비스 : 부득이한 사유로 가족의 보호를 받을 수 없는 심신이 허약한 노인과 장애노인을 주간 또는 야간 동안 보호시설에 입소시켜 필요한 각종 편의를 제공하여 이들의 생활안정과 심신기능의 유지 · 향

상을 도모하고, 그 가족의 신체적, 정신적 부담을 덜어주기 위한 서비스

- 단기보호서비스 : 부득이한 사유로 가족의 보호를 받을 수 없어 일시적으로 보호가 필요한 심신이 허약한 노인과 장애노인을 보호시설에 단기간 입소시켜 보호함으로써 노인 및 노인가정의 복지증진을 도모하기 위한 서비스
- 방문목욕서비스 : 목욕장비를 갖추고 재가노인을 방문하여 목욕을 제공하는 서비스
- 그 밖의 서비스 : 그 밖에 재가노인에게 제공하는 서비스로서 보건복지부령으로 정하는 서비스

3) 장애인복지법에 의하여 설치되는 장애인복지시설

- 장애인거주시설 : 거주공간을 활용하여 일반가정에서 생활하기 어려운 장애인에게 일정 기간 동안 거주, 요양, 지원 등의 서비스를 제공하는 동시에 지역사회생활을 지원하는 시설
- 장애인지역사회재활시설 : 장애인을 전문적으로 상담, 치료, 훈련하거나 장애인의 일상생활, 여가활동 및 사회참여활동 등을 지원하는 시설
- 장애인직업재활시설 : 일반 작업환경에서는 일하기 어려운 장애인이 특별히 준비된 작업환경에서 직업훈련을 받거나 직업생활을 할 수 있도록 하는 시설
- 장애인의료재활시설 : 장애인을 입원 또는 통원하게 하여 상담, 진단, 판정, 치료 등 의료재활서비스를 제공하는 시설
- 그 밖에 대통령령으로 정하는 시설

제3절 사회복지시설운영의 기본원리

사회복지시설의 종류는 다양하며, 일생에 걸쳐 분포된 넓은 연령의 폭, 시설생활자 개인이 처한 다양한 상황 등 그 내용이 복잡하다. 이와 같이 다양하고 복잡한 상황 속에서 사회복지시설을 효율적으로 운영하기 위해 요구되는 기본원리 몇 가지를 제시하면 다음과 같다(박태영, 2009: 27).

1. 인권존중의 원리

인권존중의 중요성은 우리나라 헌법 제34조 제1항의 "모든 국민은 인간다운 생활을 할 권리를 가진다"에서 알 수 있듯이, 인권존중이란 말은 현대인에게 자주 오르내리는 말이다. 오늘날 현실로 나타나는 것은 인권존중과는 거리가 있는 것 같다. 특히 시설생활자의 인권은 경시되고 이들을 약자로 취급하는 경향이 여전히 팽배하다. 시설보호에서 인권존중이 실현되기 위해서는 시설의 주인공이 어디까지나 시설생활자라는 기본전제 하에서 시설보호의 방침이나 운영이 이루어져야 한다. 즉, 시설의 주인공이라는 의미는 그들이 제 권리의 주체라는 것과 자주적으로 주체성을 가지고 시설생활을 영위해 나가야 한다는 것이다. 인권의 침해를 받고 있는 시설생활자들을 지키고 그들의 인권을 회복한다는 수준을 넘어서서 발전하고 변화하는 시대의 흐름 가운데서 보다 높은 인간성으로 지향하고 인간다운 삶을 추구해 나가야 한다.

2. 가정보호의 원리

우리나라의 건강가정기본법 제3조 제2항에서의 가정에 대한 정의는 '가족구성원이 생계 또는 주거를 함께 하는 생활공동체로서 구성원의 일상적인 부양, 양육, 보호, 교육 등이 이루어지는 생활단위'로서 1차적인 사회적 기능을 수행하는 조직이라고 할 수 있다. 일반적으로 시설보호가 가족보호보다 좋을 리가 없다. 가정에서 유리된 삶을 살고 있는 시설생활자에게 시설에서 해야 하는 중요한 역할은 정서의 안정과 발달이다. 이것은 시설생활자 상호간, 시설생활자와 시설직원 간, 시설생활자와 그들의 가족 간 등 다양한 상대와의 신뢰관계를 형성하는 것이다. 이를 위해서는 시설생활자의 적정수의 문제, 시설규모의 문제, 시설직원의 적정수와 전문성 등의 관련성을 고려해야 한다.

3. 전문보호의 원리

사회복지시설에서의 전문적인 보호를 전개할 수 있는 장점들은 다음과 같다. ① 사회복지에 열의를 가지고 전문교육과 경험을 쌓은 직원들에 의해 보호를 받을 수 있다. ② 집단생활 속에서 상호역동성의 이점을 활용할 수 있다. ③ 의식주, 여가 등의 일상생활이 중시되고, 이러한 평범한 일상생활 안에서 교육적, 치료적 가치가 있다. ④ 시설생활자의 시설보호 기간, 입소 이전의 과정에서부터 시설에서의 생활, 가정이나 사회로의 진출 및 자립 등 사후보호가 필요하지 않을 때까지 보호가 계속된다. ⑤ 시설생활자만을 보호의 대상으로 하는 것이 아니라, 그들의 가족에 대해서도 필요에 따라 전문적인 서비스를 전개한다. ⑥ 시설이 위치한 지역에 현존하는 시설보호의 대상자와 그 가족을 조기발견하고 대응하기 위하여 일시 보호적 기능을 가진다. 따라서 이러한 전문적인 보호가 잘 이루어지기 위해서는 시설직원 연수의 추진, 전문인력의 확보, 자원봉사자의 활용 등이 필요하며, 특히 민간시설보호에서는 다양한 실천적 사례를 활용해야 한다.

생각해 볼 문제들

1. 사회복지시설의 정의를 제시해 보라.

2. 사회복지시설의 특징 세 가지를 제시해 보라.

3. 사회복지시설의 종류 세 가지를 중심으로 설명해 보라.

4. 재가노인복지시설의 종류 다섯 가지를 제시해 보라.

5. 사회복지시설의 이념적 원리 세 가지를 간략히 설명해 보라.

제2장 | 사회복지시설의 인권

인권은 누구나 보장받아야 하는 자연권의 성격을 갖고 있다. 현대사회에서 인권은 국가나 세계에서 하나의 이념으로 기능하고 있다. 최근 인권이념은 기술의 발달로 인한 국제교류의 증대, 급증한 신생독립국의 등장, 국제경제의 구조적 불평등성, 국제기구의 등장, 냉전과 이데올로기 전쟁의 종식 등으로 인해 보편적으로 확산되고 있다. 특히 인권을 다루는 데 있어서 보편적인 인권논의와 시설생활인의 인권논의는 분리될 수 없다. 즉, 인권이라는 것은 시설생활인만의 문제도 아니라, 사회적 약자에 대한 일반적인 인식과 관련이 있는 것이다. 따라서 본 장에서는 첫째, 인권의 개념과 특성, 둘째, 사회복지시설과 인권, 셋째, 사회복지시설에서의 인권옹호 방안 등을 중심으로 살펴보고자 한다.

제1절 인권의 개념

1. 인권의 정의

인권(human rights)은 추론적인 것으로서 고정된 것이거나 정태적인 것이 아니므로 완벽히 정의될 수 없다. 인권은 말 그대로 인간의 권리, 즉 인간답게 살아가기 위해 필요한 권리를 말한다. 이 용어는 상당히 포괄적인 의미로서 시대와 사회문화적 맥락에 따라 다양하게 해석할 수 있다. 인권의 정의는 근대 이후 자연법사상에 의해 구체화되어 각국의 헌법이 보장하는 권리로 자리 잡게 되었다. 인간이 존엄하다는 것은 한 사회가 가진 도덕성의 기표이며, 인간이라면 마땅히 누려야 하는 자연권을 의미하고 있다(국가인권위원회, 2002).

우리나라의 헌법 제10조에서 인권이란 "모든 국민은 인간으로서의 존엄과 가치를 가지며, 행복을 추구할 권리를 가진다. 국가는 개인이 가지는 불가침의 기본적 인권을 확인하고 이를 보장할 의무를 진다"고 규정하고 있다. 또한 동법 제34조에서는 "국민은 인간다운 생활을 할 권리"가 있다고 했으며, 동법 35조에서는 "모든 국민이 건강하고 쾌적한 생활을 할 권리가 있고 이를 위해 국가가 국민들이 이 권리를 누릴 수 있도록 보호할 의무가 있다"고 정의하고 있다. 따라서 인권은 인종, 성별, 사회적 신분 등에 구애받지 않고 모든 인간이 누려야 하는 보편성과 타고난 고유한 권리라는 의미에서 천부적 특성을 가지고 있다. 이에 국가권력도 인권을 최대한 존중하고 보장하며, 그 본질적인 부분에 대해 절대로 침해할 수 없다는 점에서 그 불가침성을 그 특질로 하고 있다(윤찬영, 2000).

인권은 인류의 보편적 권리이며 서양의 역사에서 선언된 특수한 신분계급의 이익을 대변하는 특권으로 탄생하였다 잉글랜드의 마그나 카르타로 시작되는 권리장전은 모두 귀족계급의 이익을 위한 것으로서 일반 자유민이나 영국민을 표시하는 조항도 사실 왕권제한을 통한 귀족의 권한확장에 목표를 두고 있다. 모든 권리를 위한 움직임의 실체 추동력은 경제력 계산에서 얻어졌다는 것이다. 영국과 미국은 자유라는 것이 사유재산의 보호이며, 서양적 전통에서 인권은 그 근저에 인간의 존엄성과 함께 사유재산권이 나란히 자리 잡고 있다는 것이다(김중섭, 2001).

누구든지 인권은 동등한 권리로서 자신의 권리를 위하여 타인의 권리를 유린하거나 희생시켜서는 안 된다는 상호존중의 의미가 내포되어 있다(안경환, 2004). 유럽인권협약에서는 인간의 보편적인 인권으로 생명권, 비인도적 대우나 형벌을 받지 않을 권리, 노예제도로부터의 해방, 신체의 자유와 안전소급 형법과 처벌의 금지, 사생활과 가정생활의 불간섭보장, 양심의 자유, 종교의 자유, 표현의 자유, 집회의 자유, 집회결사의 자유, 혼인의 자유 등을 채택하고 있다. 세계인권선언은 ① 인간존엄의 기본권, ② 시민권 및 참정권, ③ 경제적 · 사회적 · 문화적 권리, ④ 단결권 등의 네 가지 핵심요소로 구성되어 있다.

한국사회에서는 인권에 대한 많은 논의가 있었지만, 인권을 사형제도의 폐지, 양심수의 석방, 국가보안법 개폐 등과 같은 정치적 이슈로 생각하는 경향이 있다. 즉, 일상생활에 필요한 교육을 받을 권리, 인간다운 생활을 보장받을 권리, 일할 권리 등도 인권의 차원에서 논의되어야 한다. 인권은 각 나라의 헌법에 보장되어 있는데, 인권의 보편성이라는 측면에서 사회복지생활시설의 생활인 인권은 일반적으로 적용되고 있다. 사회복지생활시설에서 생활하고 있는 생활인도 당연히 인권의 주체가 되며 보장의 대상이 된다. 이는 특별히 사회복지생활시설의 생활인의 인권을 별도로 고려하는 것이 아니라, 인권의 보편성 관점에서 당연히 포함되어야 한다는 것이다(박영란 외, 2001).

2. 인권의 특성

인권이란 각 개인이 단지 인간이라는 이유 하나만으로 가지는 권리이다. 이 권리는 어떤 국가나 법체계가 권리로 인정하는지에 상관없이 각자에게 인정되는 실정법 이전의 권리로서 모든 인간들이 존중해야 할 의무가 있다. 즉, 국가와 실정법과는 달리 인간이라면 누구든지 누리는 권리라는 점에서 자연권(natural rights) 또는 도덕적 권리(moral rights)를 지니고 있다. 따라서 인권의 특징을 몇 가지 제시하면 다음과 같다(국가인권위원회, 2006).

1) 권리주체의 보편성

인권은 개인으로서 모든 인간에게 당연히 부여된 권리로 획득되는 것이 아니다. 인권은 상대방이 가지는 모든 권리로서 개인, 집단, 사회, 국가 등을 포함하고 있다. 이에 권리주체는 누구나 인정할 수 있는 보편성을 지니고 있다.

2) 도덕적인 정당성

인권은 어떤 규범이든 모든 개인에 대하여 도덕적으로 정당화 되는 권리이다. 어떤 권리의 내용이 긴급하고도 중요하여 모든 개인에 대하여 정당화 될 수 있다면 그 권리는 인권이다. 인권은 보편적으로 정당하기 때문에 국가와 사회에 대하여 제도화할 것을 요구할 수 있는 강한 의미의 권리이다. 즉, 인권은 실정법적 권리로 곧바로 전환될 수 있고 되어야만 하는 권리이다. 어떤 권리를 보장하는 규범이 법적으로 효력을 가진다면 그 권리는 법적 권리이다. 따라서 인권은 그 내용과 효력을 실정법이 확인하고 보장해야 할 의무를 가지는 '준실정법적 권리'이다.

3) 권리내용의 중요성

인권의 내용을 이루는 대상은 중요하고도 근본적인 속성을 가지고 있다. 개인이 인간으로서 가지는 근본적인 이익들과 욕구들이 인권의 대상이 된다는 점에서, 어떤 권리의 대상이 되는 이익과 욕구가 근본적일수록 인권의 정당화는 보다 손쉬울 것이다. 따라서 인권은 권리내용으로서 인간이 신체적 안전, 최소한의 생존, 자주성의 보장 등을 누리기 위해서 근본적으로 필요로 하는 것이며 긴박한 재화나 가치 등을 포함할 수 있다.

4) 실정법에 대한 우선성

인권은 제도적 권리 및 실정법적 권리에 우선하는 지위를 갖고 있다. 인권은 실정법적 권리가 인권형성과 평가의 기준이 되는 것이 아니라, 인권이 실정법적 권리의 내용을 형성하고 평가하는 기준이 된다는 의미에서 실정법에 대한 우선성의 속성을 갖는다. 따라서 인권을 침해하는 실정법은 내용상으로 정당하지 못하게 되며, 부정당함은 단순히 도덕적 부당함에 지나지 않고 법적인 성격을 가지게 된다.

3. 인권의 유형

인권의 유형은 세 가지 흐름 또는 세대를 걸쳐 지속적으로 발전되어 왔다. 이러한 분류는 사회복지를 인권의 실천활동으로 구조화 하는 데 매우 중요하다(국가인권위원회, 2006). 따라서 인권의 유형을 세 가지로 제시하면 다음과 같다.

1) 제1세대 인권

제1세대 인권은 시민권과 정치권으로 지칭되면서 18세기 자유주의적 정치철학의 발달과 계몽주의에 그 기원을 두고 있다. 제1세대 권리는 개인주의의 기반으로 민주주의와 시민사회를 효과적이고 공정하게 조직화하는 데 필수적인 것으로 간주되며 기본적인 자유에 관심을 강조하고 있다. 즉, 신체의 자유, 투표권, 언론의 자유, 집회의 자유, 공정한 재판과 법 앞의 평등, 사생활 보장, 종교의 자유, 차별받지 않을 권리 등이 포함되고 있다. 이러한 권리들은 개인의 가치에 대한 자유주의적 견해에 기초하며, 공권력 등으로부터 보호하는 것이 강조되기 때문에 소극적인 권리로 간주되고 있다.

2) 제2세대 인권

제2세대 인권은 경제적, 사회적, 문화적 권리 등으로 지칭되는 권리들이다. 제2세대 권리는 개인 또는 집단이 인간으로서 잠재성을 완전히 실현할 수 있도록 하는 다양한 형태의 사회적 급여와 서비스 등을 받을 권리를 의미하고 있다. 즉, 취업할 권리, 적정임금을 받을 권리, 적절한 의식주에 대한 권리, 교육을 받을 권리, 적절한 의료보호를 받을 수 있는 권리, 사회보장에 대한 권리, 노령기에 존엄 있게 대우받을 권리, 적당한 레크리에이션과 여가에 대한 권리 등을 포함하고 있다. 제2세대 인권은 18세기 자유주의가 아니라 19세기와 20세기의 사회민주주의 또는 사회주의와 여타 집단운동에 그 지적 기원을 두고 있다. 제2세대 권리는 국가가 훨씬 능동적이고 적극적인 역할을 할 것을 의미하기 때문에 적극적 권리로 지칭되고 있다.

국가는 단지 제1세대 권리처럼 권리를 보호하기보다는 다양한 사회적 급여를 통하여 권리의 실현을 보장하도록 요구받고 있다. 이 권리는 국가로 하여금 보다 자원을 집중적으로 투여하는 강력한 역할을 강조하고 있다. 따라서 제2세대 권리는 제1세대의 공민권과 정치권보다 더 논쟁의 대상이 되며, 그에 대한 법적 보장은 아직 취약한 상태에 머물고 있다.

〈표 2-1〉 인권의 3세대

	제1세대	제2세대	제3세대
세대 명칭	공민권과 정치권	사회적, 문화적 권리	집합적 권리
기원	자유주의	사회주의, 사회민주주의	경제학, 개발학, 녹색이념
예	투표 · 집회 · 언론의 자유, 공정한 재판에 대한 권리, 고문 · 학대 받지 않을 권리, 차별받지 않을 권리 등	교육, 주거, 의료, 고용, 적정소득, 사회보장 등에 관한 권리 등	경제개발과 성장에 대한 권리, 경제성장의 혜택, 사회적 조화, 건강한 환경 · 깨끗한 공기 등에 대한 권리 등
행위자	법률상담소, 국제사면위원회, 인권감시단, 난민사업	복지국가, 제3섹터, 민간의 시장복지	경제개발기구, 지역사회개발 계획, 그린피스 등
지배적 전문직	법	사회복지	지역사회개발
사회복지	옹호, 난민사업, 보호시설 조사자, 교도소 개혁 등	직접적 서비스, 복지국가 운영, 정책개발과 옹호, 조사연구	지역사회개발: 사회적, 경제적, 정치적, 문화적, 환경적, 개인 · 정신적 개발

자료: 국가인권위원회(2006)

3) 제3세대 인권

제3세대 인권은 집단적 수준에서 정의될 때에만 의미가 통하는 권리를 말한다. 즉, 제3세대 인권은 그 실현에 의해 개개인이 명백히 혜택을 볼 수 있지만, 그것은 개개인에게 적용되기보다 지역사회, 전체국민, 사회, 국가 등에 해당되는 권리들이다. 특히 이 인권은 경제개발에 대한 권리, 세계무역과 경제성장으로부터 혜택을 받을 권리, 결집력 있고 조화로운 사회에서 살 권리, 그리고 오염되지 않은 공기에서 숨 쉴 권리, 깨끗한 물을 마실 권리, 자연을 경험할 권리 등과 같이 환경권을 포함하고 있다. 이러한 집단적 권리는 20세기에 들어와서 식민지 국민들의 자기결정권을 쟁취하고자 하는 투쟁, 환경운동가들의 투쟁, 식민주의와 지속 불가능한 경제적, 사회적 개발에 대항한 투쟁 등으로 인식되고 있다. 그러나 제3세대 인권을 조약과 협정으로 성문화하는 것은 아주 초기단계에 머물고 있으며, 그 권리를 보호하거나 실현하기 위한 법적 기제는 초보적 형태에 머물고 있다. 이에 세대별 인권의 관련성은 〈표 2-1〉과 같다.

4. 인권과 사회권

인권에 관한 논의는 주로 1세대 인권을 중심으로 이루어진 것과 같이 사회권을 인권으로 인정하지 않으려는 도전이 끊임없이 제기되어 왔다. 물론 유엔을 비롯한 국제사회는 사회권도 인권임을 명백하게 밝히고 있다. 즉, 세계인권선언 제22조는 모든 사람이 '국가적 노력과 국제적 협력을 통하여' 그리고 '각 국가의 조직과 자원에 따라서' 자신의 존엄과 인격의 자유로운 발전에 불가결한 경제적, 사회적, 문화적 권리들을 보유한다고 규정하고 있다. 그리고 제25조는 모든 사람이 의식주, 의료 및 필요한 사회복지를 포함하여 자신과 가족의 건강과 안녕에 적합한 생활수준을 누릴 권리와 실업, 질병, 장애, 배우자 사망, 노령 또는 기타 불가항력의 상황으로 인한 생계결핍의 경우에 적절한 보장을 받을 권리를 갖는다고 규정하고 있다. 그럼에도 불구하고 사회권을 인권으로 인정하지 않으려는 사람들의 논거는 다음과 같다.

첫째, 이행가능성의 문제이다. 인권으로 인정되기 위해서는 물리적으로 실현가능한 것이어야 하는데 완전고용, 의료보장 요구 등은 각 국가가 처한 경제상황 등에 따라 실현이 불가능한 경우가 있으므로 인류의 영원한 이상은 될지언정 인권으로 인정하기는 곤란하다는 것이다.

둘째 보편성의 문제이다. 인권은 모든 사람이 누릴 수 있어야 하고 모든 사람에게 요구할 수 있어야 한다. 즉, 타인에게 해악을 끼치지 말아야 할 의무(소극적 의무; 자유권에 대한 의무)는 모든 사람에게 부과할 수 있으나, 위난에 빠진 자를 구조할 의무(적극적 의무; 사회권에 대한 의무)는 모든 사람에게 요구할 수 없으며, 특정한 관계에 있는 사람에게만 부과할 수 있을 뿐이다. 따라서 인권의 보편성과 일반성 측면에서 권리성을 인정하기 어렵다.

셋째, 근본성의 문제이다. 어떤 권리가 인권이 되기 위해서는 그 권리의 내용이 보장되지 않을 경우, 삶에 치명적 타격을 줄 정도로 중대한 것이어야 한다. 즉, 유급휴가가 보장되지 않는 것이 개인의 삶에 치명적인 타격을 주지는 않는다는 것이다(국가인권위원회, 2006).

제2절 사회복지시설과 인권

1. 사회복지시설에서의 인권실태

사회복지시설은 요보호자에게 주거와 식사를 제공하고, 교육훈련의 기회와 여가프로그램 등을 제공해 줌으로써 보다 나은 삶의 질을 누리도록 보장하고 있다. 법인시설의 경우 충분하지는 않지만 국가와 지방자치단체가 지급하는 운영비 및 보조금과 일반 시민들의 후원금으로 비교적 기본적인 의식주문제는 어느 정도 해결되고 있는 상황이다. 하지만 개인운영시설은 전액운영자의 사재나 시민들의 후원금으로 어렵게 운영되고 대부분의 개인운영시설은 생활대상자들이 매우 열악한 상황에서 기본적 생활을 영위하고 있는 실정이다.

이러한 상황으로 볼 때 법인시설의 경우 심각한 인권침해 사례는 자주 일어나지 않으나, 개인운영시설의 경우 사회에 충격을 준 여러 인권침해 사례가 매스컴을 통해 보도되고 있다. 아직까지 사회복지시설 내부의 관계자를 대상으로한 사회복지시설 인권실태에 대한 파악은 시설평가 항목 내에서 인권관련 항목점검 정도의 수준이다. 여기서는 인권침해 관련한 사회복지시설 평가의 결과와 국가권익위원회의 인권자료집에 나타난 시설생활자의 권리부분 내용을 중심으로 살펴보고자 한다.

1) 장애인복지시설 인권실태

최근 장애인 실태조사에 의하면, 성희롱, 성추행, 성폭력을 당한 적이 있는지에 대해서는 전체 장애인의 대부분이 '없다'고 응답하였다. 그러나 성관련 차별이나 폭력 등을 경험한 장애인은 매년 점차 증가하고 있다. 즉, 시기적으로 성희롱, 성추행, 성폭행을 경험한 시기는 청년기(25~39세)가 38.1%로 가장 많았고, 다음으로 장년기(40~64세) 21.8%, 아동기(7~17세) 20.8%, 청소년기(18~24세) 19.4%의 순이었다. 그리고 장애인들의 성희롱, 성추행, 성폭행 가해자는 전체 장애인의 40.8%가 '모르는 사람'으로 가장 많았고, 다음으로 '기타' 28.7%, '이웃' 18.4%의 순으로 많았다. 장애인들이 성희롱, 성추행, 성폭행을 당하였을 때, 주로 누구와 상담하였는지에 대해서는 전체 장애인의 52.3%가 '못했음'이라고 가장 많이 응답하였고, 다음으로 '가족'(41.2%), '친척 · 친구 · 이웃'(2.5%) 순이었다. 그 외 '사회복지관련 기관 직원'이나 '행정공무원' 등은 각각 0.8%, 1.2%로 매우 낮은 수준으로 나타났다(국가권익위원회-a, 2010).

2) 노인복지시설 인권실태

국가권익위원회에서 일자리와 구직에서의 노인권리 침해실태를 조사한 결과, 노동지위에서 고령자가 상대적으로 취약한 상태에 놓이는 여러 정황들을 고려할 때 조사대상 노인은 차별과 권리침해를 받고 있는 것으로 나타났다. 동일 노동인데 월수입이 젊은 사람에 비해 더 적은 것, 능력은 비슷한데 나이 때문에 업무내용이 제한되거나 좋은 근무환경에서 밀려나는 것, 젊은 사람에 비해 고용불안이 큰 것을 권리침해라고 인식하는 경향이 뚜렷하게 나타났다〈그림 2-1〉 참조. 그러나 일에 대한 강한 욕구와 노동에 대한 권리적 인식과 대조되어 많은 노인이 노동상황에서 권리침해 경험을 가지고 있다. 일자리에서 나타난 노동권리 침해경험을 보면 전반적으로 30～40% 정도의 경험률을 보였고, 특히 고용불안정에 대해서는 약 50% 정도에 가까운 경험률을 보이고 있다(국가권익위원회, 2009).

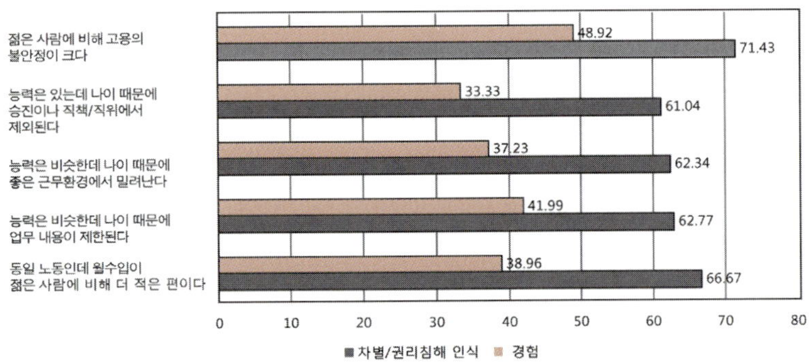

[그림 2-1] 일자리와 구직에서 권리 침해 경험

3) 아동복지시설 인권실태

국가권익위원회에서 아동양육시설을 대상으로 아동시설의 인권실태(2010)를 조사한 결과, 양육시설 아동의 생존권과 관련한 주요 조사결과는 다음과 같다. 의식주생활과 관련하여 정해진 시간이 지나도 밥을 준비해 준다(52.2%), 내 취향에 맞는 옷을 고르거나 선택할 수 있다 (76.1%), 생활하기에 적절한 온도로 조절할 수 있다(69.1%) 등의 응답률에서 비교적 만족하고 있었다. 양육시설 아동의 보호권과 관련한 주요 조사결과는 다음과 같다. 아동의 사생활과 관련하여 편지와 소포의 경우, 검사하지 않는다는 비율이 높았으나, 외부인들에 방을 공개하는 것은 아동의 의견을 묻거나 혹은 묻지 않고 보여주는 비율이 69.4%에 달하여 아동의 사생활침해가 우려되는 결과를 나타내고 있다. 양육시설 아동의 43.0%가 또래폭력을 경험하였고, 37.9%의 아동이 선생님으로부터 체벌을 경험하였다.

양육시설 아동의 발달권과 관련한 주요 조사결과는 아동의 교육권과 관련하여 '정해진 학습시간에 선생님들로부터 학습지도를 적절히 받고 있다.'는 응답이 55.8%로 가장 높은 응답률을 나타내고 있다. 외출을 자유롭게 할 수 있다는 응답은 23.4%의 낮은 응답률을 보였으며, 심층면접에서도 외출의 자유가 조금 더 확보되기를 원하는 아동의 의견이 나타났다(국가권익위원회, 2010).

따라서 사회복지시설의 인권실태 파악은 윤리적인 측면의 가치가 작용할 수 있기 때문에 조사방법과 대상, 조사도구, 조사목적 등에 따라서 크게 차이가 날 수 있으며, 그 결과에 대한 타당성과 신뢰성에도 영향을 미치게 된다. 향후 우리나라 생활시설의 인권실태를 파악함에 있어서 현장의 생생한 인권현실을 자료화하는 데 우선적인 노력이 필요하다.

2. 사회복지시설의 인권의식

사회복지대상자에 대한 인권의식은 연령차별, 성차별, 장애인에 대한 차별 등에서 쉽게 찾아 볼 수 있다. 즉, 신체적 혹은 정신적 장애인, 나이가 많아서 소득능력이나 타인과의 관계성이 상실된 노인, 반면 아직 성인에 이르지 못한 어린아동과 청소년 등으로 세분하여 볼 수 있다.

1) 장애인에 대한 인권의식

보건복지부 장애인정책팀의 장애인실태조사에 의하면, 우리나라의 장애인 수는 2010년 기준으로 약 2백51만 7천여 명이다. 그러나 장애인인구가 급속도로 증가하는 상황에서 장애인복지와 인권에 대한 보장은 선진국과 비교하여 아직 불충분하다는 것이 지배적이다. 특히 우리 사회는 장애인에 대한 차별이 매우 뿌리깊게 생활화되어 있어 사회적 불이익을 당하기가 쉽다. 국가와 사회는 장애인의 인권을 존중하고 장애인의 완전한 사회참여와 통합을 위해서 노력하고 있지만, 장애인의 인권수준은 선진외국에 비교할 때 여전히 낮다는 사실이다. 우리나라의 장애인에 대한 인식이 전반적으로 나아지고 있는 것은 사실이지만, 장애인은 태아에서부터 출산 후 소득, 보건, 교육, 주거, 직업, 이동, 결혼 등 삶의 전 영역에서 차별과 고통을 받고 있는 실정이다.

장애인실태조사 결과(2008)에서, 장애인들이 성희롱, 성추행, 성폭행 등을 당하였을 때 상담하지 못한 이유에 대해서는 '타인에게 알리기 싫어서'라고 응답한 장애인이 65.5%로 가장 많았고, 다음으로 '효과가 없을 것 같아서(14.0%)', '가해자로부터 보복이 두려워서' (7.0%), '상담기관 등에 대한 정보부족(6.3%)' 등으로 응답하였다. 이러한 결과는 장애인들에게 문제발생시 담당 전문기관의 의뢰를 통한 전문적인 상담 및 지원이 이루어질 수 있다는 것을 인식시키고, 이에 대한 홍보 및 정보를 제공하는 것이 필요하다는 것을 보여준다. 장애인들 스스로가 가정폭력이나 성폭력 문제를 상담하고 도와줄 시설이 필요하다고 생각하는지에 대하여 '매우 필요하다'고 응답한 장애인이 전체 65.1%로 가장 많았고, 다음으로 '약간 필요(23.5%)', '보통'(10.1%), '매우 불필요'(0.7)', '약간 불필요'(0.6%)' 등의 순으로 나타났다. 즉, 전체 장애인의 약 88.6%는 필요성을 느끼는 것으로 응답하고 있다(국가권익위원회-a, 2010).

2) 노인에 대한 인권의식

노인의 인권문제는 90년대에 들어서면서 점차 주목을 받게 되었다. 우리나라의 대가족에 의한 노인부양을 미풍양속으로 인식해 온 가족제도는 오히려 노인의 인권이 가정과 사회에서 비교적 존중되어 왔다. 그러나 최근 평균수명과 노인인구의 증가로 인해 고령화사회로 진입하게 됨에 따라 노인문제가 심각한 사회문제로 등장하고 있다. 즉, 빈곤, 질병, 고독, 무위 등 4고의 노인문제는 노인의 인권을 심각하게 침해하고 있다. 오늘날 노인의 절반이 가장 가까운 혈육인 자녀와 떨어져 살고 있으며, 배우자와 사별한 이후에도 상당기간 동안 혼자 살기 때문에 역할상실과 소외감은 더욱 깊어지고 있다.

노인은 이미 알고 있었던 사람들이 점차 사망하게 되고, 새로운 인간관계를 형성할 수 있는 계기를 거의 상실하게 됨으로써 소외감은 더욱 가중되고 있다. 또한 전국 65세 이상의 노인을 대상으로 학대실태를 조사한 결과(2006)에서, 조사노인의 약 37.8%가 자식에게 한 차례 이상 맞거나, 모욕적인 말을 듣는 등의 학대를 경험한 적이 있다고 밝히고 있다. 특히 학대받은 노인들은 매 맞는 것보다 '차라리 죽어버려라', '밥만 축낸다.' 등의 정신적 학대가 더 가슴 아프다고 응답하고 있는 현실이다(국가인권위원회, 2006).

3) 아동에 대한 인권의식

국가권익위원회에서 아동양육시설과 아동보호치료시설을 대상으로 아동시설의 인권의식을 조사한 결과(2010)에 의하면, 아동양육시설 아동의 인권의식은 아동인권에 대하여 잘 알지 못하거나 전혀 알지 못한다는 응답이 51.4%로 높게 나타나 아동들의 인권의식이 매우 낮게 나타났다. 아동인권 관련 정보 또는 교육을 제공받은 경험이 있는 아동은 62.5%, 경험이 없는 아동은 37.5%로 나타났으며, 아동양육시설 아동이 필요하다고 느끼는 권리 중 1순위는 휴식과 여가를 즐기고 놀 권리(39.5%), 2 · 3순위는 친구들과 자유롭게 모임을 갖고 활동할 권리(20.4%, 17.5%) 등으로 나타났다.

보호치료시설 아동의 권리의식에 관련한 주요 조사결과에서, 아동인권에 대하여 들어 본 적은 있지만 잘 알지 못한다(51.4%), 전혀 알지 못한다(11.5%) 등의 응답을 보이며 낮은 인권의식 수준으로 나타났다. 아동보호치료시설 아동이 필요하다고 느끼는 권리 중 1순위는 휴식과 여가를 즐기고 놀 권리(56.8%), 2순위는 내 의견이 존중받을 권리(20.9%), 3순위는 사생활이 침해받지 않는 인권(24.3%) 등이며, 한편, 아동인권 침해 시 대처행동 유형은 그냥 아무에게도 말하지 않고 참는다(54.1%)가 가장 높았으며, 현재 함께 살고 있는 선생님께 말씀을 드린다는 응답은 31.8%로 인권의식이 매우 낮은 것으로 나타났다(국가권익위원회, 2010).

3. 사회복지시설에서 인권의 사각지대 원인

1) 제도적인 측면

한국인권위원회에서 시설의 인권에 대한 접근 취지가 인권침해 상황에 대한 대응책을 중심으로 구성되어 있다. 이에 제도적 측면에서 인권의 사각지대 원인을 몇 가지 제시하면 다음과 같다(박태영, 2009).

- 시설보호에 있어서 인권을 보장할 지원체계가 별로 없음.
- 지방자치단체나 인권 NGO, 민간단체 등에도 보다 적극적으로 인권옹호를 위한 정보 제공 및 상담을 위한 체제가 구축되어 있지 못함.
- 단위시설이나 시설협회 차원의 대응책도 미미한 실정임.
- 시설보호 체계가 인권을 보장할 수 있는 수준인가라는 물음에 긍정적이지 못하다는 것이 본질적인 이유임.
- 기존 시설보호의 수준은 인간다운 생활권을 보장할 수 있는 수준과는 거리가 있음.

2) 의식적인 측면

권리의식은 클라이언트 가운데 극히 일부를 제외하고 찾아보기가 어렵다. 특히 시설생활자에게서 이러한 권리의식은 희박한 실정이다. 따라서 권리의식의 출발점이 되는 권리관념이 결여되어 있으므로 권리의식이 취약하다는 것은 분명하다.

제3절 사회복지시설에서 인권옹호의 방안

사회복지시설의 인권침해는 다양한 측면에서 발생하므로 인권옹호도 여러 측면에서 방안이 마련되어야 한다. 따라서 정책적 차원과 시설 관리적 차원으로 구분하여 제시하면 다음과 같다.

1. 정책적 차원

1) 제도적 여건의 마련

시설생활자 인권보호를 위해 무엇보다도 시설생활자의 인권에 대한 인식제고와 인권보호가 이루어질 수 있는 제도적인 여건을 마련해야 한다. 최근 정부에서 인권에 대한 중요성으로 시설에서 생활하는 노인의 기본적인 인권을 규정하고, 이를 보장하기 위해 지난 2006년 보건복지부에서 구체적 행동강령을 제시하여 시설노인들이 존엄한 존재로 존경받고 건강하고 안정된 노후생활을 영위할 수 있도록 지원하고자 [노인복지시설 인권보호 및 안전관리지침]을 내렸다. 이를 기초로 앞으로는 노인뿐 아니라 모든 세대들이 인권을 보호하기 위한 제도적 장치를 마련할 필요가 있다.

구체적인 제도개선방안으로는 사회복지생활시설의 입소와 퇴소에 관한 제도이다. 즉, 당사자의 동의없이 보호의 필요성만 내세워 행정기관이 일방적으로 수용여부를 결정하도록 하는 각종 관련 법률, 지침, 운용규정 등을 전면 폐기해야 한다. 그리고 대상자의 욕구에 맞는 형태의 '주거와 관련 분야 급부와 서비스를 일정 기간 동안 제공하는 시설'로 전면적으로 전환할 필요가 있다.

따라서 노인, 장애인, 아동 등 국가차원의 인권보호를 위한 추진내용은 다음과 같다(이종복 외, 2010: 151).

(1) 아동 인권분야

- 아동학대예방센터 확대설치 : 02년 18개소에서 06년 41개소
- 실종아동 등의 보호 및 지원에 관한 법률 제정 및 시행 : 05. 12월
- UN아동권리협약의 권고에 따라 아동정책조정위원회 설치(04. 9월) 및 협약 이행
- 국내 입양아동에 대한 의료급여(05. 1월) 실시
- 가정위탁보호의 법적 근거(05. 7월) 마련
- 학생생활규정의 학생 인권침해내용 개정(전체 학교의 67.3%), 학생자치활동의 활성화(05년) 등
- 정국 26개 검찰청에 아동 · 여성 전용조사실 설치 및 운영(04년 16개소, 05년 10개소)
- 어린이 보호구역 개선 : 06년 1004개소
- 기타 성학대아동 치료지원 등 강화

(2) 노인 인권분야

- 노인학대 상담 및 신고를 위한 '희망의 전화 129보건복지콜센터' 운영(07. 7월)
- 노인보호전문기관 설치 및 운영(06. 6월 18개소)
- 노인학대자 신고의무제 및 긴급지원제도 실시

(3) 장애인 인권분야

- 장애인인권헌장 선포(98. 12월)
- 장애인차별금지 및 권리구제 등에 관한 법률 제정(07년 확정, 08년 시행)
- UN 장애인권리협약 시행(07. 3월)

• 장애인활동보조서비스 실시(07. 5월)

2) 탈시설화와 개방화정책 확대

사회복지시설에 부적절하게 입소 보호되어 있는 시설생활자를 지역사회로 복귀시키고, 지역사회 내에 있는 요보호자에 대한 적절한 서비스를 제공하며, 시설보호의 전반적인 수준을 향상시키기 위해서는 탈 시설화가 필요하다. 즉, 시설복지 중심으로부터 재가복지, 지역사회보호 위주로 전환하여야 한다. 아직도 이루어지고 있는 우리의 대규모 시설수용을 전제로 하는 기존 수용정책 방향은 완전히 전환되어야 한다. 한편 사회복지시설은 지역사회에 개방되어야 한다. 시설이 개방된다는 것은 시설이 설립자 개인의 것이 아니라, 지역사회가 공유하고 필요로 하는 시설이 되는 것을 의미한다. 이를 위해 시설운영의 개방화, 정보, 프로그램의 개방화 등이 이루어져야 한다.

사회복지사업법의 개정에 따른 시설평가제도를 운영함에 있어서 인권 관점의 평가가 공정성, 전문성, 객관성 등을 유지할 수 있도록 노력해 나가는 것도 시설의 개방화에 크게 기여할 것으로 본다. 앞으로 아동, 장애인, 여성 시설 등 모든 사회복지시설에 대한 평가가 속히 이루어져 그 결과를 공개하여 사회복지시설에 대한 해당 자치단체장의 관심을 유도하고 우수 시설에 대한 지역주민의 인지도를 높여 시설운영의 개방화가 확산되어야 한다.

3) 엄격한 법집행

지금까지 사회복지시설에서 벌어진 인권침해와 관련한 법집행은 대부분 형식적이었다고 해도 과언이 아니다. 이에 사법부에서 법을 집행한 사례를 제시하면 다음과 같다.

사법부의 성람재단 판단사례(에이블뉴스, 2007. 8. 14일자 보도, 재구성)

• 사법부의 선고

2007년 8월10일 서울고등법원에서 열린 성람재단 비리사건(2003년 발생)의 2심 선고공판에서 전 이사장 조모씨는 징역 3년에 집행유예 4년을, 하모씨(서울정신요양원 구매과장)와 유모씨(전 서울정신요양원 원장)는 징역 1년6개월에 집행유예 3년을, 박모씨(서울정신요양원 원장)는 벌금 1천만원을 선고받았다. 1심 선고보다 조이사장은 추징금 3억원이 취소되었고, 하씨와 유씨는 각각 징역 6개월이 줄었으며, 박씨는 징역에서 벌금형으로 형량이 낮춰졌다.

• 사법부의 선고 이유

재판부는 조 전이사장이 9억5천만원에 대한 횡령혐의가 자체수입금인지 국고보조금인지 확인할 방법이 없으며, 이 경우 피의자에게 유리하게 판결할 수밖에 없다는 이유를 들어 9억5천만원 중 서울정신요양원 1억8천여만원, 은혜요양원 6천8백여만원, 문혜요양원은 횡령이 없다고 인정해 총 2억5천여만원을 횡령으로 인정했다고 밝혔다. 또한 재판부는 조 전이사장이 회계장부의 세부 항목은 달라도 사회복지법인의 목적사업에 맞게 예산을 사용했다는 점을 인정해 이 부분 역시 횡령으로 볼 수 없으며, 성람재단의 일부 시설을 기부채납한 점을 감안해 형량을 줄였다고 설명했다.

• 사법부 판단에 대한 비판적 의견

이러한 판결에 대해 성람재단 비리척결과 사회복지사업법 전면개정을 위한 공동투쟁단은 8월13일 성명을 내고 "사회복지시설의 운영방식과 실태도 모른 채 시설 비리의 전형적인 사기방식을 인정해 준 재판부를 강력히 규탄한다."고 비판하였다. 즉, '조 전이사장이 주장하는 대로 자체 수입금으로 비자금을 형성했기 때문에 횡령으로 볼 수 없다는 것은 사건의 본질 자체를 재판부가 파악하지 못한 것'이라고 꼬집었다.

2. 시설 관리적 차원

1) 시설 관리감독 및 시설평가 강화

시설의 인권문제를 예방하고 옹호하기 위해서는 가장 우선적으로 해당 지자체가 시설에 대한 현장 중심의 관리감독과 평가체계 등을 잘 수행해야 한다. 대부분의 인권문제는 관리감독체계가 허술한 틈을 차고 발생하거나 유착관계가 형성되면서 시작되고 있다. 또한 평가도 단순히 실적 위주의 성과평가가 아니라, 실질적인 차원에서 평가가 되도록 해야 한다. 현재 사회복지사업법에 의해 매 3년마다 시설평가를 하고는 있으나, 평가내용을 수정 · 보완해야 한다는 의견이 많다. 예컨대, 노동조합의 여부, 후원금 등 주요 회계에 대한 예산지출 내역의 공개, 운영위원회나 이사회 구성체계 및 실질적인 운영여부 이외에도 지역사회조직력 및 사회자원 확보와 관계 등의 내용이 적극적으로 평가항목에 추가되어야 한다.

따라서 인권문제가 불거진 시설의 경우, 필요하다면 민간합동의 시설조사위원회 등을 조직하여 그 실태를 파악하고 대처하는 방안도 강구해야 한다. 반면 평가결과 우수한 시설에 대해서는 다양한 인센티브 혜택을 누릴 수 있도록 하여 자율적으로 시설운영의 문제를 극복해 갈 수 있도록 유도해야 할 필요도 있다(이종복 외, 2010).

2) 사회복지시설에서 인권교육 강화

인권이 무엇인지를 체계적으로 가르치고 배우는 것은 인권을 생활 속에서 보장받기 위해 매우 중요한 일이다. 인권교육은 어린이나 노인, 장애인 등과 같이 스스로 자신의 인권을 옹호하기 어려운 사람이나, 가난한 사람, 병든 사람, 일자리를 잃은 사람처럼 사회적으로 소외된 사람들의 인권을 확보하기 위해서이다. 특히 이들에게 복지서비스를 제공하거나 이들의 입장을 대변해 줄 수 있는 사회복지사에 대한 인권교육이 중요하다.

사회복지사는 인권의식이 있고 그 실천역량이 있는 전문가이어야 한다. 이에 사회복지사는 쉽게 만들어지는 것이 아니다. 즉, 대학교육과정에 '사회복지와 인권'이라는 과목의 개설, 복지권 옹호단체의 조직, 복지권 연구모임의 구성, 사회복지 직능단체에 대한 인권전담부서의 설치, 국제적 기준에 입각한 복지권 옹호활동과 홍보, 외국의 복지권 옹호조직과의 연대활동 등을 꾸준히 기울여나가야 한다(이용교, 2001: 153-156). 그리고 사회복지시설에 근무하는 직원에 대한 인권교육을 실시할 수 있도록 제도화하는 것이 필요하다. 이를 위해 사회복지관련법에 시설직원에 대한 정례적인 보수교육을 명시하고 교육내용 안에 인권관련 내용이 포함되도록 노력해야 한다.

3) 사회복지시설 종사자의 인권개선

다른 사람의 인권을 옹호하기 위해서는 먼저 자신의 인권을 확보해야만 함에도 불구하고, 사회복지종사자는 점차 사회복지대상자가 되고 있다는 평가를 받고 있다. 사회복지종사자의 상당수는 저임금과 장시간 노동에 시달리고 법적으로 보장된 사회보험에 가입조차 되어 있지 않으며, 성차별 등 부당한 차별을 받으면서 시설대상자들의 자립과 재활에 직접적으로 기여하고 있다. 이는 시설종사자들이 생활자들보다 먼저 시설병에 만연되고, 잦은 이직으로 결국 사회적응력이 떨어지는 현상을 그냥 바라보고 있는 실정이다.

사회복지생활시설이 상대적으로 사회복지기관보다 열악한 것은 누구나 다 인지하고 있는 사실이다. 이것은 사회복지전문가라고 생각하는 많은 사회복지사들이 시설종사를 꺼리고 있는 이유이다. 이러한 문제를 막기 위해 사회복지종사자의 인권을 옹호하는 인권옹호기관의 기능을 활성화하고, 종사자의 권익옹호를 위한 활동과 함께 국민의 복지권을 향상하기 위한 대중적 활동을 보다 활발히 전개해야 한다.

생각해 볼 문제들

1. 사회복지시설에서 인권의 정의를 제시해 보라.

2. 사회복지시설의 인권침해 사례를 노인, 아동, 장애인별로 제시해 보라.

3. 사회복지시설의 인권에 대한 인식을 노인, 아동, 장애인별로 제시해 보라.

4. 사회복지시설의 인권보호방안의 제도적 측면을 설명해 보라.

5. 사회복지시설의 인권보호방안 관리 및 운영 측면을 설명해 보라.

제3장 | 사회복지시설의 역사

사회복지는 역사적으로 생활이 곤란한 사람들을 위한 원조나 보호라는 관점에서 형성되어 왔다. 즉, 박애정신을 바탕으로 사회적 약자, 요보호대상자, 클라이언트 등에게 구제활동이 이루어졌다. 사회복지시설의 이념은 기존의 시설방위 관점에서 시설복지 관점으로 변화되면서 지역사회보호, 정상화, 사회정의, 사회통합 등을 강조하고 있다. 앞으로 사회복지시설은 시설의 고급화가 요청되며, 전문화된 자원을 최대한 활용하여 재가복지서비스와 함께 사회적 기능을 지속적으로 발전해 나가야 한다. 따라서 본 장에서는 첫째, 사회복지시설의 변천과정, 둘째, 한국의 사회복지시설의 역사연구, 셋째, 현대 사회복지시설의 동향 등을 중심으로 살펴보고자 한다.

제1절 사회복지시설의 변천과정

사회복지시설의 역사는 인류역사와 함께 기독교 사상의 자선 또는 박애정신에서 나온 구제활동에서부터 찾을 수 있다. 기독교 박애사상의 조직적 활동은 신구약성서를 통해 수없이 나타나는데, 즉 과부, 고아, 이민자, 나그네 등의 불행에 초점을 두고 있다. 당시 사회적 약자들에게 물질적 도움을 주었고, 그들의 처지를 이해하여 신분상의 불평등한 대우를 하지 않고 정신적으로 위로를 주었다. 최초의 기록은 기원 초 이집트 수도자들이 어려운 사람, 병약자, 의지할 곳 없는 사람들에게 자선을 베푼 구빈원활동에서 찾아 볼 수 있다(류상렬, 2004). 이러한 구빈원은 이후 숙박소(Xenodochium, 여행자의 집)로서 여행자나 순례자들에게 숙소나 경제적 도움을 주기 위해 설립되었으나, 점차 그 기능이 변화되어 환자들에게 도움을 주는 것이 우선적인 임무로 되었다.

1. 교회구빈원의 등장

구빈원(poorhouse)은 생활능력이 없거나 가난한 사람들을 수용하여 구호하는 공적 · 사적인 시설을 말한다. 교회구빈원의 구제는 사랑과 신앙을 바탕으로 한 종교적 정신을 중심으로 병자, 노인, 고아, 과부 등을 대상으로 하였다. 이러한 시설은 교회와 수도원으로부터 점차 국왕, 귀족, 종교단체, 길드(Guild), 신흥도시 등으로 운영주체의 범위가 확대되었으며, 구빈원의 운영은 기부금, 유증, 바자, 입원비, 의연금, 순례자 기부금, 왕령수익, 지대 등에 의존하였다. 이에 당시 구빈원의 운영방식을 제시하면 다음과 같다(류상렬, 2004).

① 입원은 보호자의 의사를 전제로 하고 비용부담은 없는 것이 원칙이지만, '자발적'이라는 편법으로 비용부담을 시키는 경우도 있었다.

② 수용은 남여를 따로 했으며, 미사와 기도생활이 중심이 되도록 운영하였다.

③ 식사는 일시 체류자, 수용자, 축일용의 3종이 있었고, 침대는 12세기부터 사용되었다.

④ 의복은 나환자용만 구별하였다.

⑤ 세탁, 목욕, 이발 등도 시켰지만 충분하지는 못하였다.

⑥ 직원은 통상 성직자를 중심으로 요리, 재봉, 세탁 등의 유급직원을 두었

고, 원장이나 유지관리자 또는 교구장이 임명하였다.

이러한 구빈원은 처음에 종교기관에서 발달되었지만, 나중에는 중세봉건제 하에서 장원이나 영주 단위의 사회공동체의 상호부조활동으로 그 기능이 대체되었다. 그러나 토지의 인구부양력의 약화, 토지경제 침체 등의 이유로 봉건조직사회는 보다 광범위한 생활자원을 구해야 할 필요가 생기게 되었다. 이후 성지 회복을 위한 1095년 십자군운동과 13세기 초에 시작된 장미전쟁 등을 계기로 중세의 침체는 사라지고, 봉건사회는 외방으로 발전하는 문호를 개방하게 되었다. 그 결과 새로운 기운은 도시를 발전시켰고 상인들을 발흥시켰으며 길드를 발전시켰다(박광준, 2005).

동일도시 내의 동일산업에 종사하는 직공들이 공동의 목적을 달성하기 위해 조직한 길드는 빈궁자 · 과부들에게 생활자금 · 장제비 등을 지급하는 등의 구빈원과 양로원을 설립하였다. 구빈원은 교회숙박소보다 많이 달라진 모습의 구제시설이 되었지만, 14~15세기에는 그 내부로부터 더욱 부패하게 되었다. 그것은 시설의 후원자 및 관계자들의 사물화가 되었고, 빈민들에게 줄 물건들이 사취되어 직원들은 문란에 빠졌다. 그래서 결국 시설은 관리자의 사유화로 변해 갔다. 그리고 교회와 수도원의 구빈원 때와 마찬가지로 걸식부랑자의 구빈원 순례는 걸식을 장려하는 결과를 가져와 그 폐해는 말할 수 없이 커졌고, 결국 쇠퇴의 길을 걷지 않을 수 없게 되었다.

2. 구빈법 시대의 사회복지시설

1601년 영국의 엘리자베스 1세 때 제정된 최초의 구빈법은 노동력이 있는 가치 있는 빈자, 노동력이 없는 가치 없는 빈자, 빈자의 아동 등으로 구분하여 구제사업을 실시하였다. 이들 중 노동력이 있는 빈자들은 노역을 하거나 감옥에 가는 것을 선택하게 하였고, 근로능력이 없는 빈자에게는 교구단위로 구빈세를 지원하였다. 당시 구빈법 시대에는 기금과 보호비의 증대를 위해서

Bristol에 19개 교구연합 작업장(workhouse)이 설립되었다. 여기서 빈민 소녀들에게는 연사(실뽑는 일), 아동들에게는 면방적 및 직물, 노인들에게는 경작업 등을 시켰다. 이것은 유상노동에 의한 비용 경감의 시도로 처음에는 상당히 성공했다. 즉, 빈민구제비용을 이들의 노임으로 일부 대체하였다. 그러나 교구단위의 보호는 교구에 맡겼는데, 교구는 이것을 입찰에 부쳐 최저입찰자에게 빈민구호를 맡기게 되어 결과적으로 빈민을 착취하는 일이 생기게 되었다.

그후 작업장심사법(Workhouse Test Act, 1722)이 제정되어 구제할 가치가 없는 게으른 빈민들에게는 자유를 박탈하고, 고통과 공포를 주어 구제남용을 방지하기 위한 목적으로 구제억제와 노동의욕의 심사가 행해졌다. 만약 이를 거부하면 등록을 말소하고 체벌, 감금, 감식 등의 처벌이 가해져 작업장은 공포의 집으로 변해 버렸다. 또한 수용도 노인과 어린이, 백치, 매춘부 등을 혼합 수용하여 극히 비인도적인 처우가 행해졌다.

이와 같은 경과를 겪은 후 빈민들의 비참한 생활과 착취를 개선할 목적으로 나타난 길버트법에 의해 입찰제도는 폐지되었고, 작업장은 노동불능자만의 시설로 되었다. 건강한 빈자는 거택구호(Out-door Relief=원외구호)로 바뀌었다. 거택구호는 일종의 최저임금보장의 형태로 이루어졌지만, 결과적으로 임금의 고정을 초래하게 되었다. 그러한 당시의 주위 경제사정으로 볼 때, 사회불안의 해결과 구제비의 절감이라는 필요에 의해서 신구빈법(1834)의 제정을 보게 되었다(류상렬, 2004).

제2절 한국의 사회복지시설의 역사연구

우리나라의 사회복지시설은 구한말 가톨릭의 영해원을 시작으로 비롯되었다고 할 수 있다. 그 이전은 절대군주의 애민정신(愛民精神)을 기초로 가난한 사람들을 구제하거나 보호하는 행려자 보호사업, 진휼청 등이 있었다. 이후 해방 후 구호시설이 급증하고, 노인, 장애인, 아동시설들이 우후죽순으로 생겨나게 되었다. 1961년에 생활보호법은 '시설의 법정화'라는 측면에서 의미가 있으며, 동법 제25조에 의하면, '보호사업을 목적으로 하는 사회복지시설로서, 양로시설, 양육시설, 장애인시설, 재활시설, 의료시설 등을 열거하고 있어 사회복지시설이라는 용어를 법정으로 정립하게 되었다. 여기서는 사회복지시설 중에서 노인시설, 장애인시설, 아동시설 중심으로 역사적 변천과정을 살펴보고자 한다.

1. 노인복지시설

시대의 흐름에 따라 노인의 복지적 욕구가 어떻게 부각되었고 국가나 사회는 어떠한 대책으로 노인의 욕구를 충족시켜 왔는지를 살펴볼 필요가 있다. 이를 통하여 현재의 노인복지를 보다 정확히 파악할 수 있고 미래의 노인복지 발전과정을 설정하는 데 필요한 교훈을 얻을 수 있다. 이에 노인복지 내용 중에서 노인복지시설의 발전과정을 중심으로 하며, 시대를 조선시대 이전과 일제시대 그리고 해방 이후로 나누어 제시하고자 한다.

1) 조선시대 이전

조선시대 이전까지의 우리나라 사회제도는 농본주의와 토지의 원칙적인 국유제, 그리고 계급제도에 의한 신분의 주종적 관계로 나타나 있다. 농업 중심의 사회구조에서 노인의 경험과 지식은 젊은이들에게 위력을 가지게 됨과 동시에 고령자의 희소가치 및 불교와 유교의 종교적 영향 등으로 노인복지는 경로효친을 중심으로 전개되어 왔다. 조선시대 이전의 노인복지시설의 역할을 한 곳은 고려의 동서대비원과 조선의 진휼청과 동서활인서를 들 수 있다.

그리고 1885년에 조선교구장인 Jean Blanc주교는 곤당골에 기와집을 구입하여 천주교와 고아원을 세웠으며, 종로 똥골(현 관철동)에 큰 기와집 한 채를 구입하여 의지할 곳 없는 노인 40명을 수용 · 보호하였다. 이것이 오늘날 노인복지시설의 한 형태인 양로원의 시초라고 할 수 있다. 이후 1907년 10월에 평양의 장로파 12교회가 주체가 되고 교회의 출자금과 일반 기부금 그리고 관청의 보조금을 재원으로 하여 빈곤하고 무의무탁한 노인의 보호를 목적으로 한 평양양로원이 평양에 개설되었다.

2) 일제시대

한국을 통치한 일본은 사회적 도구주의의 복지관을 가지고 있어서, 한국에 대한 일본의 사회복지 성격은 수탈적이고 임시방편적인 것이었으며 식민통치의 연장을 위한 도구로 정치적인 성격이 강하다. 일제강점기 우리나라의 대표적인 사회복지시설은 경제적 보호와 아동보호 및 일반구호 위주로 운영되었으며, 노인시설로는 양로원이 대표적이며, 이에 일제강점기의 양로시설 현황은 〈표 3-1〉과 같다. 1907년 평양양로원을 시작으로 하여 1925년에는 3개의 양로원이 개설되었고, 1933년 이후는 매년 한 시설씩 개원하여 이 당시 전체 시설수 287개 중 양로시설이 9개로 나타나 있다. 소재지는 경기도 이북으로 편중되어 있고, 특히 평안도에 집중되어 있다.

종교별로는 천주교가 3개 시설, 개신교와 불교가 각각 2개 시설로 나타나 주로 종교기관에 의해 운영되었음을 알 수 있다. 종사자수는 총22명, 수용인원은 158명으로 나타났으며, 예산은 1년 내지 2년의 시차는 있으나 모두 합산하면 16,567원으로 미미한 것이다(조선사회사업 요람, 1936)[1]. 이외에도 임시 은사금과 은사진휼자금의 수혜대상으로서 60세 이상의 노인이 포함되어 있고, 1944년 제정 공포된 조선구호령의 대상자에도 65세 이상 노쇠자가 포함되어 있으며 구호시설로서 양로원을 두고 있다.

---

1) 조선사회사업 요람(1936), 조선총독부 내무부 사무과, 1936년 3월, pp. 136-140.

〈표 3-1〉 양로시설 현황

번호	명 칭	개설년도	소재지	종교	종사자수	수용인원	예산(원)
1	평양양로원	1913	평양	개신교	1	26	1,275
2	선천창신양로원	1918	평안북도 선천	개신교	1	15	1,772
3	영유양호원	1925	평안남도 영유	천주교	5	10	180
4	의주천주교양로원	1925	평안북도 의주	천주교	3	22	1,420
5	경성불교자체회양로원	1925	경성	불교	1	6	716
6	재단법인경성양로원	1927	경성	무	2	20	3,200
7	진남포양로원	1933	평안남도 진남포	천주교	2	34	1,560
8	나남불교자섭회	1934	함경북도 나남	불교	3	1	1,350
9	경성자혜원	1935	경기도 고양	무	4	24	5,100

자료 : 조선사회사업 요람(1936), 조선총독부 내무부 사무과, 1936년 3월, pp. 136-140.

3) 해방이후

미군정시 남한사회는 일제의 경제적 수탈유산과 남북경제의 단절, 수많은 월남 및 해외동포 유입 등의 요인으로 절대적 빈곤에 시달리고 있었다. 이러한 상황에 대한 구호행정은 불비한 상태이어서 무계획적인 국내외 민간구호단체에 의존하게 되었다. 이러한 상황은 6.25한국전쟁 이후까지 지속되어 왔으며, 미군정 시 일반구호사업으로 시설구호, 공공구호, 응급 및 이재구호 등이 실시되었다. 이에 시설구호의 현황을 살펴보면 〈표 3-2〉와 같다.

〈표 3-2〉 후생보호시설 현황

연도	아동시설		노인시설		행려불구자시설		합계	
	시설수	수용자수	시설수	수용자수	시설수	수용자수	시설수	수용자수
1945	42	1,819	8	128	3	245	53	2,192
1946	70	4,558	9	268	7	362	86	5,188
1947	86	6,149	12	368	18	704	116	7,221
1948	101	7,393	12	514	16	566	129	8,473
1949	101	7,338	12	614	16	488	129	8,420

자료 : 경제연감(1949), 사회부, 남한, Ⅳ, p.232, 하상락(1989), 한국사회복지사론, 박영사, p.443, 재인용.

전체시설에서 아동시설이 약 78%를 차지하고 있어서 매우 높게 나타나 있다. 또한 1945년 이래로 시설수는 약 2.5배, 수용인원은 약 4배로 증가하였다. 양로시설의 경우, 시설수가 절반이 증가한 반면에 수용인원은 약 5배로 증가하였다. 그러나 요구호자 18,254명 중 1.5%만이 수용보호되고 있는 실정이다. 당시 시설운영 주체를 보면, 1947년 6월에 총 102개 시설 가운데 개인경영이 64개소로 62.7%를 차지하고 있어서 민간의존도가 높은 것으로 보인다. 시설구호예산은 해방 전 1인당 75전에서 1946년 1월에 5원으로 6.7배 인상되었다.

1948년 제헌헌법 제19조에는 "노령, 질병 기타 근로능력이 없는 자는 법률이 정하는 바에 의하여 국가의 보호를 받는다"라고 하여 국민의 생존권을 명문화하였다. 그러나 이에 관련된 법률은 6.25한국전쟁의 발발로 지연되어 1961년에 이르러 생활보호법의 제정으로 가시화되었다. 생활보호법 제1조에는 노령, 질병 기타 근로능력의 상실로 인하여 근로능력이 없는 자 등에 대한 보호와 그 방법을 규정하여 사회복지 향상에 기여함을 목적으로 한다고 밝히고 있으며, 동법 제25조의 보호시설에는 양로시설을 규정하고 있다.

우리나라 노인복지사업은 1961년 이후 생활보호법에 의존해 오다가 1981년에 노인복지법이 제정되어 그 법적 근거를 가지게 되었다. 현재 노인복지시설의 종류는 노인복지법 제 31조에 정의하고 있다. ① 노인주거복지시설 ② 노인의료복지시설 ③ 노인여가복지시설 ④ 재가노인복지시설 ⑤ 노인보호전문기관 등이다. 그리고 1980년 이후 시설의 현저한 증가현상을 볼 수 있는데, 이는 노인복지법 제정의 영향, 노인인구의 증가, 정부와 민간의 노인복지에 대한 관심의 증대 등에 기인되었다고 할 수 있다. 이에 노인복지시설의 현황은 〈표 3-3〉과 같다(보건복지부, 2009).

〈표 3-3〉 노인복지시설의 현황

종류	시 설	2008		2007		2006	
		시설수	입소정원	시설수	입소정원	시설수	입소정원
합계		63,919	112,064	60,788	150,548	59,117	119,498
노인주거 복지시설	소계	347	17,342	398	16,579	366	16,074
	양로시설	306	11,520	384	13,014	351	12,509
	노인공동생활가정	21	177				
	노인복지주택	20	5,645	14	3,565	15	3,565
노인의료 복지시설	소계	1,832	81,262	1,186	61,406	898	52,628
	노인요양시설	1,332	66,715	1,114	51,310	815	40,589
	노인요양공동생활가정	422	3,500				
	노인전문병원	78	11,047	72	10,096	83	12,039
노인여가 복지시설	소계	59,422		57,777		56,789	
	노인복지관	228		211		183	
	경로당	57,930		56,480		55,504	
	노인교실	1,260		1,082		1,099	
	노인휴양소	4		4		3	
재가노인 복지시설	소계	2,298	13,460	1,408	72,563	1,045	50,796
	방문요양서비스	1,111		767	62,736	523	42,832
	주야간보호서비스	621	10,627	504	8,109	409	6,557
	단기보호서비스	217	2,833	137	1,718	113	1,407
	방문목욕서비스	349					
노인보호 전문기관	노인보호전문기관	20		19		19	

자료: 보건복지부 2009년 사회복지시설현황.

2. 장애인복지시설

1) 일제강점기 장애인시설

우리나라는 일본을 통해서 영국의 복지제도가 도입되었다. 구빈법에 의한 장애인열등처우는 프랑스시민혁명 이후 인도주의적 자선사업과 박애운동의 선구자들에게 강력한 비난을 받게 되었다. 그 결과 18세기 후반과 19세기에 걸쳐 영국을 비롯한 유럽 선진국은 장애인시설을 설치함으로써 교육, 치료, 수용보호, 기술훈련 및 직업재활 등 시설복지사업이 발달되었다. 이로 인하여 총독은 1921년에 내무국에 사회과를 두어 사회복지사업을 담당하도록 했다. 이때 처음으로 장애인 보호시설이 설립 · 운영되었다. 그리고 1921년 2월에 「조선맹아협회」가 설립되었다.

2) 해방 이후 장애인시설

해방 이후 6 · 25전쟁으로 전쟁고아는 급증상태였고, 휴전 1년 전인 1952년 10월 4일에 시설의 지도 · 감독을 위한 사회부장관 훈령으로 「후생시설운영요령」에 정신치료교화원, 불구자수용원, 맹아원, 직업보도원 등으로 장애인시설을 분류하였다. 이후 미국을 비롯해서 자유 진영의 많은 국가의 민간단체들은 종교, 아동, 의료, 구호, 문화 등의 사업을 우리나라에서 실시하였다.

1955년 4월 22일 주한 미국대사와 한국 외무부장관 사이에 체결된 한미민간구호활동에 관한 협정과 동협정의 법적 근거에 따라 민간차원의 사회복지시설의 활동이 실시되어 왔다. 그러나 장애인복지시설의 활동은 타 복지시설에 비해 미약한 상태로 지속되어 왔다. 그리고 1961년 9월 5일 군사원호청 설치법을 공포하고 1962년 4월 16일 국가유공자 및 월남귀순자의 원호사업을 추가 관장하며, 「군사원호청」을 「원호처」로 개편함과 동시에 지청 30개소 출장소 25개소를 확대하였다. 1963년 9월 25일 「군경직업재활원」을 신설하였으나, 1969년 8월 20일 2개의 지청을 증설하고 「종합원호원」을 「국립원호원」으로, 「원호병원」을 「국립원호원」으로 각각 개편하였다. 이상과 같이 「국립원호원」, 「국립원호병원」, 「군경직업재활원 및 병설생산공장」 등의 설립으로 원호대상자와 가족에 대한 의료관리, 직업재활, 수용보호, 기술훈련 및 유자녀교육 등이 지원되고 있다.

우리나라 장애인복지사업은 1981년에 장애인복지법이 제정되어 그 법적 근거를 가지게 되었다. 현재 장애인복지시설의 종류는 장애인복지법 제58조에 정의하고 있다. ① 장애인 거주시설 ② 장애인 지역사회재활시설 ③ 장애인 직업재활시설 ④ 장애인 의료재활시설 등이다.

3. 아동복지시설

1) 해방 이후 ~ 1950년대

1945년 해방과 1950년 6.25전쟁 후유증으로 수많은 요보호아동이 발생하였으나, 초기의 시설보호사업은 아동의 특성에 맞게 가정에 인도한다는 것은 불가능한 일이었다. 엄청난 징용자의 이산가족, 귀환동포 및 월남난민, 전쟁의 사상자 등이 수없이 발생하고 그 자녀들이 부모로부터 보호를 받지 못하는 상황이 발생하였다. 따라서 당시 민간 자선운동이 일어나 어느 정도 조직을 갖춘 종교단체, 민간독지가, 자선가, 미망인 등에 의해 시작되어진 자선보호운동이 시설보호의 시작이라 할 수 있다.

일제 식민지로부터 해방되던 1945년에는 전국적으로 42개의 고아원(감화시설 및 정박아시설 포함)에 1천8백19명의 아동들이 수용보호되고 있었다. 해방이후 사회적 혼란으로 1946년에는 70개 시설에 4천5백58명, 1947년에는 86개 시설에 6천1백49명, 1948년에는 1백1개의 시설에 7천3백38명의 아동이 수용보호되고 있었다(최원규, 1996). 당시의 시설재정에 관해서는 정부의 재정없이 외국의 원조에 의해 보호활동이 전개되어 왔으며, 구체적으로 1952년 10월 격증한 전쟁고아 수용보호시설의 합리적 지도감독을 위하여 사회부장관 훈령으로 '후생시설 운영요령'을 제정하였다.

2) 1960년대 이후

전쟁으로 인한 사회적 혼란은 어느 정도 수습이 되었지만, 경제개발 지상주의 이념에 밀려 국가개입이 확대되지 못하고 여전히 외원위주의 사업이 전개되었다. 그러나 1970년대에 들면서 외원단체의 철수로 인하여 국가개입이 점진적으로 확대되었다. 아울러 전쟁 중에 입소하였던 아동들이 퇴소하고 경제적인 위기, 즉 극심한 빈곤으로 인한 새로운 고아들이 발생하였다(아동복지편람, 1997).

1961년 12월 아동복리법이 제정 · 공포되고, 1981년 아동복리법이 아동복지법으로 확대 · 개정됨에 따라 아동복지서비스의 대상이 요보호아동뿐만 아니라 일반아동 전체로 확대되었다. 1981년 아동복지법의 확대 · 개정은 아동생활시설 활성화의 제도적 뒷받침이 되었다. 현재 장애인복지시설의 종류는 아동복지법 제52조에 정의하고 있다. ① 아동양육시설, ② 아동일시보호시설, ③ 아동보호치료시설, ④ 공동생활가정, ⑤ 자립지원시설, ⑥ 아동상담소, ⑦ 아동전용시설, ⑧ 지역아동센터 등이다.

제3절 현대 사회복지시설의 동향

1. 사회복지시설보호의 변천

사회복지시설은 시대의 변화에 따라 시설의 형태와 보호의 내용이 변화되어 왔다. 사회복지시설의 변화는 요보호자의 유형과 발생 정도, 정부의 대응방식, 요보호자의 보호에 대한 주민의 정서 및 보호이념 등에 의해 크게 영향을 받는다. 사회복지시설은 12세기 성 요한에 의한 구료(救療)시설에 그 기원을 두고 있지만, 그 전형적인 형태는 16세기 영국의 구빈원에서 찾을 수 있다. 그 이후 오늘에 이르기까지 시설보호는 큰 진전을 이루어 왔으며, 그 변천과정을 3단계로 구분하여 제시하고자 한다(김범수, 2000).

첫째, 사회방위적 단계로서 사회복지시설이 억압과 격리의 원칙을 기초로 하여 운영되는 시기이다. 즉, 요보호자가 사회복지시설에 들어가는 것을 가장 혐오스럽게 느끼도록 열악한 사회적 서비스를 제공하는 시기이다. 이는 그들에게 수치심과 굴욕감을 주어 시설보호를 받는 요보호자를 줄이려고 하는 것이다. 그 일환으로 시설보호의 형태를 대규모의 혼합 수용방식과 격리주의에 두어 시설보호비용의 감소, 요보호자의 효과적인 통제, 기득권층의 안정도모, 요보호자와 일반주민의 동시보호 등의 결과를 거두었다. 이러한 시설보호는 대량의 실업, 빈곤원인에 대한 사회조사의 결과 및 사회개혁가들의 비판 등으로 인하여 큰 변화를 맞이하게 되었다.

둘째, 사회보장적 단계로서 시설보호는 최저생활의 보장수준으로 향상시키고, 시설생활자가 보다 가정적인 분위기에서 생활할 수 있도록 하기 위해 대규모의 집단시설에서 소숙사 형태의 사회복지시설로 전환하려는 노력을 기울이는 시기이다. 즉, 요보호자의 가족이나 이웃, 자원봉사자 등 비공식적인 지지망을 시설보호에 활용하려는 시도가 전개되지만, 그 기초가 되는 지역사회의 기법이 조성되어 있지 않아 이상과 현실의 괴리에 머물러 있는 단계이다. 이 단계의 시설보호는 일정한 수급권을 가진 자에 대한 사후조치적인 수준으로 시설생활자가 자신의 문제해결에 자발적으로 참여하는 것을 기대할 수가 없었다. 지역사회주민과는 이질적인 존재로 구분되어 주민공동의 연대감을 형성 · 강화하기에는 어려운 상태이다. 또한 시설생활자는 소수의 독지가나 자원봉사자의 관심에 머물러 있는 '잊혀진 존재'로 인식되었다.

셋째, 사회복지적 단계로서 사회복지시설은 '보호의 연속체'(care continuum) 안에서 하나의 선택자료로 기능하는 시기이다. 즉, 정상화 이념의 확산으로 인하여 시설보호는 시설생활자의 인격적인 삶의 보장 수준으로 제공되며, 사회복지시설의 형태도 소규모의 다양한 구조를 취하게 된다. 시설생활자와 지역주민은 상호간의 적극적인 교류를 통해 사회적 관계를 형성 · 강화하게 된다, 또한 사회복지시설은 시설보호뿐만 아니라, 지역사회의 사회복지욕구에 적극적으로 대처하여 지역사회 자원활용을 통한 지역사회복지센터적인 역할을 하게 되는 단계로서, 궁극적으로는 사회복지시설이 지역사회의 생활환경기반으로 자리 잡게 된다. 따라서 이상의 내용을 정리하면 〈표 3-4〉와 같다.

〈표 3-4〉 시설보호의 변천과정

내용 단계	보호 수준	보호 목표	보호 형태	지역사회와의 관계
사회방위적 단계	열등처우	사회적 방위	격리	단절
사회보장적 단계	최저 생활	발달 가능성	수용	수동적 · 일방적
사회복지적 단계	최적 생활	정상화	생활, 육성	능동적 · 상호적

현재 우리나라의 시설보호는 수급자격을 갖춘 자에 한하여 최저생활을 보장하는 수준이므로, 두 번째 수준으로서 사회보장적 단계로 볼 수 있다. 시설보호가 사회복지적 단계로 나아가기 위해서는 다양한 노력이 필요하다. 그 중의 하나로서 단절되어 있거나 수동적인 사회복지시설과 지역사회와의 관계에서 벗어나 능동적인 상호교류가 이뤄지도록 노력을 기울여 나가야 한다.

2. 정상화 원리

정상화 원리는 1981년 '세계장애인의 해'를 기점으로 하여 확산된 사회복지이념 중의 하나로서, 사회복지분야에 이 원리가 도입되면서 관련 개념인 사회통합과 탈시설화에 대한 관심이 고조되었다. Bank-Mikkelsen(1980)은 지적장애자가 가능한 한 보통에 가까운 생활을 영위하는 것을 정상화라고 하였다. 즉, 지적장애자를 격리되어야 할 특별한 사람이 아니라 모든 시민과 함께 살아갈 권리를 가진 사회구성원으로 보고, 이들의 생활조건인 주거생활과 직장생활, 여가생활 등에서 정상화가 구체화되어야 한다고 주장하였다.

Nirje(1980)는 모든 정신지체자의 일상생활 방식이나 조건을 사회의 보편적인 환경이나 생활방식에 가능한 한 가깝게 하는 것이 정상화라고 하였다. 그는 정상화의 구체적인 목표로서 8가지를 제시하고 있다. 즉, ① 아침에 일어나서 일상적인 생활로 이어지는 하루의 정상적인 리듬, ② 주중에 일하고 주말에 휴식하는 한 주간의 정상적인 리듬, ③ 계절에 적절한 삶을 추구하는 일련의 정상적인 리듬, ④ 아동기 · 청년기 · 성인기 · 노년기에 따른 삶의 추구, ⑤ 삶의 과정에서 다양한 선택의 자기결정, ⑥ 이성과의 교제 및 결혼, ⑦ 경제적인 안정, ⑧ 집단적인 수용이나 지역사회에서의 고립이 아닌 지역사회 내의 가정생활 영위 등이다.

정상화의 원리는 시설생활자의 삶의 질을 향상시키는 데 영향을 주는 실천적 개념이다. 이에 지역사회로부터 격리된 시설보호에서 통합된 시설보호로의 변화를 가져오게 한다. 지역사회의 통합은 물리적 통합과 사회적 통합으로 이루어져 있다. 물리적 통합을 위해서는 지역사회와 거리상 고립되지 않는 범위 내에 시설이 위치해야 하고, 지역사회주민의 계층분포도 고려해야 한다. 또한 교통시설의 분포를 고려한 접근의 용이성 확보와 시설의 규모와 지역적 분포의 고려, 건물의 외형에 대한 관심 등에 노력을 기울여야 한다.

따라서 사회복지시설은 시설보호에 정상화 원리를 적용하기 위해 많은 저해요인을 제거해 나가야 한다. 그 주요한 저해요인들로서는 획일적인 집단보호체제, 시설직원을 포함한 시설관계자의 정상화에 대한 의식결여, 가정복귀나 사회적 자립에 대한 제약, 보조금사용의 제약과 부족, 시설설비 기준상의 제약, 지역사회주민의 편견과 몰이해, 시설보호에 대한 질적 평가기준의 결여 등을 들 수 있다(김범수, 2000).

3. 탈시설화

탈시설화는 1950년대 후반 미국의 수용시설(total institutions)에서 제공되는 시설보호가 시설생활자를 무기력하게 하고, 시설 의존적인 인간으로 만들게 되면서 대두되었다. 이러한 시설보호는 다른 사회현상과 함께 작용하여 시설생활자가 증가하게 되고, 사회복지시설은 대형화되어 시설운영을 위한 막대한 자원이 필요하게 되었다. 한편 시설보호의 비효율성에 대한 비판은 커지게 되었다. 이러한 시설보호의 여러 가지 폐단을 시정하고 시설생활자의 자립생활을 돕기 위해 시설과 지역사회가 협력해서 적절한 사회복지서비스를 제공하기 위한 방안으로 대두된 것이 '탈시설화'의 이념이다.

탈시설화의 기본목표는 사회복지시설에 부적절하게 수용보호되어 있는 요보호자를 지역사회로 전환시키고, 지역사회에서 생활하는 요보호자를 부적합한 시설에 입소시키는 것을 방지하는 데 있다. 특히 지역사회 내에서 요보호자에 대한 적절한 서비스를 제공하고 시설보호의 전반적인 수준을 향상시키며 시설병을 예방하는 데 목적을 두고 있다. 이에 탈시설화를 실천하기 위해서는 시설보호의 형태가 규제가 많은 생활에서 적은 생활로, 규모가 큰 시설에서 작은 시설로, 큰 생활단위에서 작은 생활단위로, 집단생활에서 개인생활로, 지역사회로부터 격리된 생활에서 지역사회에 통합된 생활로, 의존적인 생활에서 자립생활로 시설보호의 방향이 바뀌어야 한다.

그리고 정상화원리의 도입으로 탈시설화가 사회적으로 통합되기 위해서는 장애인 스스로가 변화해야 한다고 주장하였다(Wolfensberger, 1972). 탈시설화는 시설보호에서의 정상화 원리와 매우 유사한 의미를 가지고 있다. 탈시설화가 시설보호의 방법론적 원리라고 한다면 정상화는 이념적 원리라고 할 수 있다. 즉, 정상화는 탈시설화를 지도하는 개념이다. 정상화 원리에 바탕을 둔 탈시설화는 사회복지시설의 구조적 변화뿐만 아니라, 지역사회와의 기능적인 연계를 통하여 시설생활자와 지역사회 요보호자의 인간다운 삶을 보장하는 방향으로 나아가야 할 것이다.

4. 사회복지시설의 사회화

사회복지시설의 사회화는 여러 학문분야에서 사용하는 사회화라는 용어의 의미를 조합하여 구성한 것이다. 이는 사회복지시설과 지역사회가 상호교류를 통한 동질화를 이루고, 시설이 지역사회의 일원으로 용인되며, 시설이 지역사회의 유용한 기관으로서의 역할을 수행하고 있다는 것을 의미한다. 즉, 시설이 폐쇄적이고 특정한 사람들만의 사적 상황에서 지역사회에 열려진 사회적이고 공동적인 상황으로 변화한다는 의미를 가지고 있다.

사회복지시설의 사회화는 시설과 지역사회와의 상호작용 과정으로 다음과 같이 정리할 수 있다(이종복 외, 2010). ① 시설생활자의 인권존중과 생활보장이라는 공공성에 기초하여 시설생활자의 생활수준 향상을 위해 노력한다. ② 지역사회복지 요구에 대응하기 위하여 시설의 제 자원을 지역사회에 제공한다. ③ 사회복지에 대한 주민의 교육과 체험을 돕는 제반 활동을 말한다.

따라서 사회복지시설의 사회화에서 시설보호가 사회방위적 단계로부터 사회복지적 단계로 변천하는 과정에 현저한 차이를 보이는 부분은 사회복지시설과 지역사회와의 관계에 있다. 그러므로 시설생활자를 지역사회로부터 격리하기 위한 수단으로 활용하던 시설보호가 정상화의 원리를 바탕으로 한 시설생활자의 인간다운 삶의 보장을 위한 시설보호로 변화하는 과정에서 시설의 지역사회와의 관계형성 및 강화가 중시되어야 한다.

생각해 볼 문제들

1. 사회복지시설의 변천과정을 구빈원 시대와 구빈법 시대로 구분하여 설명해 보라.

2. 노인복지시설의 변천사를 설명해 보라.

3. 장애인복지시설의 변천사를 설명해 보라.

4. 아동복지시설의 변천사를 설명해 보라.

5. 현대 사회복지시설의 동향 4가지를 제시해 보라.

제4장 사회복지시설과 지역사회

사회복지시설은 사회적, 경제적인 이유로 가정에서 양육 · 보호할 수 없는 사람이나 심신의 장애로 인하여 도움이 필요한 사람에게 다양한 서비스를 제공하는 기관이라 할 수 있다. 즉, 도움을 필요로 하는 자들에게 가정을 대신해서 생활의 터전을 제공하며 자립생활과 사회복귀를 최대한 도와주는 역할을 수행하는 곳이다. 이러한 사회복지시설은 시설생활자의 인권을 존중하고 가정과 유사한 환경 속에서 전문적인 보호를 제공해야 한다. 이를 위해서는 사회복지시설과 지역사회와의 관계가 더욱 강조되고 있다. 따라서 본 장에서는 첫째, 사회복지시설과 지역사회와의 관계, 둘째, 사회복지시설의 사회화, 셋째, 사회복지시설 사회화의 과제 등을 중심으로 살펴보고자 한다.

제1절 사회복지시설과 지역사회의 관계

현대사회에 있어서 사회복지시설은 과거의 시설생활자 위주의 수용보호에서 1970년대 이후 탈시설화, 지역사회보호 등의 영향과 지역복지 수요의 확대에 따라 시설의 수용보호만 아니라 지역복지에 대한 역할이 점점 커지고 있다. 이에 사회복지시설에서 시설의 환경이 되는 지역사회와의 관계는 점점 중요시되고 있다고 할 수 있다. 시설의 사회화는 시설과 지역사회와의 상호교류 및 지역사회의 중요한 복지공급자원으로서의 의미를 강조한다. 특히 시설의 사회화는 시설의 개방화를 넘어서서 보다 적극적으로 시설의 공공성을 강조하는 의미를 포함하고 있다. 이러한 시설의 개방과 공공성을 전제조건으로 하는 사회복지시설과 지역사회 내 · 외 환경 간의 상호교류가 매우 중요시되고 있다(Bertalanffy, 1969).

1. 지역사회에서 사회복지시설의 역할

河田正勝(1979)은 지역사회에서 사회복지시설의 역할과 관련하여 시설의 목적은 시설생활자의 인간다운 생활을 보장하기 위하여 시설보호의 질적 향상을 도모하고 나아가 시설생활자의 사회적 자립능력을 강화하는 데 있다고 언급하였다. 특히 시설 내부적인 목적과 지역사회 내에 위치하고 있는 사회복지자원으로서 지역사회의 사회복지욕구에 대응해야 하는 시설 외부적인 목적을 동시에 추구해 나가야 한다고 강조하였다. 그리고 小笠原祐次(1999)는 사회복지시설의 의의로서 다음 여섯 가지를 제시하고 있다.

첫째, 시설이용자의 생명을 지키고 생활을 지원하며, 그들의 발달, 장해 등의 치료, 훈련, 회복을 원조하여 이용자의 사회적 자립을 지원하는 것.

둘째, 가족생활지원의 의의로서 시설이용을 통하여 그 가족의 생활을 지원하고, 가족의 자립을 지원 · 확보하는 것.

셋째, 이러한 원조를 통해서 지역사회 사람들의 생활을 지원하여 생활면에서의 기본적 인권을 지키는 것.

넷째, 시설병설의 재택복지서비스 시설을 통한 지역주민의 생활원조와 복지원조의 역할을 이행하는 것.

다섯째, 복지정보 발신기지로서 현존 사회문제와 제도, 시설 등의 실상을 사회에 적절히 알리며, 사회복지에 대한 사회적 이해를 넓히고 심화시키는 것.

여섯째, 복지교육적 역할로서 사회복지시설이 사회복지직원 양성의 실천적, 임상적 체험학습과 실습의 중요한 무대가 되게 하는 것.

岡村重夫(1974)는 사회복지시설을 지역복지의 구성요소로서, 재택복지 내에 포함되거나 재택복지의 전제조건으로서 규정하여 지역복지론에서 주요한 지역복지실천의 담당자로서의 위치에 놓고 있다고 강조하였다. 이에 최근 지역사회의 도시화, 산업화, 급속한 고령화 등으로 인한 다양한 복지욕구와 일반적 권리로서 사회복지 등의 변화에 따라 지역복지에서 사회복지시설의 역할은 급속히 증대되고 있는 실정이다.

2. 사회복지시설과 지역사회와의 관계 정립

사회복지시설과 지역사회는 분리할 수 없는 불가분의 관계에 있다. 이에 사회복지시설은 지역사회와의 관계를 정립함에 있어 몇 가지 특징을 제시하면 다음과 같다.

첫째, 사회복지시설은 지역사회와의 밀접한 관계를 유지하고 강화함으로서, 시설생활자 측면에서는 양질의 시설보호를 받을 수 있고 자신의 사회적 자립능력을 키울 수 있게 된다. 또한 지역주민 측면에서는 필요한 복지서비스를 시설에서 제공받을 수 있으며 필요에 따라 시설생활자와 다양한 교류할 수 있다.

둘째, 시설운영자는 시설보호에 필요한 지역사회 자원을 동원하기 위해 지역사회와 관계를 갖는 것뿐만 아니라, 지역주민의 복지욕구를 충족하기 위해서 지역사회의 복지증진을 위한 시설의 역할을 다하기 위해 지역사회와의 적극적인 교류활동이 필요하다.

현실적으로 시설보호수준이 주민의 생활수준보다 낮은 실정에서 주민의 시설지원 형태의 일방적인 관계가 주류를 이루고 있다. 그러나 이와 같은 일방적인 관계는 오래가지 못하며 대등한 위치에서의 교류가 어렵기 때문에 바람직한 것이 아니다. 따라서 시설운영자는 시설의 강점을 살려서 지역사회와의 관계에 적극 활용하여 지역사회와 상호교류적인 관계가 이루어지도록 노력을 기울여 나가야 한다.

제2절 사회복지시설의 사회화

시설의 사회화는 시설보호의 기본이념인 정상화에 바탕을 두고 있다고 할 수 있다(조홍식,1998). 박태영 외(2000)은 정상화의 원리는 다른 개념보다 이념형적 요소가 강하여 개념 자체가 구체적으로 제시되기보다는 다분히 문화적·규범적 차원에서 시설생활자의 제반 조건을 일반인과 같게 만들고자 하는 열망이 반영되어 있다. 이에 탈시설화, 커뮤니티케어, 시설개방화 및 사회화를 시설보호의 방법론적 원리로 본다면, 정상화는 그의 이념적 원리라 할 수 있다.

정상화가 인간적 삶의 보장을 지향하는 사회복지의 보편적인 이념적 원리가 되고 있지만, Sainsbury와 Oliver 등은 사회편견의 해소 및 서비스 통제권 등의 전제조건을 강조하면서 정상화를 비판하였다. 그들은 지역사회에서 시설생활자에 대한 차별과 편견이 있으면 시설생활자가 지역사회와 교류하는 것보다 시설 내에서 시설생활자들과 함께 생활하는 것을 더 편안하게 느낄 수 있다고 하였다. 이러한 선행조건이 충족되지 않았을 때 정상화를 기본이념으로 하고 그 실천방법이 되어 시설생활자와 지역사회의 상호교류를 의미하는 시설사회화가 시설생활자의 삶의 질에 반드시 긍정적인 영향만 준다고 할 수는 없다.

이러한 지역사회의 사회복지시설과 시설생활자에 대한 부정적인 편견의 해결은 시설과 지역사회 간의 상호교류를 확대해야 한다는 것이다. 그리고 시설운영에 지역주민이 참여하여 시설경영을 투명하게 하여 지역사회에 시설이 갖고 있는 설비나 복지전문적인 여러 가지 기능들을 제공해야 한다. 이는 사회복지시설이 지역사회에 꼭 필요한 복지센터로서 공적인 역할 등을 함으로써 이루어질 수 있으며, 이러한 실천들이 시설사회화의 내용이 될 수 있다.

1. 시설사회화의 개념

시설사회화란 용어는 1951년 일본의 전국사회복지사업대회에서 처음으로 사용되었다. 이후 1970년대에 토대가 만들어지고 1980년대에 들어서 시설사회화에 대한 폭넓은 논의가 본격적으로 전개되었으며, 한국에는 1990년대 들어와서 소개되었다(이병록 , 2004). 따라서 시설사회화에 대한 학자들의 정의를 제시하고자 한다.

秋山智久(1978)는 시설사회화를 시설이용자의 인권보장 및 생활구조의 옹호 등 시설 내 처우내용을 향상시킴과 동시에 지역사회에서 발생하는 복지욕구를 충족시키는 데 있다고 하였다. 특히 그 시설이 소유하고 있는 장소, 설비, 기능, 인적자원 등을 지역사회에 개방하고 , 지역사회에서 이루어지는 각종 활동에 참여하는 방식으로 사회복지시설과 지역사회가 상호작용하는 과정이라고 주장하였다.

박태영(1995)은 시설사회화를 사회적 약자의 인권과 생활보장이라는 공공성에 기초하여 시설생활자의 생활수준 향상을 위한 노력과 지역사회의 복지욕구를 충족시키는 것이라고 하였다. 그리고 시설의 제반 자원을 지역사회에 제공하고, 사회복지에 대한 주민의 교육과 체험을 돕는 제반활동이라고 주장하였다.

2. 시설사회화의 발전단계

최근 사회복지시설의 보호수준은 꾸준히 향상되어 오고 있다. 사회복지시설 생활자의 삶의 질을 향상시키는 데 영향을 준 실천적 개념의 발전과정을 살펴보면, 1950년대 후반 덴마크, 1960년대 후반 스웨덴에서 출발한 정상화의 개념이다. 이는 1981년 세계장애인의 해를 기점으로 정상화의 원리가 전개되어 장애인복지서비스에 일대전환을 가져왔다. 미국에서는 1970년대에 탈시설화로 나타나 사회복지시설에 부적절하게 수용 · 보호되어 있는 요보호자를 퇴소시켜 지역사회 내에서 이들에게 적절한 서비스를 제공하였다. 이는 시설보호의 질적 향상을 도모하여 시설병을 예방하는 등 시설보호의 일대 전환기를 가져왔다. 일본에서는 1970년대 시설의 현저한 양적인 확대, 지역복지의 지향, 정상화 및 탈시설화 같은 처우이념의 근대화, 그리고 시설과 지역 간의 분쟁심화 등의 사회복지분야의 변화로 인해 시설이용자의 처우향상과 지역복지의 향상을 목적으로 한 시설사회화가 등장하였다(原久美子 외, 2001).

이와 같이 시설사회화는 시설의 폐쇄성에 대한 반성과 지역복지 욕구증가에 대한 해결방안으로 등장하였다. 사회화의 발전단계는 처음 폐쇄적 단계에서 시작하여 시설생활자가 지역사회주민과 동등한 일원이 되고 시설이 민주적으로 운영되어 지역사회에서 필요한 복지시설이 되는 단계로 발전하였다. 이에 시설사회화의 발전단계를 살펴보면, 秋山智久(1978)는 시설사회화의 발전단계를 〈표 4-1〉과 같이 전단계(거부적 단계), 제1단계(소극적 단계), 제2단계(상호관계 단계), 제3단계(의식화 단계) 등으로 구분하였다. 이종복(1989)은 폐쇄성지향의 단계, 소극적 단계, 상호관계의 단계, 이념적으로 의식화된 단계 등의 4단계로 설명하고 있다.

〈표 4-1〉 시설사회화의 발전단계

단 계	사회화의 동인	사회화의 형태	요 점
전단계 상대적거부 단계	어쩔 수 없이 개방 (가능하다면 거절하고 싶다)	- 외부시설 관계자 · 유력자에 의한 자원봉사, 견학을 받음 - 한정된 사람에 대해서 장소 제공	폐쇄성지향
제1단계 소극적 · 수신적 사회화단계	- 지역사회의 활동에 수신(受身) - 지역사회에 관심	- 자원봉사 받음 - 장소제공	장소제공에 머무름
제2단계 초기 상호관계에 있어서의 사회화 단계	- 지역사회와의 관계, 활동의 시작 - 이것을 의무, 해야 할 일이라고 인식	- 장소제공 - 인적자원으로의 협력 - 기능제공	초기적인 직원의 참가
제3단계 이념적으로 의식화된 사회화단계	- 인권옹호와 처우 향상이 필요조건이라는 인식 - 지역의 복지욕구 충족	- 다른 사회자원과의 교류 - 서비스의 향상을 위해서, 외부로부터 전문적인 인적자원을 받아들임 - 시설이용자와 지역주민과의 유기적 · 신뢰적 교류 - 지역복지센터적인 존재 인식	- 의식화된 직원의 참가 - 시설이용자, 가족의 참가 - 지역주민의 의식변혁과 참가 - 행정에 의한 조건 정비

자료 : 原久美子, 井上浩, 深谷美枝(2001).

이와 같이 시설의 사회화는 사회복지시설이 수동적이고 폐쇄적인 운영에서 능동적이고 개방적인 운영으로, 또한 행정적이고 전문직 주체형 운영에서 주민참가 및 주민주체형 운영으로 발전해 가는 과정의 하나이다. 시설사회화의 발전단계는 ① 개방을 거부하는 상대적 거부단계 혹은 폐쇄성 지향의 단계에서 자원봉사자만 받거나 장소만을 개방하는 사회화 시작단계라고 할 수 있는 소극적 단계, ② 시설의 장소, 인적자원, 기능 등을 개방하고 지역사회와 상호관계 혹은 상호작용을 적극적으로 시작하려는 단계인 상호관계의 단계, ③ 폐쇄적 혹은 자기 충족적인 시설운영으로는 시설생활자의 인권옹호와 처우향상 그리고 지역의 복지욕구를 충족시킬 수가 없으며, 결국 시설의 유지 및 발전을 위해서 시설사회화가 필요하다는 것을 인식하는 의식화 단계 등으로 발전하였다.

3. 사회복지시설 사회화의 구성범주

시설사회화의 사업내용을 구분하는 사회화의 범주에 대해서 다양한 연구가 있었다. 牧里毎治(1983)는 처우의 사회화, 운영의 사회화, 문제의 사회화 등으로 규정하였다. 野口定久(1980)에 의하면, 시설처우의 사회화를 중심으로 시설사회화의 사례연구를 실시하였는데, 시설사회화의 측면은 〈표 4-2〉와 같이 시설처우의 지역화, 입소자와 가정의 연결, 시설전문기능 · 설비의 지역제공, 시설운영에의 참가와 의견반영 등으로 구분하였다.

〈표 4-2〉 시설사회화의 영역과 실천내용

사회화 영역	내 용
시설처우의 지역화	입소자의 지역단체에 참가 입소자의 일상생활의 지역화 입소자의 자치조직화 입소자와 친구와의 연결 퇴소자와의 관계 지역 내 건물설비의 이용
입소자와 가족의 연결	가족의 정기방문 시설의 가정방문 입소자의 일시귀택 입소자와 가족과의 서신왕래
시설전문기능 · 설비의 지역제공	시설전문기능의 지역제공 시설설비의 지역제공 지역 내 관계기관과의 連携 시설직원의 지역참가 시설직원의 자질향상
시설운영에의 참가와 의견반영	가족의 의견반영 지역주민의 의견반영 후원회의 의견반영 입소자의 의견반영 직원의 의견반영 자원봉사자의 직접처우에의 참가 자원봉사자의 간접처우에의 참가 자원봉사자 담당직원의 설치 시설행사의 주민참가 시설 내에서의 주민과의 교류 시설홍보지 발행

자료 : 野口定久(1980)

牧里每治(1983)는 〈표 4-2〉에서 시설사회화의 영역을 시설정보의 공개, 자원봉사자의 참가, 시설설비기능의 지역개방, 시설처우의 지역화, 시설운영의 민주화 등 다섯 영역으로 구분하였다. 이병록(2004)은 처우의 사회화, 기능의 사회화, 운영의 사회화, 문제의 사회화, 공공행정과의 연계 등으로 구분하여 제시하였다.

이와 같이 시설사회화의 내용범주는 많은 자세한 연구가 되어 있지만, 아직까지 정해진 기준이 없이 비슷한 사업내용을 논자마다 각자의 철학에 따라 서로 다른 범주로 구분하여 연구해 왔다. 여기서는 지금까지의 내용범주에 대한 연구들이 어떠한 이론적인 틀을 가지고 그 내용들을 구분한 것이 아니고, 내용의 유사성에 따라서 범주를 나누었기 때문에 시설사회화의 내용과 영역구분과 혼돈을 가져올 수 있다. 따라서 상기의 시설사회화는 궁극적으로는 시설생활자의 삶의 질을 높이기 위한 기본적인 생각을 가지고, 처우의 사회화, 운영의 사회화, 기능의 사회화 등의 포괄적이고 기능적인 방법으로 분류되고 있다. 이에 시설사회화의 영역과 영역구분은 〈표 4-3〉과 같다.

첫째, '처우의 사회화'는 시설보호의 사회화 혹은 처우의 지역화로서 시설생활자가 지역사회의 각종 자원들을 이용하고 접촉하는 것을 말한다. 이는 지역생활을 지속적으로 영위하며, 시설생활자의 잔존능력의 개발과 정서적 안정을 통한 자립조장을 의미한다(野口定久, 1980; 이병록, 2004). 처우의 사회화의 범주에 속하는 사회화 내용을 살펴보면, 시설생활자가 지역사회에서 인간관계를 지속적으로 유지한다는 차원에서 가족, 친척, 친구 등과의 교류를 들 수 있고, 지역사회생활을 지속적으로 유지하기 위한 차원에서 지역사회에서 쇼핑, 식사, 종교활동을 하는 것이나 지역단체에 참여하는 것 등을 제시할 수 있다(이병록, 2004).

둘째, '운영의 사회화'는 시설운영에 대한 지역사회의 의견반영과 시설운영에 대한 자원봉사자로서 지역주민의 참여를 말한다(野口定久, 1980; 이병록, 2004). 박태영(1995)은 구체적 실천사항으로 사회복지시설의 운영에 있어서 시설생활자와 가족의 의견반영, 지역주민 및 후원회의 의견반영, 그리고 자원봉사자의 시설생활자의 처우에 대한 참여, 지역주민의 사회복지에 대한 욕구조사, 홍보지발행, 시설재정 및 프로그램의 공개 등을 제시하고 있다.

셋째, '기능의 사회화'는 사회복지시설이 보유한 설비만을 지역에 제공하는 제한된 형태로 진행되는 것을 말한다. 즉, 사회복지시설이 보다 적극적으로 지역사회와 교류하고 지역사회의 주요한 복지자원으로서 기능하기 위해서는 시설의 설비를 포함하여 보유하고 있는 전문기능까지 지역사회에 제공해야 한다는 주장이 제기되었다(古川孝順 외, 1988; 이병록, 2004).

〈표 4-3〉 시설사회화의 영역과 영역구분

사회화 영역	내용
시설정보의 공개	① 지역주민을 시설행사에 초대하거나 시설견학을 받아들이는 활동 ② 지역주민들에게 기관지, 팜플렛, 영화 등을 통해서 시설을 소개하는 홍보활동 ③ 지역주민들에게 가능하면 예 · 결산의 개요를 공표하고, 인사이동 등의 정보를 공개하는 활동
자원봉사자의 참가	④ 자원봉사자가 의류의 수선, 시설 내 청소 등 주로 노력을 제공하는 활동 ⑤ 자원봉사자가 생활자 또는 이용자의 이야기 상대, 놀이 상대, 개호 등 처우에 도움을 주는 활동 ⑥ 자원봉사자가 지역에서 원호를 필요로 하는 사람들에 대해서 시설을 거점으로 하면서 이야기 상대, 놀이 상대, 개호 등을 실시하는 활동
시설설비 · 기능의 지역개방	⑦ 지역주민들에게 집회실, 정원 등의 설비, 사무기기 등의 비품을 제공하는 활동 ⑧ 지역에서 원호를 필요로 하는 사람들에게 복지의 전문시설기능(급식, 목욕, 일시보호, 기능회복훈련, 레크리에이션, 개호, 양호지도 등)을 제공하는 활동 ⑨ 지역의 활동, 행사에 대해서 직원의 전문적 기능을 제공하고, 또 관계기관과 연계하여 주민단체와 협동하는 활동
시설처우의 지역화	⑩ 생활자 또는 이용자의 가족과 친구가 정기적으로 면회를 오거나, 직원이 가족이나 관계자 등을 방문하는 활동 ⑪ 생활자 또는 이용자 자신이 상점, 음식점, 공원, 도서관, 복지관, 사찰 등을 일상적으로 이용하는 활동 ⑫ 생활자 또는 이용자 자신이 지역의 각종 단체 · 그룹에 소속되거나, 지역활동과 행사(결연사업을 포함)에 참가하는 활동
시설운영의 민주화	⑬ 생활자 또는 이용자가 자치회, 가족회, 보호자회 등을 조직하고, 시설처우나 관리운영, 지역활동에 대해서 의견을 반영시키는 활동 ⑭ 직원의 조직화를 도모하고, 시설처우나 관리운영, 지역활동에 대해서 의견을 반영시키는 활동 ⑮ 후원회, 자원봉사 그룹 등의 조직화를 촉진하고, 시설의 처우나 관리운영, 지역활동에 대해서 의견을 반영시키는 활동

자료 : 牧里每治(1983).

이상에서 사회복지시설이 지역사회에 대하여 가지는 강점은 전문인력이 모여 있다는 점을 들 수 있다. 즉, 정부의 지원과 오랜 시설운영 과정에서 심리적, 사회적, 경제적으로 어려운 상황에 대처하는 노하우를 많이 가지고 있다는 점이다. 이는 사회복지시설의 경우 금전적인 것보다는 다양한 전문 서비스 제공과 장비 및 시설 대여와 같은 방법으로 지역사회에 지원을 하는 것이 재정적인 면은 물론 효과 면에서도 유리할 것임을 의미하고 있다. 그리고 사회복지시설이 지역사회 발전의 중추적인 역할을 하기 위해서는 보유하고 있는 기능을 보다 적극적으로 지역사회에 제공하여 지역사회의 복지센터로서 기능해야 한다.

따라서 기능의 사회화에 복합시설화와 관련된 내용이 추가되어야 하는데, 지역사회의 각종 자연재해시에 피난장소의 제공, 재가보호 등 지역자원의 조종기능, 주간보호, 단기보호, 가정봉사원 파견사업 등 재가생활 지원의 기능, 생활능력의 훈련사업, 그룹홈 등 자립생활의 지원기능 등을 포함해야 한다(이병록, 2004).

4. 사회복지시설 사회화의 영향요인

이병록(2006)은 시설사회화 영향요인을 시설운영자요인, 인력요인, 재정요인, 시설특성요인, 주민참여수준 등으로 나누어 설명하고 있다.

1) 시설운영자 요인

시설운영자의 의식은 지역사회관계 강화에 핵심역할을 하며 시설운영자는 직원을 지역사회와의 관계설정을 위해 다양한 교육을 실시하도록 하는 위치에 있다. 시설운영자의 지역사회에 대한 의식은 조직과 환경의 중요성에 대하여 인식하고, 이를 실천할 의지를 가지고 있느냐의 여부로서 시설사회화에 큰 영향을 미치게 된다. 시설운영자가 사회복지시설의 지역사회와의 연계에 대하여 필요성을 느낄수록 시설운영에 대한 주민의 참여정도와 시설설비의 개방정도가 높은 것으로 나타났다. 또한 시설사회화 수준은 사회복지시설과 지역사회의 활발한 교류로 인하여 시설생활자의 생활과 시설운영, 직원의 업무수행, 지역주민의 인식을 전환시키는 데 어떠한 영향을 미치는지에 대한 시설운영자의 견해를 통해서 파악할 수 있다(박태영, 1995).

이병록(2006)은 시설운영자가 시설사회화가 필요하다고 느끼고 시설사회화에 대해서 긍정적으로 평가하며 찬성하는 정도가 높을수록 시설사회화의 수준이 높다고 하였다. 박태영은 시설운영방침(운영규정, 원훈, 정관 등)에 시설과 지역사회의 관계 등 시설사회화에 대한 항목이 포함되어 있는지 여부를 통해서 시설운영자의 의식을 파악할 수 있다고 하였다. 이병록은 시설운영자의 의식과 시설사회화 내용이 시설운영 방침에 포함되어 있는지를 동일한 수준으로 간주하는 것은 타당하지 않다고 보았다. 즉, 시설운영 방침에 시설사회화 규정이 포함되어 있는지의 여부는 관련 행정이나 시설이 속한 재단이사회의 이해와 요구가 반영될 수도 있는 것이기 때문에 시설운영자의 의식의 결과로만 볼 수 없다는 것이다.

2) 인력요인

사회복지시설의 서비스를 전문화하고 시설의 전문기능을 지역사회에 제공하기 위해서는 직원의 전문성이 필요하다. 직원의 전문성은 전문자격을 갖춘 인력의 확보, 적절한 업무담당과 근무조건 , 전문자격에 상당하는 보수 등의 조건이 갖추어져 있을 때 발휘되는 것이다.특히 전문자격을 갖춘 직원 중에서도 사회복지사 자격을 갖춘 인력의 배치정도가 시설사회화에 차이를 주는 것으로 나타나고 있다(박태영, 1995; 이병록, 2006).

사회복지시설에서 지역사회복지 서비스를 실시하기 위해서는 필요한 직원배치가 이루어지고 그 인력은 고도의 전문성을 갖추어야 한다. 국내의 연구에서도 시설사회화를 담당하는 직원의 배치정도가 시설사회화에 영향을 미치는 요인으로 제시되고 있다(박태영, 1995; 감정기 · 진재문, 1999; 이병록,

2006). 따라서 인력요인으로 제시할 수 있는 것은 직원 중 사회복지사의 비율, 시설사회화를 담당하는 직원의 비율로 나타낼 수 있다.

3) 시설특성요인

이병록(2006)의 시설사회화 연구에서는 시설특성을 시설의 유형, 시설의 설비, 시설운영 경험, 시설의 규모, 시설의 입지조건 등으로 구분하였으며, 감정기 · 진재문(1999)은 시설유형, 시설의 규모, 전문화 수준, 직원과 시설장의 태도, 시설의 입지조건 등을 시설특성에 포함시켰다. 박태영(1995)은 사회복지시설을 개방하여 시설생활자들의 효과적인 서비스전달 및 지역사회의 중요한 사회복지센터로서의 기능을 다하기 위해서 시설은 지역사회의 지지를 받고, 지역사회는 시설의 전문기능을 활용하는 상호관계 속에서의 개방 및 사회화가 이루어져야 한다고 강조하고 있다.

따라서 사회복지시설이 목적사업을 수행하기 위하여 갖추고 있는 기본적인 설비는 시설보호에 활용할 뿐만 아니라, 시설 고유기능 수행에 지장을 주지 않는 범위 내에서 지역사회의 사회복지요구에 대응하기 위하여 활용되어야 한다. 시설설비의 지역사회개방에 대하여 시설관리상의 어려움, 사고에 대한 해결방안 결여, 시설생활자의 사생활 보호차원에서 바람직하지 않다는 부정적인 견해도 있다. 하지만 시설설비를 지역사회에 개방하는 것은 시설을 지역사회의 자원으로 만드는 것이며, 주민의 시설접근을 용이하게 하여 시설과 지역사회와의 관계를 강화하게 한다.

小笠原祐次(1980)는 건물과 설비의 수준, 그리고 전문기능의 부족은 시설사회화와 관련된 서비스를 제공할 의지가 있어도 제공할 수 있는 설비가 없거나 불충분하기 때문에 실시할 수 없도록 만든다고 하였다. 그래서 시설사회화의 전제조건으로서 시설사회화에 필요한 건물과 설비를 지적하고 있다. 이병록(2006)에 의하면, 초기 사회복지시설의 경우, 정부의 재정지원이 없는 상태에서 개인적으로 설립하여 운영하는 실정이었고, 결국 시설에 대한 개인자산이라는 인식이 강하기 때문에 지역사회주민을 시설에 참여시키는 것을 기피하는 등 시설사회화 수준이 낮을 수 있다고 보았다. 반면, 최근에 개원한 사회복지시설의 경우 시설의 사유화를 막기 위해서 시설장의 정년제를 적용하고 가족에게 시설을 대물림하지 못하도록 규제하였기 때문에 오히려 시설사회화의 수준이 높을 수 있다고 하였다.

제3절 사회복지시설 사회화의 과제

향후 사회복지시설의 사회화를 어떻게 활용해 나갈 것인가는 중요한 과제이다. 지역사회 내에 사회복지시설의 중요성이 더욱 중요시되는 현 시점에서, 지역사회보호에 있어서는 시설의 사회화가 중요한 테마로 등장하고 이에 상응하는 구체적인 노력이 필요하다.

이종복(1989: 12)에 의하면, 바람직한 시설의 상태란 ① 지역사회는 욕구발견으로부터 문제해결에 관련되는 모든 제도적 기관, 시설의 협동의 장이고, 사회복지는 그것들에 의해서 제공되는 서비스를 조정 및 매개하는 기능을 수행한다. ② 사회복지시설은 지역사회시설이므로 지역주민에 의한 운영과 주민참가에 의한 의사결정을 원칙으로 한다. 그러므로 시설의 설치는 다수의 소규모 시설이 바람직하다. ③ 사회복지시설은 지방자치단체에 의한 운영을 원칙으로 한다. ④ 사회복지시설은 재택자서비스 부분을 주체로 한다고 제시하였다.

이상에서 사회복지시설 사회화를 실천하기 위해서는 추진세력들의 다양한 문제해결 노력이 필요하다. 이러한 노력들을 사회복지시설 측면과 사회복지행정 측면으로 나누어 제시하고자 한다.

1. 사회복지시설 측면에서 시설사회화 과제

사회복지시설에 있어서 시설사회화의 몇 가지 과제를 제시하면 다음과 같다.

첫째, 시설을 중심으로 지역 내 타 시설과의 상호협력의 구체화를 도모하는 일이다. 즉, 지역사회에 있어서 일관된 시설보호를 추진하기 위해서 추진협의회 또는 사회복지협의회 등의 조직화를 발전시키는 것을 들 수 있다. 사회적 요청에 대비하여 교육, 복지, 의료, 보건 등의 여러 분야 간의 상호연대를 구체화하는 노력, 즉 이들 간의 역할분담, 상호연대가 가능할 수 있도록 연락하고 조정하는 기능이 필요하다.

둘째, 시설의 사회화 기능의 전체적 점검과 지역복지수요에 대응한 시설능력의 강화를 도모하는 일이다. 즉, 지역사회 내의 욕구를 파악해서 시설의 기능으로 처리될 수 있는 기능은 무엇인가를 항상 염두에 두어야 한다. 시설이 지역사회로부터 소외되지 않게 하기 위해서는 지역사회에 시설의 인적, 물적 자원을 제공하는 것이 필요하고, 전문직원의 양성과 확보를 우선해야 하며, 시설의 전문성 확보 등 시설을 양적 증가 못지 않게 질적 고도화가 중요하다고 할 수 있다.

셋째, 시설의 규모운영의 관리에 관한 정기적인 검토의 필요성이다. 즉, 시설에서 서비스의 향상, 관리방식의 합리화, 시설 내 수용자 집단편성의 기본적 사고방식, 인권의 보장, 가족과의 관계방식 등의 과제에 항상 수정을 가하고 시설자체 평가를 할 필요가 있다.

넷째, 시민의식의 향상과 지역주민의 시설보호에 대한 사고방식의 의식향상이다. 즉, 이러한 의식변혁을 지향하는 운동이 전개되지 않으면 진정한 지역사회보호가 이루어지기 어렵다. 이에 사회복지행정의 역할과 주민의 역할, 시설의 존재의의 등을 알리고 주민의 능력을 배가하는 일이 필요하다.

다섯째, 지역사회의 정보를 정확하게 파악하고 활용하는 방안이다. 즉, 지역사회의 아동에서 노인에 이르기까지 지역사회 내 잠재욕구의 예측 및 분석 등을 통해 과학적 정보를 포착할 수 있는 체계를 구축할 필요성이 있다.

여섯째, 시설보호 원칙의 명확화이다. 즉, 이는 지난 1974년 UN에 의한 정신박약자의 권리선언, 1975년 장애자의 권리선언, 1981년 세계장애자의 해 등을 통해서 정상화이론 등과 합치되는 것이다. 그러므로 바람직한 생활의 1차적인 장은 가정이다. 따라서 시설의 모든 상황을 이러한 원칙에 맞추어 점검하고 구체적인 시설보호 프로그램의 책정이 이루어져야 한다.

2. 사회복지행정 측면에서 시설사회화 과제

사회복지행정에 있어서 시설사회화의 과제를 제시하면 다음과 같다. 즉, 사회복지행정은 시설사회화 추진에 있어서 외인력이 작용하지만, 관주도적이고 중앙정부 집중적인 복지행정 체계에서는 사회복지행정이 시설사회화에 미치는 영향은 매우 크다고 할 수 있다. 현행 시설보호 체계는 사회복지행정의 위주로 시설입소나 퇴소, 시설보호의 효과분석 등은 행정에 위임되어 있다. 그러나 시설사회화를 위해서는 사회복지대상자(시설생활자)를 중심으로 복지행정-시설-주민의 관계가 상대화되고, 이들 상호작용 과정에서 사회복지서비스의 등급이 구성되어지는 체계로 바꾸어야 한다.

이러한 시설보호 체계의 변화는 사회복지행정과 시설, 그리고 주민들과의 적절한 역할분담을 전제로 이루어질 수 있다. 지금까지 사회복지행정에 의존하여 상대적으로 지역사회에 대한 관심이 낮았던 시설이 지역사회와의 새로운 관계를 모색하기 위해 개방화될 수 있을 것이다. 그리고 시설경영의 합리화를 내세운 대규모의 시설을 점차 소규모 다기능화해 나가야 할 것이며, 다양한 이용시설, 즉 그룹홈, 단기보호, 주 · 야간보호, 노인공동주택, 아동위탁보호시설 등도 다양한 시설체계를 구축하여 시설보호대상자가 적극적으로 선택할 수 있도록 다양한 선택자료를 제공해야 한다. 이외에도 지역형편에 따른 시설종류와 수의 적정한 배치, 시설입소 지역제한에 대한 고려 등의 제도적 변화를 통하여 시설사회화의 조건을 정비해 나가야 한다.

생각해 볼 문제들

1. 시설사회화를 개념적으로 설명해 보라.

2. 정상화와 사회화를 구분하여 설명해 보라.

3. 시설사회화의 발전단계를 설명해 보라.

4. 시설사회화의 영역을 설명해 보라.

5. 사회복지시설 사회화의 과제를 시설과 복지행정 측면으로 구분하여 제시해 보라.

제5장 | 사회복지시설의 설치

사회복지시설은 사회적 약자들이 가정에서 자신의 삶을 영위하는 것이 어려울 때 국가나 지방자치단체가 가정을 대신하여 도움을 제공하는 일종의 사회복지의 장치라 할 수 있다. 즉, 심신의 장애로 인하여 자립생활이 곤란한 상황에 있거나 심신의 장애 때문에 자립조건의 획득에 지장이 있는 자들에게 전문적인 치료 · 훈련 · 교육 · 재활 등을 실시하는 것에 초점을 두고 있다. 이에 사회복지시설을 설립하고자 할 때, 사회복지법인의 설립허가 신청서류와 작성요령 등의 절차는 매우 중요하다. 따라서 본 장에서는 첫째, 사회복지시설의 설치, 둘째, 사회복지법인의 설립 등을 중심으로 살펴보고자 한다.

제1절 사회복지시설의 설치

1. 사회복지시설 신고제도

사회복지시설은 국가 또는 지방자치단체가 설치 · 운영할 수 있으며(사회복지사업법 제34조 제1항), 국가 또는 지방자치단체 외의 자가 사회복지시설을 설치 · 운영하고자 하는 때에는 시장 · 군수 · 구청장에게 신고하여야 한다(동법 제34조 제2항). 따라서 사회복지법인, 비영리법인, 기업체, 개인 등도 시장 · 군수 · 구청장에게 신고하여 설치 · 운영할 수 있다.

사회복지시설을 신고하지 않고 설치 · 운영할 경우, 시설장에게는 1년 이하 징역 또는 300만원 이하 벌금에 처하는 조항을 엄격하게 적용하고 있다. 이에 해당시설은 폐쇄조치하여 미신고 사회복지시설이 발생하지 않도록 관심이 요망되며, 시 · 군 · 구 담당자는 각 개별법령의 신고기준을 참고하여 신고가능 여부를 확인하고 있다. 특히 중증장애인시설, 치매노인시설 등의 경우 시설설비 및 종사자 요건을 엄격하게 적용하여 시설생활자의 인권 및 안전에 만전을 기하도록 하고 있다.

1) 사회복지사업법상 신고제도

(1) 행정절차법 제40조의 신고

행정절차법 제40조에서 규정하고 있는 신고는 '개별법령에서 규정한 형식상의 신고요건을 갖추어 행정청에 일정한 사항을 통지함'으로써 의무가 끝나는 의미의 신고이다. 판례에 의하면 행정절차법상 신고의 경우, 민원인이 신고서를 행정청에 접수함으로써 법적효과가 발생하며 행정청은 신고수리를 거부할 수 없다.

(2) 사회복지사업법 제34조의 신고

사회복지시설의 신고는 1997년 개정을 통해(법률 제5358호) 허가제에서 신고제로 전환되었다. 시 · 군 · 구청장은 정당한 이유없이 사회복지시설의 설치를 지연시키거나 제한하는 조치를 하여서는 아니 된다(동법 제6조 '사회복지시설 설치방해금지 의무').

사회복지사업법상 신고제도는 자족적 공법행위인 행정절차법 제40조의 신고보다는 정당한 이유가 있을 경우, 사회복지시설의 설치를 지연 또는 제한할 수 있는 완화된 허가제에 가깝다고 할 수 있다. 단 정당한 이유없이 신고접수를 거부할 경우 사회복지사업법 제6조에 위배되며, 신고거부 자체가 행정소송의 대상이 되므로 신중을 기해야 된다.

(3) 사회복지시설 신고접수 절차

① 해당시설의 신고요건 안내

면담을 통해 운영하고자 하는 시설의 종류, 규모, 운영주체 등에 대해 상담한 후 관련법령의 신고요건을 안내하고 신고서양식을 배부한다.

② 개별법령 충족여부 검토

신고서 제출시 사회복지사업법 및 개별법령에서 요구하는 신고요건에 적합한지를 검토하고 보완요구와 수리여부를 결정(필요시 현장방문)한다.

③ 타법령 충족여부 검토

사회복지사업법 및 시설 개별법령을 충족하였다면, 건축법, 그린벨트 관련법 등 타 법령 위반여부를 검토하여 최종적으로 신고수리 여부를 결정한다.

④ 사회복지시설신고증 발급

해당 민원인에게 신고증을 발급하고 사회복지사업법 및 개별법령상 시설운영에 따른 권리와 의무를 안내한다.

2. 사회복지시설의 설치 및 운영신고

1) 시설의 설치시 구비서류(사회복지사업법 시행규칙 제20조)

동법 제34조 제2항에 따라 국가 또는 지방자치단체외의 자가 시설을 설치 · 운영하고자 하는 때에는 별지 제15호 서식의 사회복지시설설치 · 운영신고서(전자문서로 된 신고서를 포함한다)에 다음 각 호의 서류(전자문서를 포함한다)를 첨부하여 관할 시장 · 군수 · 구청장에게 제출하여야 한다(사회복지사업법 시행규칙 제20조 제1항). 이에 사회복지시설설치의 구비서류는 다음과 같다.

① 법인의 정관 1부(법인에 한함)

법인의 정관에 사회복지시설 운영과 관련된 목적사업이 있을 경우에 신고를 접수하고, 관련 조항이 없을 경우 정관을 변경하도록 지도한다.

② 시설운영에 필요한 재산목록 1부

시설소유를 증명할 수 있는 서류를 첨부하되, 시장 · 군수 · 구청장이 「전자정부법」 제36조 제1항에 따른 행정정보의 공동이용을 통하여 소유권에 대한 정보를 확인할 수 있는 경우에는 그 확인으로 첨부서류를 갈음한다. 단 국 · 공유 토지나 건물에 시설을 설치 · 운영하고자 하는 경우에는 그 사용권을 증명할 수 있는 서류로 갈음할 수 있다. 시장 · 군수 · 구청장은 운영하고자 하는 시설규모와 비교하여 시설운영이 현실적으로 가능한지 여부를 판단하고, 부적합 판단시 시설생활자 수를 적정수준으로 유지하여 신고하도록 지도한다.

③ 사업계획서 및 예산서 1부

시장 · 군수 · 구청장은 실질적인 사회복지사업이 이루어지도록 사업계획의 구체적 기입을 유도한다. 그리고 수입과 지출에 관한 세부내역을 받되, 사회복지법인 재무 · 회계규칙 제10조 제2항의 별표1~별표4를 참고하여 작성한다.

④ 시설의 평면도 및 건물의 배치도 1부

시설의 평면도는 시설의 층별 및 구조별 면적을 표시하여야 한다.

2) 지방자치단체의 처리절차(사회복지사업법 시행규칙 제20조 제2항 ~4항)

(1) ②항의 내용

1항에 따라 신고서를 제출받은 시장 · 군수 · 구청장은 「전자정부법」 제36조 제1항에 따른 행정정보의 공동이용을 통하여 법인 등기사항증명서(법인인 경우만 해당한다) · 건물등기부 등본 및 토지등기부 등본을 확인하여야 한다.

(2) ③항의 내용

시장 · 군수 · 구청장은 제1항에 따라 신고를 받은 경우에는 별지 제18호 서식의 사회복지시설신고증을 발급하여야 한다.

(3) ④항의 내용

시장 · 군수 · 구청장은 별지 제19호 서식의 사회복지시설신고관리대장을 작성 · 관리하여야 한다.

3. 사회복지시설 민간위탁(동법 시행규칙 제22조의 2, 제23조)

1) 민간위탁 기준 및 방법

국가 또는 지자체가 설치한 시설은 필요 시 사회복지법인 또는 비영리법인에게 위탁운영이 가능하다(동법 제34조제5항). 동법 시행규칙 제22조의 2의 1항에 따라 국가 또는 지방자치단체가 설치한 시설을 위탁하여 운영하고자 하는 경우에는 공개모집에 의하여 수탁자를 선정하되, 수탁자의 재정적 능력, 공신력, 사업수행능력, 지역간 균형분포 및 제27조에 따른 평가결과(평가를 한 경우에 한한다) 등을 종합적으로 고려하여 선정하여야 한다.

그리고 공개모집을 통해 수탁자를 모집하고 수탁자선정심의위원회(위원회

〈표 5-1〉 사회복지시설 설치 · 운영 신고서(동법 시행규칙 별지 제15호 서식)

사회복지시설 설치 · 운영 신고서

신청인	①대표자성명		②법인명			
	③주소	(전화)				
시설개요	④명칭		⑤사업의 종류			
	⑥소재지	(전화)				
	⑦시설의 장의 성명		⑧주민등록번호			
	⑨설치연월일		⑩입소정원	명		
시설설비 내역	⑪거 실	㎡	⑫사무실	㎡	⑬상담실	㎡
	⑭도서실	㎡	⑮오락실	㎡	⑯조리실	㎡
	⑰목욕실	㎡	⑱세탁실	㎡	⑲건조장	㎡
	⑳변기수	개	㉑직업훈련실	㎡	㉒강의실	㎡
	㉓자원 봉사자실	㎡	㉔운동장	㎡	㉕대 지	㎡
	㉖기타	㎡				
직원	㉗총인원	㉘사회복지사 자격증 소지자	예산	㉙수입총액	㉚지출총액	
	명	명		원	원	

사회복지사업법 제34조제2항 및 동법시행규칙 제20조제1항의 규정에 의하여 위와 같이 사회복지시설을 설치 · 운영하고자 신고합니다.

년 월 일

신고인 (서명 또는 인)

(시장 · 군수 · 구청장) 귀하

※ 구비서류	수수료
	없음

1. 법인의 정관(법인에 한함) 1부
2. 시설운영에 필요한 재산목록 (소유 또는 사용을 증명할 수 있는 서류를 첨부하여야 함) 1부
3. 법인등기부등본 (법인에 한함) 1부
4. 사업계획서 및 예산서 각 1부
5. 시설의 평면도(시설의 층별 및 구조별 면적을 표시하여야 함)와 건물의 배치도 각 1부

구성은 시행규칙 제22조의 2 제4항 참조)를 통해 수탁자를 선정하되, 수탁자의 재정능력 등을 종합적으로 고려하여 선정하도록 한다. 또한 영유아보육법 등 개별법령에 법인이외 개인도 위탁이 가능한 경우 등 시설별 특성이 있으므로 위탁시 해당 개별법령을 반드시 숙지한다.

2) 사회복지시설 위탁운영 내용(보건복지부, 2011a)

(1) 위탁대상시설 : 국가 또는 지자체가 설립한 시설

(2) 수탁자의 자격 : 사회복지법인 또는 비영리법인

시설운영의 안정성, 영속성, 공공성 등 차원에서 사회복지법인 또는 비영리법인에 그 자격을 제한하고 있으나, 개별법령에 기타 단체 및 개인에게 위탁할 수 있는 근거규정이 있을 경우(영유아보육법 제24조 등)에는 그에 따른다.

(3) 위탁방법 및 선정기준

위탁방법은 반드시 공개모집에 의해 수탁자를 선정하며, 선정주체는 위탁기관의 장으로 하며, 선정기준은 수탁자선정심의위원회의 의결을 받아야 한다. 선정기준에 포함되어야 할 사항으로 필수사항은 수탁자의 재정능력, 공신력, 사업수행능력, 지역간 균형분포, 시설에 대한 평가결과(평가한 경우에 한함) 등을 포함하며, 임의사항으로는 그 외 위탁기관의 장이 필요하다고 인정되는 사항 등이다.

(4) 수탁자선정심의위원회의 구성

공개모집한 수탁자는 반드시 심의위원회를 구성하여 선정하여야 한다. 위원은 위탁기관의 장이 임명 또는 위촉한 9인 이내의 위원(위원장 1인 포함)으로 구성되며, 위원장은 위탁기관의 장이 위원 중 1인을 지명하도록 한다. 위원의 자격은 시행규칙 제22조의2 제4항 1호 내지 제4호를 참고하되, 가능한 민간위원을 과반수 이상으로 하여야 한다.

(5) 위탁계약의 체결 및 갱신

시설위탁 시에는 시행규칙 제23조 제1항 1호 내지 제7호에 관한 사항을 포함한 계약서를 체결해야 한다. 이에 위탁계약서의 내용은 다음과 같다.

① 종사자의 고용 승계 건 : 수탁자가 변경되더라도 시설장 및 관리자를 제외한 종사자의 고용승계가 유지될 수 있도록 할 것.

② 계약기간 : 5년 이내로 함.

③ 계약의 갱신 : 위탁자가 필요하다고 인정할 경우, 선정위원회의 심의를 거쳐 계약기간을 갱신할 수 있다.

제2절 사회복지법인의 설립

1. 법인의 설립근거 및 신청절차

1) 사회복지법인의 설립근거

사회복지법인이란 사회복지사업법 제2조의 '사회복지사업'을 행할 목적으로 설립된 법인을 의미하며, 법인은 법률의 규정에 의함이 아니면 성립할 수 없으므로(민법 제31조) 사회복지법인의 경우에도 반드시 사회복지사업법상 제조항을 근거로 설립되어야 한다. 사회복지사업을 지원하는 법인은 사회복지사업을 지원할 목적으로 설립된 사회복지법인으로서, 사회복지법인은 사(私)법인이면서 비영리 공익법인이며 재단법인의 성격을 동시에 지닌다고 볼 수 있다.

법인의 종류는 법률관계가 복잡하여 획일적 기준으로 구별하기가 곤란하나 국가, 지방자치단체, 영조물법인, 한국은행 등 공공의 목적을 위해 공법으로 설립된 법인은 공법인, 민법과 상법 등에 의하여 설립되는 회사, 사단법인, 재단법인, 사회복지법인 등은 사법인에 해당한다. 법인은 설립목적에 따라 영리법인과 비영리법인으로 구분할 수 있으며, 설립목적이 영리의 추구에 있느냐에 따라 영리법인과 비영리법인으로 분류한다. 비영리법인은 비영리사업의 목적을 달성하는 데 필요하여 본질에 반하지 않을 정도의 영리행위를 하는 것은 가능하다.

그리고 법인은 설립목적에 따라 사단법인과 재단법인으로 구분할 수 있는데, 사단법인은 일정한 목적을 위하여 결합한 사람의 단체이고, 재단법인은 일정한 목적을 위하여 출연된 재산을 그 실체로 하는 법인이다. 법인은 사단법인, 재단법인 두 가지 중 하나로서 설립되어야만 하며, 중간적인 형태의 법인은 인정하지 않는다. 법인에 적용되는 관련법령은 〈별첨 2〉와 같다.

법인의 설립에 대한 국가의 태도는 자유설립주의, 허가주의, 특허주의, 강제주의 등이 있으나, 민법 제32조에는 비영리법인의 설립은 주무관청의 허가를 받도록 되어 있다. ① 허가는 행정관청의 재량에 의한 행위이며, ② 인가의 경우 법률의 요건을 갖추면 인가권자는 반드시 이를 인가해 주어야 한다. 사회복지법인의 경우는 1992년 12월에 사회복지사업법이 개정되기 전까지 인가사항이었으나 지금은 허가사항으로 되어 있다.

〈표 5-2〉 사회복지법인의 신청절차

1단계	신청인의 법인설립 신청 (신청인→시군구)
조치사항	▶ 사회복지법인을 설립하고자 하는 자는 사회복지사업법 시행규칙 제7조에 규정되어 있는 사회복지법인 설립허가 신청서와 기타 구비서류를 완비하여 시군구에 제출
참고사항	• 신청인은 신청서 제출 전 법인 주사무소가 소재할 시도 및 시군구와 법인설립 필요성 등에 대해 충분하게 협의하여 추후 절차가 원만하게 수행되도록 지도 • 시도 및 시군구는 사회복지법인 설립에 대한 문의가 있을 경우 신속하고 정확하게 안내할 것

2단계	검토의견 등 첨부하여 시도 제출(시군구→시도)
조치사항	▶ 시군구는 설립허가를 신청한 법인에 대한 기초자료(예) 자산에 관한 실지조사 결과, 법인설립 필요성에 관한 검토의견서 등)를 첨부하여 시도에 신청서를 제출
참고사항	• 신청서를 접수한 시군구는 해당 법인이 소재할 사무소 및 기본재산 등을 직접 엄격하게 확인할 것(필요시 방문) • 시 · 도에서 조례 및 규칙 등으로 법인업무와 관련한 시 · 군 · 구의 권한 및 위임사항을 정하였을 경우 그에 따르되 법인의 허가 등 법인관리 업무의 중요사항은 반드시 시 · 도지사가 행할 것
3단계	시도에서 최종 허가여부 결정
조치사항	▶ 시도는 법인설립 신청서와 시군구의 기초자료, 시도의 복지여건 등을 종합적으로 검토하여 법인설립허가 최종 결정 ▶ 처리기한 • 목적사업의 범위가 2 이상의 시도에 걸치는 법인 : 22일 • 목적사업의 범위가 1 시도에 한정되는 법인 : 17일
참고사항	• 법인허가 시 법인의 목적사업에 해당하는 기본재산을 갖추었는지 여부를 엄격하게 심사할 것 • 목적사업이 2 이상의 시도에 걸쳐있는 법인에 대해서는 관련시도의 의견을 충분히 수렴한 후 결정

자료: 보건복지부(2011b).

〈표 5-3〉 사회복지법인 설립허가신청서

[별지 제7호 서식] 〈개정 2010.9.1〉 (앞쪽)

사회복지법인설립허가신청서				처리기간 보건복지부 : 22일 시 · 도 : 17일
신청인 (대표자)	①성명		②주민등록번호	
	③주소	(전화 :)		
④법인의 명칭				
⑤주된사무소의 소재지		(전화 :)		
⑥설립목적				
⑦사업의종별				

자산			⑧종류	⑨규모	⑩평가액 (천원)	⑪연간수익액 (천원)	⑫출연자
자산	기본재산	목적 사업용					
			계				
		수익용					
			계				
	보통재산	⑬종류		⑭수량		⑮가액(천원)	

임원	⑯직위	⑰임기	⑱성명	⑲주민등록번호	⑳주소

직원	㉑총인원	㉒사회복지사자격증소지자수
	명	명

「사회복지사업법」 제16조, 같은 법 시행령 제8조 및 같은 법 시행규칙 제7조에 따라 사회복지법인 설립허가를 신청합니다.

년 월 일

신청인 (서명 또는 날인)

보건복지부장관
시 · 도지사 귀하

31313-00811민 210mm×297mm
98. 7. 20 승인 (일반용지 60g/㎡)

법인설립의 허가가 있을 때에는 3주 이내에 주된 사무소 소재지에서 설립등기를 해야 한다. 법인의 설립등기는 법인의 설립요건으로서 법인이 법적으로 설립되는 것이다. 또한 법인이 2개 시 · 도 이상에 분사무소를 설치하는 경우에는 민법 제50조 규정에 의한 분사무소 설치등기를 해야 한다. 여기서 주의할 것은 설립등기를 함으로써 출연재산이 당연히 법인소유로 되는 것이 아니란 점을 주지해야 한다. 따라서 법인설립등기 후 출연재산을 법인소유로 이전하는 행위(부동산의 경우 이전등기)에 대해서는 이를 증명하는 서류를 주무관청에 제출해야 한다. 그리고 법인은 사회복지사업법시행규칙 제17조에 의거하여 법인설립일부터 30일 이내에 정관, 임원의 성명과 주소, 재산목록, 회의록 등의 서류를 비치해야 한다.

2) 사회복지법인의 신청절차

사회복지법인을 설치하려는 자는 〈표 5-2〉와 같은 신청절차를 준수해야 한다. 그리고 〈표 5-3〉의 사회복지법인 설립허가신청서(〈표 5-3〉) 등 관련 서류를 주된 사무소를 관할하는 시 · 군 · 구청장을 거쳐 시 · 도지사에게 제출해야 한다. 사회복지법인은 반드시 사회복지사업법 제2조의 '사회복지사업'을 수행할 목적으로 설립되어야 하며, 사회복지사업을 수행함에 있어 이윤추구를 위한 영리목적이 아닌 사회복지라는 비영리목적을 위해 존재해야 한다.

그리고 비영리사업의 목적을 달성하기 위해 필요한 한도에서 비영리사업의 본질에 반하지 않을 정도의 영리행위를 하는 것은 가능하나, 영리행위로 인한 수익은 언제나 사업목적의 수행에 충당되어야 한다. 예컨대, 유료시설에서 생활비를 받는 경우, 운영비 보조를 위해 일정 영리사업을 하는 것은 가능하나, 이로 인한 수익은 시설기능보강, 운영비보조, 생활자복지수준 향상 등을 위해 지출해야 한다(보건복지부, 2011b). 이에 사회복지법인의 신청서류는 〈표 5-4〉와 같다.

〈표 5-4〉 사회복지법인설립의 신청서류

서 식	내 용	비고
설립허가신청서		
설립취지서	법인설립 취지를 6하원칙에 의해 기재.	
발기인회의록	회의록에는 재산출연사항, 임원선출, 정관의 심의의결, 사업계획 및 수지예산 등에 관한 의결사항을 포함하며, 발기인 전원이 인감 날인.	
설립발기인명단	직위, 성명, 주민등록번호, 주소 및 약력 등을 간략하게 기재.	
정관	법 제17조 정관기재사항은 반드시 기재하고 관련법규에 어긋남이 없도록 하고 발기인 전원 기명 인감날인.	
기본재산목록		
임원명단		
법인이 사용할 인장		
재산출연증서	출연재산의 구체적 내용과(소재지, 지목, 지적, 평가가액 등) 출연인의 인적사항, 출연일자 기재 후 인감날인. 주식, 예금 등의 출연행위에 대하여는 공증인의 공증 필요.	
재산출연자의 인감증명서 (삭제)	재산출연자의 인감증명을 첨부하고 인감증명의 용도는 '사회복지법인에 대한 재산출연용'으로 함 (삭제).	
재산소유 증명서류	부동산 등기부등본, 주식의 주주명부사본, 현금의 경우 예금잔고증명, 유가증권의 사본, 각종 무체재산권의 등록필증 사본 등 첨부. 「전자정부법」 제36조제1항에 따른 행정정보의 공동이용을 통하여 소유권에 대한 정보를 확인할 수 있는 경우에는 그 확인으로 첨부서류를 갈음.	

서 식	내 용	비고
재산의 평가조서	기본재산과 보통재산으로 구분. 기본재산은 목적사업용과 수익사업용으로 구분하여 평가가액을 일목요연하게 파악할 수 있도록 작성. 부동산은 '부동산 가격공시 및 감정평가에 관한 법률'에 의한 감정평가법인의 감정평가서 또는 표준지의 공시지가를 기준으로 산정한 지가확인서 첨부. 예금 등은 그 현재액을 증명할 수 있는 잔고증명서 기타 각종 재산을 평가할 수 있는 증빙서류 첨부 개별공시지가 확인서로 첨부서류에 대한 정보를 확인할 수 있는 경우에는 그 확인으로 첨부서류를 갈음.	
재산의 수익조서	수익용 기본재산을 갖춘 경우에 한하며 수익을 파악할 수 있도록 작성하고 수익산출 근거를 명시 수익을 증명할 수 있는 기관이 발행하는 증빙서류 (수익확인서, 배당이익증명서, 이자수익확인서, 납세필증 등) 첨부.	
임원의 취임승낙서	임원취임자의 취임승낙의사 표시와 인적사항 (주소, 성명, 주민등록번호, 주요경력 등) 기재. 이사 및 감사 등의 직위와 취임기간을 명시하고 인감날인. 인감증명서(삭제) 및 이력서 첨부.	
특수관계 부존재 각서	법 제18조제2항의 규정(특별한 관계에 있는 자)에 저촉되지 아니함을 입증하는 각서 1부.	
사업계획서 및 예산서		

2. 법인의 설립요건

법인설립의 요건은 설립동기, 정관, 재산의 출연, 임원, 사업계획 등 크게 5가지로 제시하고 있다.

1) 설립동기

법인을 설립하고자 할 때는 반드시 그 동기가 있어야 한다. 어렵게 성장하여 번 돈을 불우한 사람을 돕는 데 사용하여 보람을 얻고자 하는 동기, 사업을 통해 번 돈을 사회에 환원하여 보람을 얻고자 하는 동기, 평생 동안 모은 재산을 사회에 좋은 일을 위해 사용하여 그 뜻을 남기기 위한 동기 등 다양할 수 있다. 이러한 설립동기는 법인이 사회복지사업을 수행해 나가는 데 있어서 중요한 요인이 될 수 있다. 이는 설립동기가 발기인회의록이나 설립취지서로서 표현되고 있다.

2) 정관(사회복지사업법 제17조)

정관은 법인운영의 근본원칙을 정한 것으로서 서면으로 작성해야 한다(별첨 1). 정관의 기재사항에는 목적, 명칭, 주된 사무소의 소재지, 사업의 종류, 자산 및 회계에 관한 사항, 임원에 관한 사항, 회의에 관한 사항, 수익사업에 관한 사항, 정관변경에 관한 사항 등이다. 그리고 존립시기와 해산사유를 정한 때에는 그 시기와 사유 및 잔여재산의 처리방법, 공고 및 방법에 관한 사항 등 필요적 기재사항과 기타 임의적 기재사항이 있다. 필요적 기재사항은 하나라도 빠지면 정관으로서의 효력이 없지만, 필요적 기재사항과 임의적 기재사항은 일단 정관에 규정되면 효력의 차이가 없고 변경절차도 동일하다.

3) 재산의 출연(사회복지사업법 제23조)

사회복지법인을 설립하고자 하는 자는 법인설립의 필수요건이며, 목적사업의 운영에 필요한 재산을 소유해야 한다.

(1) 자산구분(사회복지사업법 시행규칙 제12조)

사회복지사업법 제23조의 규정에 의한 사회복지법인의 자산은 기본재산과 보통재산으로 구분하고 있다. 기본재산은 그 목록과 가액을 정관에 기재하여야 한다. 즉, 기본재산은 부동산, 정관에 기본재산으로 정한 재산, 이사회의 결의에 의하여 기본재산으로 편입된 재산 등으로 하고, 그 밖의 재산은 보통재산으로 한다. 기본재산은 다시 목적사업용 기본재산과 수익용 기본재산으로 구분한다. 단 사회복지시설의 설치 · 운영을 목적으로 하지 아니하고 일정한 출연재산에서 얻어지는 과실 등으로 다른 시설이나 요보호대상자 등 사회복지사업지원을 목적으로 하는 경우(지원법인)에는 목적사업용과 수익용으로 기본재산을 구분하지 아니할 수 있다.

(2) 기본재산의 기준(사회복지사업법 시행규칙 제13조)

법인의 기본재산의 기준은 시설의 설치 · 운영을 목적으로 하는 법인의 경우 시행규칙 제22조 관련 별표 2에서 정하고, 시설종류별 1인당 소요면적에 수용정원을 곱한 면적의 건물과 부지를 목적사업용 기본재산을 갖추어야 한다. 그리고 시설의 설치 · 운영을 목적으로 하지 아니하고 사회복지사업을 지원하는 것을 목적으로 하는 법인은 법인운영경비의 전액을 충당할 수 있는 기본재산을 갖추어야 한다.

(3) 기본재산과 관련된 서류

법인설립 신청 시 기본재산에 관련된 서류는 재산출연증서, 재산출연자의 인감증명서, 재산의 소유를 증명할 수 있는 서류(등기부 등본 등), 재산의 평가조서, 재산수익조서 등이다.

4) 임원(사회복지사업법 제18조, 제22조)

사회복지법인은 임원으로서 이사와 감사를 두고, 법인의 의사결정기관인 이사회를 반드시 두어야 한다.

(1) 이사

이사는 법인의 필수기관으로서 선임방법 등에 관해서는 정관에 정할 수 있다. 이사의 정수는 대표이사를 포함한 5인 이상이어야 하며, 임기는 3년으로 하되 연임할 수 있다. 또한 이사는 사회복지사업법 제19조에 정한 결격사유(미성년자, 금치산자 또는 한정치산자, 파산자로서 복권되지 아니한 자, 법원의 판결 또는 다른 법률에 의하여 자격이 상실 또는 정지된 자 등)가 없어야 된다. 그리고 이사는 법인이 설치한 사회복지시설의 장을 제외한 당해 시설의 직원을 겸할 수 없다.

(2) 감사

감사는 사회복지법인의 필수적 감사기관이다. 감사의 선임방법은 정관에서 정하되, 감사의 정수는 2인 이상이며 그 임기는 2년으로 연임할 수 있다. 그리고 감사는 이사와 마찬가지로 사회복지사업법 제19조에 따라 결격사유가 없어야 하며, 이사와 특별한 관계에 있는 자가 아니어야 한다. 감사 중 1인은 대통령령이 정하는 바에 의하여 법률과 회계에 관한 지식과 경험이 있는 자 중에서 주무관청이 추천할 수 있다. 감사는 법인의 이사, 법인이 설치한 사회복지시설의 장 또는 그 직원을 겸할 수 없다.

(3) 이사회

이사회는 법인의 최고의사결정기관으로서 필수적 기관이다. 이사회는 이사로서 구성되며 그 소집방법과 권한 등은 정관에서 구체적으로 정해진다. 통상적으로 이사회는 법인의 주요업무를 심의 · 결정한다. 이사회의 구성에 있어서는 사회복지사업법 제18조 제2항 및 동 법 시행령 제9조에 의하고 있다. 특히 상속세 및 증여세법 시행령 제13조 제4항을 준용하여 특별한 관계에 있는 자가 이사 현원의 3분의 1을 초과할 수 없다. 그리고 외국인인 이사는 이사 현원의 2분의 1 미만이어야 한다.

(4) 임원과 관련된 서류

임원과 관련된 서류는 임원의 취임승락서(인감증명서첨부), 이력서 및 임원상호간의 관계에 있어 법 제18조 제2항의 규정에 저촉되지 아니함을 증명하는 각서 등이 있다.

5) 사업계획

사회복지법인설립 신청시에는 설립 당해 연도 및 다음 연도의 사업계획서 및 예산서를 제출해야 한다. 이것은 정관에 정한 출연재산을 가지고 의사결정기관인 이사회가 어떻게 목적사업을 추진할 것인가를 표현하는 것이다. 즉, 사업계획은 정관에 정한 사업의 실시계획, 출연한 재산의 수입과 예산의 편성내용 등을 의미한다. 또한 사업계획은 설립동기의 실천을 나타내는 것이기도 하다. 그리고 사업계획서에는 예산서가 병행하여 작성되어야 하므로, 이에 따른 예산의 적정성과 정부보조금의 산정자료 및 예산확보가능성 여부를 판단하는 자료가 된다.

생각해 볼 문제들

1. 사회복지시설의 신고제도에 대해 개념적으로 정의해 보라.

2. 사회복지시설의 신고접수 절차를 설명해 보라.

3. 사회복지시설 설치 · 운영 신고서를 작성해 보라.

4. 사회복지법인 설립허가신청서를 작성해 보라.

5. 사회복지법인의 설립요건 5가지를 요약해 보라.

〈별첨 1. 사회복지법인의 정관〉

정 관

제1장 총 칙

제1조(목적) 이 법인은 …… 법의 규정에 의한 ……을 수행함으로써 ……함을 목적으로 한다.

(비고) 1) 당해 법인의 특성에 따라 목적을 개괄적으로 기재한다.

제2조(명칭) 이 법인의 명칭은 "사회복지법인" ○○○회 · 원 · 단(이하 "법인 회 · 원 · 단"이라 한다) 이라 칭한다.

(비고) 1) 다른 법인과의 명칭상의 혼동을 피하기 위하여 다른 법인과 유사하거나 동일한 명칭은 가급적 사용하지 않도록 한다.

※ 이하 "법인" 이라 칭한다.

제3조(사무소의 소재지) ① 이 법인의 주된 사무소는 ○○시 · 도 ○○○시 · 군 · 구 ○○○읍 · 면 · 동(리) ○○○번지에 둔다. ② 이 법인은 민법 제50조의 규정에 의하여 다음과 같은 분사무소(지부)를 둔다.

1 . ○○○분사무소 : ○○시 · 도 ○○○시 · 군 · 구 ○○○읍 · (리) ○○번지○○○분사무소 : ○○시 · 도 ○○○시 · 군 · 구 ○○○읍 · (리) ○○번지

(비고) 1) 분 사무소가 없는 경우에는 제2항은 필요하지 않다.

2) 사무소의 소재지는 소재지번까지를 구체적으로 기입한다.

제4조(사업의 종류) ① 이 법인은 제1조의 목적을 달성하기 위하여 다음의 사업을 수행한다.

1. ○○○시설지원(설치운영)사업
2. ○○○사업지원
3. ○○○사업운영
4. 그 밖에 이 법인 목적달성에 필요한 사업

(비고) 1) 각종시설 운영사업은 사회복지관계 법령에서 정하는 시설 명칭을 사용한다.

제2장 자산 및 회계

제1절 자 산

제5조(자산구분) ①이 법인의 자산은 기본재산과 보통재산으로 구분하되, 기본재산은 목적사업용 기본재산과 수익용 기본재산으로 구분하여 관리한다.

② 기본재산은 다음 각호의 재산으로 하며, 평가가액에 변동이 있을 때에는 지체없이 정관 변경의 절차를 밟아야 한다.

1. 설립당시 기본재산으로 출연한 재산
2. 부동산
3. 이사회의 결의에 의하여 기본재산으로 편입된 재산

③ 기본재산의 목록과 평가가액은 "별지 1"과 같다.

④ 기본재산 이외의 모든 재산은 보통재산으로 한다.

(비고) 1) 설립당초의 기본재산은 반드시 별표의 기본재산 목록에 등재되어야 한다.

2) 시설운영을 목적으로 하지 않고 일정한 출연재산에서 얻어지는 과실로서 보호대상자에 대한 단순한 지원 등 사회복지사업을 지원하는 것을 목적으로 하는 경우에는 목적사업용 기본재산과 수익용 기본재산으로 구분하지 아니한다.

3) 기본재산의 목록은 정관의 일부로서 간인 필요

제6조(자산의 관리) ①기본재산을 매도 · 증여 · 교환 · 임대 또는 담보에 제공하거나 그밖의 권리의 포기, 의무의 부담 등의 처분을 하고자

하는 때에는 이사회의 의결을 거쳐 주무관청의 사전허가를 얻어야 한다.

② 법인이 매수 · 기부채납 · 후원 등의 방법으로 재산을 취득한 때에는 지체없이 이를 법인의 재산으로 편입조치하여야 한다.

③ 제2항의 재산을 취득한 경우 법인은 그 취득사유, 취득재산의 종류 · 수량 및 가액을 매년 1월말까지 전년도의 재산취득상황을 주무관청에게 보고하여야 한다.

④ 법인이 보건복지가족부령이 정하는 금액이상을 장기차입하고자 하는 때에는 주무관청의 허가를 받아야 한다.

⑤ 기본재산과 보통재산의 운영과 관리에 관하여는 법령과 이 정관에 따로 정한 경우를 제외하고는 별도의 규정이 정하는 바에 의한다.

제7조(경비와 유지방법) 이 법인의 운영비는 기본재산에서 발생하는 과실, 수익사업의 수익금, 기부금과 그밖의 수입으로 충당한다.

제2절 회 계

제8조(회계의 구분 등) 이 법인의 회계는 법인에 속하는 법인 일반회계와 시설운영에 속하는 시설회계 수익사업에 속하는 수익사업회계 및 기타 특별회계로 구분한다.

제9조(회계의 처리) 이 법인의 회계처리는 사회복지사업법 및 관계법규에서 따로 정한 경우를 제외하고는 별도의 규정이 정하는 바에 따른다.

제10조(회계연도) 이 법인의 회계연도는 정부의 회계연도에 따른다.

제11조(사업계획 및 예산) 이 법인의 매 회계연도의 사업계획 및 예산은 대표이사가 매 회계연도 개시 1월 전에 이사회의 의결을 "사회복지법인재무 · 회계규칙(보건복지가족부령)"이 정하는 서류를 첨부하여 주무관청에 제출하여야 한다.

제12조(사업실적 및 결산) 이 법인의 매 회계연도의 사업실적 및 결산은 회계연도가 끝난 후 1월 이내에 대표이사가 작성하여 감사의 감사

를 거친 후 이사회의 의결을 거쳐 "사회복지법인재무 · 회계규칙(보건복지가족부령)"이 정하는 서류를 첨부하여 주무관청에 제출하여야 한다.

제13조(잉여금의 처리) 이 법인의 매회계년도 결산 잉여금은 차입금 상환 또는 다음 회계연도에 이월 사용하는 것을 원칙으로 하되, 이사회의 결의에 의하여 특정한 사업을 위한 기금으로 적립할 수 있다.

제14조(예산외의 채무부담) 수지예산으로서 정한 것 이외의 의무부담 또는 권리의 포기는 이사회의 의결을 거쳐야 한다.

제3장 임 원

제15조(임원의 종류와 정수) 이 법인은 다음의 임원을 둔다.

1. 대표이사 1인
2. 상임이사 1인
3. 이사 5인(대표이사 및 상임이사 포함)
4. 감사 2인

(비고) 1) 대표이사의 명칭은 회장 등의 명칭을 붙이는 것도 가능하다.

2) 상임이사의 직이 필요한 때에는 상임이사를 두되, 필요가 없는 때에는 두지 아니하여도 된다.

3) 이사의 정수는 5인 이상 감사는 2인 이상으로 하고, 업무의 심의에 적정한 수를 확정적으로 기재하되, 약간인 또는 5인 이상 10인 이하 등으로 표기하지 않아야 한다.

제16조(임원의 선임) ① 대표이사, 이사 및 감사는 이사회에서 선출한다.

② 상임이사는 대표이사가 선임된 이사 중에서 지명하여 이사회의 의결을 거쳐 선임한다.

③ 이사를 임면하는 경우에는 보건복지가족부령이 정하는 바에 의하여 지체없이 이를 주무관청에 보고하여야 한다.

(비고) 1) 대표이사는 선임된 이사 중에서 호선하여도 가능하다.

2) 상임이사가 없는 때에는 제2항은 필요없다.

3) 상임이사의 선임방법은 달리하여도 된다.

제17조(임원선임의 제한) ①이 법인은 이사 상호간의 관계에 있어서 사회복지사업법 제18조제2항의 규정에 의한 "특별한 관계에 있는 자"가 이사현원의 5분의 1을 초과할 수 없다.

② 감사는 감사 상호간 또는 이사와의 관계에 있어서 사회복지사업법 제18조제2항의 규정에 의한 "특별한 관계에 있는 자"가 아니어야 한다.

제18조(임원의 임기 등) ①이 법인의 대표이사 및 이사의 임기는 3년으로 하고 감사의 임기는 2년으로 하되, 연임할 수 있다.

② 임원중 결원이 생긴 때에는 2월이내에 보충하여야 하며, 임기가 만료되는 임원의 후임자는 임기만료 1월이전에 선임하여야 한다.

(비고) 1) 임원의 법정임기를 초과하여 종신직으로 하는 것 등은 불가하다.

제19조(임원의 결격사유) ①사회복지사업법 제19조 각호의 1에 해당하는 자는 법인의 임원이 될 수 없다.

② 법인의 임원이 제1항의 사유에 해당할 때에는 그 직을 상실한다.

제20조(임원의 해임) ①이 법인은 그의 임원에 대하여 사회복지사업법 제22조의 규정에 의한 보건복지가족부장관의 해임명령을 받은 때에는 지체없이 해임하여야 한다.

② 이 법인은 그의 임원이 다음 각호의 1에 해당할 때에는 이사회의 의결을 거쳐 해임할 수 있다.

1. 법령, 법인의 정관 또는 규정에 위반한 때
2. 고의 또는 중대한 과실로 법인에 상당한 손해를 끼친 때
3. 직무태만 · 품위손상 기타 사유로 인하여 임원으로서 적당하지 아니하다고 인정되는 때
4. 기타 임원으로서의 능력이나 자질이 현저히 부족하다고 판단되는 때

제21조(임원의 직무) ①대표이사는 이 법인을 대표하고, 제반사무를 총괄하여 이사회의 의장이 된다.

② 상임이사는 대표이사를 보좌하고, 대표이사가 사고가 있는 때에는

그 직무를 대행한다.

③ 이사는 이사회를 구성하고, 이사회의 권한에 속하는 사항을 심의 · 의결한다.

④ 대표이사 유고시에는 대표이사가 지명하는 이사가 대표이사의 직무를 대행한다. 다만, 대표이사가 직무대행자를 지명하지 못한 경우에는 나머지 이사 중에서 연장자 순으로 그 직무를 대행한다.

⑤ 감사는 다음의 직무를 행한다.

1. 이 법인의 재산상황과 회계를 감사하는 일
2. 이사회의 운영과 그 업무에 관한 사항을 감사하는 일
3. 제1호 및 제2호의 감사결과 부정 또는 불비한 점이 있음을 발견하는 때에는 이를 이사회와 주무관청에 보고하는 일
4. 제3호의 보고를 하기 위하여 필요한 때에는 이사회의 소집을 요구하는 일
5. 그 밖에 이사회 운영과 그 업무에 관한 사항에 대하여 이사회에 참석하여 의견을 진술하는 일

(비고) 1) 상임이사가 없는 경우에는 제2항은 불필요하나, 이 경우 직무대행자를 별도 규정하여야 한다.

제22조(대표권의 제한) 이 법인의 대표이사이외의 이사는 이 법인을 대표하지 않는다.

제23조(임원의 대우) 이 법인의 상임이사를 제외한 임원은 명예직으로 하되, 예산의 범위 안에서 임원의 활동에 필요한 실비를 지급할 수 있다.

제24조(겸직금지) ①이사는 이 법인의 시설장을 제외한 직원을 겸할 수 없다.

②감사는 이 법인의 이사, 시설장 또는 직원을 겸할 수 없다.

제4장 이 사 회

제25조(이사회 구성) ①이 법인에 대표이사 및 이사로 구성되는 이사회를 둔다.

② 감사는 이사회에 출석하여 발언할 수 있다.

제26조(의결사항) 이사회는 다음 사항을 심의 · 의결한다.

1. 정관의 변경에 관한사항
2. 제규정의 제정 및 개정에 관한 사항
3. 법인 합병 및 해산에 관한 사항
4. 임원임면에 관한 사항
5. 사업계획 · 실적 및 예산 · 결산에 관한 사항
6. 재산의 취득, 처분 및 관리에 관한 사항
7. 법인이 설치한 시설의 장의 임면에 관한 사항
8. 법인이 설치한 시설의 운영에 관한 사항
9. 수익사업에 관한 사항
10. 그 밖에 법령이나 이 정관에 의하여 이사회의 권한에 속하는 사항

(비고) 1) 법인특성에 따라서 의결사항의 변동이 있을 수 있다.
2) 지원법인의 경우에는 7, 8호는 해당되지 않는다.

제27조(이사회의 소집 등) ①이사회는 정기이사회와 임시이사회로 구분한다.

② 정기이사회는 매년 1월중에 개최하고, 임시이사회는 대표이사가 필요하다고 인정하는 때 또는 재적이사 3분의 1이상의 서면요청이 있는 때와 감사의 연서에 의한 요청이 있는 때에 소집한다.

③ 이사회를 소집하고자 하는 때에는 대표이사가 회의목적을 명시하여 회의개최 7일 이전까지 각 이사에게 통지하여야 한다.

④ 대표이사는 재적이사 3분의 1이상이 회의안건을 명시하여 소집을 요구한 때와 감사가 연서로 소집을 요구한 때로부터 14일 이내에 이사회를 소집하여야 한다.

제28조(이사회의 개의와 의결정족수) ①이사회는 이 정관에서 따로 정한 바를 제외하고는 재적이사 과반수의 출석으로 개의하고, 출석이사 과반수의 찬성으로 의결한다.

② 이사회의 의사는 서면결의에 의할 수 없다.

제29조(의결제척사유) 대표이사 또는 이사가 다음 각호의 1에 해당하는 때에는 그 의결에 참여하지 못한다.

1. 임원선임 및 해임에 있어서 자신에 관한 사항
2. 금전 및 재산의 수수를 수반하는 사항으로서 임원자신이 법인과 직접 관계되는 사항

第30조(이사회 회의록) ①이사회의 의사에 관하여는 의사록을 작성하여야 한다.

② 의사록에는 의사의 경과, 요령 및 결과를 기재하고, 의장과 참석이사 전원이 기명 · 인감 날인하여야 한다.

③대표이사는 의사록을 법인의 사무실에 비치하여야 한다.

제5장 수익사업

第31조(수익사업의 종류) ①이 법인은 사회복지사업법 제28조의 규정에 의하여 법인의 목적사업 수행에 지장이 없는 범위 안에서 다음의 수익사업을 할 수 있다.

② 제1항의 수익사업을 경영하기 위하여 대표이사는 이사회의 의결을 거쳐 관리자 또는 책임자를 임명한다.

第32조(수익의 처분 및 관리) 수익사업에서 얻어지는 순수익은 법인 목적사업에 충당하거나, 이사회의 결의에 의거 특정한 기금으로 적립할 수 있다.

제6장 사무조직 및 운영

第33조(사무국) ①이 법인의 업무를 처리하기 위하여 법인사무국을 둔다

② 사무국의 조직과 운영에 관하여는 별도의 규정으로 정한다.

第34조(직원) ①법인사무국 및 시설에는 필요한 직원을 둔다

② 직원의 임용 · 복무 · 보수 등에 관하여는 별도의 규정으로 정한다.

③ 제2항의 규정에는 종사자의 정년을 규정한 인사규정이 반드시 포함되어야 한다.

제7장 정관변경 및 해산

제35조(정관변경) 이 법인의 정관을 변경하고자 하는 때에는 재적이사 3분의 2이상의 의결을 거쳐 주무관청의 허가를 받아야 한다.

제36조(해산 및 합병) 이 법인을 해산하거나 다른 법인과 합병하고자 하는 때에는 재적이사 4분의 3이상의 의결을 거쳐 주무관청의 허가를 받아야 한다.

제37조(잔여재산의 귀속) 이 법인이 해산하는 때의 청산후 잔여재산은 주무관청의 허가를 받아 국가 또는 지방자치단체에 귀속한다.

제8장 공고방법

제38조(공고의 방법) ① 이 법인의 법령과 정관 및 이사회의 의결에 의하여 공고하여야 할 사항은 일간신문에 싣는다.

② 제1항의 공고기간은 7일이상으로 한다.

제9장 보칙

제39조(준용규정) 이 정관에 규정하지 아니한 사항에 대하여는 사회복지사업법, 공익법인의 설립 · 운영에 관한 법령 및 민법과 그 밖의 관계법규를 준용한다.

제40조(운영규정) 이 정관시행에 관하여 필요한 사항은 별도의 운영규정으로 정한다.

제41조(규정의 제 · 개정) ①이 법인의 운영과 관련된 주요규정의 제 · 개정에 대하여는 이사회의 의결을 거쳐야 한다.

②제1항의 내용 중 주요규정의 여부는 이사회에서 결정한다.

부칙

① (시행일) 이 정관은 주무관청의 허가를 받은 날부터 시행한다.

② (설립당시의 임원선임에 대한 경과조치) 이 법인 설립당시 발기인총회에서 선임된 임원은 이 정관에 의하여 선임된 것으로 본다.

③ (설립당시의 임원 등) 이 법인 설립당시의 임원 및 법인이 사용할 인장은 표 2 내지 3과 같다.

(비고) 부칙으로 정한 사항이 5개항 이상일 경우에는 각각 조문으로 표기한다.

〈별첨2. 사회복지사업 관련 적용법령〉

분류	세부내용	적용법령
비영리법인 일반사항	법인관련 기본사항	• 민법
	공익법인 관련사항	• 공익법인의 설립 · 운영에 관한 법률
사회복지법인 일반사항	설립운영 관련사항	• 사회복지사업법
	재산회계 관련사항	• 사회복지법인 재무 · 회계규칙
사회복지사업 관련사항 (목적사업)	사회복지일반	• 사회복지사업법 • 국민기초생활보장법 • 의료급여법 • 사회복지공동모금회법
	노인복지	• 노인복지법 • 기초노령연금법
	아동복지	• 아동복지법 • 입양촉진 및 절차에 관한 특례법
	장애인복지	• 장애인복지법 • 장애인 · 노인 · 임산부 등의 편의 증진 보장에 관한 법률
	부랑 · 노숙인복지 결핵 · 한센복지	• 사회복지사업법
	정신보건	• 정신보건법
	농어촌보건복지	• 농어촌주민의보건복지증진을위한특별법
	한부모복지	• 한부모복지법
	영유아복지	• 영유아보육법
	다문화가족복지	• 다문화가족지원법
	특수폭력피해자복지	• 성매매방지 및 피해자보호 등에 관한 법률 • 성폭력범죄의 피해자보호 등에 관한 법률 • 가정폭력방지 및 피해자보호 등에 관한 법률 • 일제하 일본군위안부 피해자에 대한 생활안정 지원 및 기념사업 등에 관한 법률
	긴급복지	• 긴급복지지원법

분류	세부내용	적용법령
기타사항	조세특례관련	• 법인세법 • 소득세법 • 관세법 • 지방세법 • 상속세 및 증여세법 • 조세특례제한법
	부담금특례관련	• 농지세법 • 도로교통정비촉진법 • 사방사업법
	재산및계약 특례관련	• 지방재정법 • 도시개발법 • 폐교재산의활용촉진을위한특별법 • 지방자치단체를 당사자로 하는 계약에 관한 법률
	기타적용사항	• 건축법 • 개발제한구역의지정및관리에관한특별법 • 산림법 • 산지관리법, • 소방시설설치유지및안전관리에관한법률 • 전기사업법, • 공공기관의정보공개에관한법률

제 2 부 사회복지시설 운영론

Part 02

제6장 | 사회복지시설의 인적관리

오늘날 사회복지시설은 주변의 급격한 변화와 함께 시설에 대한 사회적 관심과 기대감이 높아지고 있다. 사회복지시설의 상황변화는 시설보호의 질적 수준을 향상하기 위한 일환으로 볼 수 있다. 즉, 사회복지시설은 시설보호를 필요로 하는 자들에게 일정기간 동안 인간다운 최저생활을 보장하기 위해 운영되는 사회적 제도이다. 이에 사회복지시설이 제 기능을 잘 수행하기 위해서는 인적관리에 대한 효율적인 운영이 요구되고 있다. 따라서 본 장에서는 첫째, 사회복지시설의 인적관리 개념, 둘째, 사회복지시설의 인적관리 현황, 셋째, 사회복지시설의 인적관리 방안 등을 중심으로 살펴보고자 한다.

제1절 사회복지시설의 인적관리 개념

1. 인적관리의 정의

최근 급격한 사회환경 변화로 인해 경제적 빈곤계층의 심화, 이혼가정의 증대, 아동학대 및 청소년탈선증가, 노인방임 및 노인자살증가 등 다양한 사회문제를 심화시키고 있다. 즉, 이전에는 중요하게 대두되지 않았던 새로운 지역사회욕구가 폭발적으로 증가하고 있으며, 사회복지서비스를 제공받는 데 만족하지 않고 서비스의 질적인 개선을 요구하고 있는 것이 현실적인 상황이다. 이와 같이 점차 다양해지는 지역사회문제를 예방 및 해결하고 보다 나은 사회복지서비스 질을 담보하기 위해서는 무엇보다도 지역사회 안에서 함께 호흡하는 사회복지시설의 역할과 전문성이 매우 중요하다. 이는 사회복지시설의 역할과 전문성이 현장에서 근무하고 있는 인적자원의 관리에 달려 있다.

인적관리에 대한 개념적 정의는 다양하다. Ivancevich(2003)에 의하면, 인적관리란 개인과 조직의 목표달성을 위한 인적자원의 모집, 선발, 유지, 개발, 활용 등과 관련한 관리활동들의 집합으로 정의하고 있다. Noe 외(2007)는 인적관리를 직원의 행동, 태도와 성과에 영향을 미치는 방침, 활동 및 시스템 등으로 정의하였으며, Casio(2006)는 인적자원관리를 충원, 유지, 개발, 조정, 변화관리 등과 같이 다양한 관리기법이 결합된 것으로 정의하고 있다.

사회복지시설의 인적관리에 대한 관심은 매우 낮은 것으로 이해되고 있다. 여기에는 여러 가지 원인, 즉 시설보호에 대한 부족한 직원배치, 시설직원의 낮은 보수, 열악한 근무여건, 시설직원에 대한 보상체제의 결여, 교육 · 훈련의 형식화, 시설의 폐쇄적인 속성 등이 복합적으로 작용한 것으로 보인다. 이에 사회복지시설은 일반기업체와는 달리 독특한 특성을 지니고 있다. 이러한 특성들 때문에 일반기업의 인적관리 영역을 사회복지시설에 그대로 적용하는 데는 다음과 같이 몇 가지 한계를 제시할 수 있다(박태영, 2002: 1-2).

첫째, 사회복지시설의 업무를 가시화하고 표준화하는 데는 제약요소가 많이 나타나고 있다(高澤武司, 1985: 35-36). 즉, 시설생활자의 욕구와 상태, 이들이 처한 상황에 따라 제공되어야 하는 서비스가 달라지게 된다. 또한 제공된 서비스의 성과나 효과도 측정하기가 용이하지 않다.

둘째, 생활시설에는 여러 업종의 여러 전문가들로 구성되어 시설보호를 담당하고 있다. 즉, 시설보호 영역에서는 일상생활 지원과 의료서비스 및 재활훈련 등이 동시에 제공되어야 하므로 다양한 인력들이 종사하게 된다. 이에 일상생활지원 영역을 제외하고는 각기 다른 직종의 최소 인원이 종사하고 있으므로 직원 간의 상대평가는 한계가 있다.

셋째, 사회복지시설은 공공성이 강하여 법률과 정부의 강한 영향력 하에 놓여 있다. 즉, 정부에서 시설직원의 배치기준과 인건비 보조기준을 정하여 그에 따른 지원을 하고 있다. 이러한 기준은 최소한의 것으로서 사회복지시설이 자체적으로 직원을 채용하거나 기존의 인건비 기준보다 자체적으로 더 지급할 수도 있지만 현실적으로는 매우 어려운 실정이다.

넷째, 사회복지시설은 시설유형, 동일 법인 내의 시설수, 위치한 지역 등에 따라 편차가 매우 크게 나타나고 있다. 즉, 아동복지시설과 장애인복지시설, 노인복지시설, 여타의 시설 간에는 인력배치 기준과 업무량에 있어서 크게 차이가 나고 있다. 또한 사회복지법인에서 한 시설만 운영하는 곳이 있는 반면, 여러 시설로서 동일 유형의 생활시설을 동시에 운영하거나 생활시설과 이용시설을 여러 곳에 운영하는 법인도 있다.

따라서 사회복지시설이 위치한 지역, 즉 대도시의 도심지역과 도시변두리 지역, 군부지역 등에 따라 시설직원의 확보에 큰 영향을 미치고 있다. 그리고 시설운영자의 복지의식에 있어서도 차이가 나타나고 있다. 특히 사회복지시설에 대한 사회적 관심이 증대하고 있는 것이 적정한 시설운영비의 확보로 이어지는 것은 아니지만, 과거보다는 크게 증가한 것은 사실이다. 앞으로도 적정한 시설운영비가 확보되지 않았으므로 시설에 대한 사회적 기대감을 충족시키기 어렵다고 할 수만은 없다. 이에 부족한 시설운영비를 확보하기 위해서 시설에 대한 사회적 기대감을 충족시키는 노력이 필요하고, 이러한 노력의 핵심 부분이 사회복지시설의 효율적인 인적관리라 할 수 있다.

2. 인적관리의 구성요소

일반적으로 기업의 경우, 인적관리는 미래의 조직목표 달성에 적합한 잠재적, 현재적 능력의 소유자를 채용하여 다양한 직무나 역할을 수행해 나갈 수 있도록 육성 · 개발하며, 그에 대한 적절한 평가와 보상을 통해서 인적자원을 효과적으로 유지하고 관리하는 모든 활동, 제도 및 기능으로 정의할 수 있다.

일본 東京都社會福祉協議會에서는 사회복지시설의 인적자원관리를 일곱 항목, 즉 직원, 근무조건, 급여, 복리후생, 노무, 연수, 직장 내의 커뮤니케이션 환경의 정비 · 유지 등으로 구분하여 제시하고 있다(1997 : 9-49). 즉, 개별관리의 영역은 취업관리, 인사평가, 인사배치, 능력개발 등이 포함되고, 집단관리의 영역은 노동시간, 휴일, 임금, 상여, 퇴직금, 직원복지 등이 포함되어 있다. 그의 인사노무관리의 구체적인 내용은 ① 채용, 근로시간, 휴일, 휴가, ② 임금과 상여금, ③ 인재육성, ④ 직원복지, ⑤ 안전, 위생, 건강관리, ⑥ 퇴직과 퇴직수당 등으로 구성하고 있다.

김용득 외는 인사행정에 관련된 내용을 복무관리로 표현하여 다루고 있다. 그 내용은 일곱영역, 즉 임용과 시험, 보수, 능률, 복무, 신분보장, 권익보장, 징계로 구성되어 있다(2000: 543-605). 박태영이 제시한 인적자원관리의 구성요소를 살펴보면, 상기의 구분과 일정 부분 공통적인 요소를 포함하고 있다(2009: 130-131).

첫째, 직원관리의 영역으로 직원의 모집, 선발, 배치, 승진 등을 포함하고 있다. 직원관리는 채용에서부터 퇴직에 이르기까지 일련의 연속성을 갖고 있으므로 한 영역으로 구분하고 있다.

둘째, 복리후생의 영역으로 직원의 보상에 해당되는 보수 및 수당, 여비 등과 복리후생에 있어서 법정 복리후생, 법정 외 복리후생을 포함하고 있다.

셋째, 인재육성의 영역으로 생활시설의 연수, 교육, 훈련, 즉 시설내 연수와 시설외 연수, 자기개발을 포함하고 있다.

이 외에도 안전, 노무, 이직 등과 같은 요소도 있지만, 생활시설현장에서 상대적으로 중요하게 다루어지고 있는 위의 세 가지 영역으로 한정한다.

박경규는 인적자원관리를 기능적 차원과 관리적 차원으로 구성하였다(2001: 49-50). 인적자원관리의 기능적 차원은 기업의 목표달성에 적절한 인력의 수와 질을 획득하는 인력확보, 확보된 인력의 능력을 최대한 개발하는 인력개발, 종업원이 제공한 노동을 기업목표달성에의 공헌정도로 평가하여 보상하는 인력 상, 종업원의 성과 창출의지 및 능력을 계속 유지하게 하는 인력유지, 기존의 종업원이 자의든 타의든 기업을 떠나는 인력방출로 구성된다. 인사관리의 기능적 차원을 구성하는 제 활동들은 직무를 중심으로 서로 밀접한 관련을 맺고 있다.

인적자원관리의 관리적 차원은 인력계획활동, 인력실천활동, 즉 조직화, 지휘, 조정활동을 포괄하는 활동, 인력통제활동 등으로 구성된다. 관리적 차원의 각 활동들은 하나의 관리과정으로서의 관계를 갖추고 있으며, 상호영향을 주고 받는다. 이에 인적자원관리의 기능적 차원과 관리적 차원을 교차시켜 각 영역의 활동내용을 정리하면 〈표 6-1〉과 같다.

〈표 6-1〉 인적자원관리의 기능별 관리활동

기능 관리	인력확보	인력개발	인력보상	인력유지	인력방출
계획활동	• 인력수요/공급예측	• 종업원의 능력 평가 • 교육 훈련 필요성 분석 • 경력 욕구 분석	• 보상에 대한 욕구 구조 분석	• 종업원의 개인목표 및 욕구 구조 분석 • 노사관계 시스템 분석	• 인력 수요/공급 예측 • 이직 원인 분 석
실천활동	• 모집 • 선발	• 교육, 훈련 • 배치, 이동, 승진	• 임금수준 • 임금체계 • 복리후생	• 모티베이션 전략 • 산업안전 • 단체교섭	• 인력감축 • 이직대책
통제활동	• 모집활동의 효과분석 • 선발활동의 타당성분석	• 교육 · 훈련의 효과분석 • 배치/이동 및 승진에 대한 공정성, 만족도 분석	• 종업원의 사기 수준분석 • 산업재해 빈도 및 피해 분석 • 단체교섭 결과 분석	• 종업원의 사기 수준분석 • 산업재해 빈도 및 피해 분석 • 단체교섭 결과 분석	• 인력감축 프로글매의 효과분석 • 이직 감소 프로그램의 효과 분석

자료: 박경규(2001: 51-57)

제2절 사회복지시설의 인적자원관리 현황

사회복지시설의 인적자원관리 현황을 객관적으로 파악하기 위해서는 실태조사를 통하여 그 결과를 중심으로 살펴볼 수 있다. 여기서는 그 실태를 이전 내용에서 다룬 사회복지시설의 인적자원관리 구성요인에 해당되는 내용들을 중심으로 살펴보고자 한다.

1. 직원관리

지난 2000년에 실시한 정신지체인생활시설 평가항목 가운데 인적자원관리와 관련이 있는 항목이 13개로 구성되어 있다. 그 중에서 직원관리와 관련된 항목 가운데 '직원선발 기준 및 방법의 적절성'이라는 항목이 있다(변재관 외, 2001 : 52-60). 이 항목에는 ① 직원에 대한 자격기준 명시, ② 채용절차 명문화, ③ 직원선발을 위한 공개적 공고, ④ 직원선발위원회 구성 등의 절차 확보 중에서 두 가지를 시행하는 시설이 58.5%로 가장 많았고, 한 가지만 시행하는 시설도 17.3%나 된 반면, 네 가지 모두를 시행하는 시설은 13.5%로 가장 적게 나타났다.

그리고 시설장 및 사무국장의 전문자격보유 여부에서 시설장과 사무국장 모두 상위자격을 갖추고 있는 시설이 40.4%로 나타나 있다. 시설장과 사무국장 중 한 사람은 최소자격 기준을 갖추고, 다른 한 사람은 상위자격 기준을 갖추고 있는 시설이 36.5%인 반면, 두 사람 모두 최소자격 기준을 갖추지 못한 시설도 11.5%로 나타났다. 생활재활교사의 사회복지 관련 전문자격증 소지비율은 20% 미만인 시설이 38.5%로 가장 높았고, 40% 이상인 시설이 30.8%로 나타나 있다. 직원의 확보 부분에 대한 항목에서는 직원의 정원을 확보하지 못한 시설이 36.5%이고, 직원 정원만 확보한 시설이 36.5%로 나타나 있다.

이상의 시설평가 결과를 종합해 보면, 시설직원 확보에 어려움이 있음을 알 수 있다. 시설에 따라서는 직원모집에 지원자가 부족하여 정원확보에도 어려움이 있고, 이러한 상황에서 자격증 소지자를 채용한다는 것은 매우 힘든 일이라 할 수 있다.

2. 임금·복리후생

박태영 외의 조사에 의하면, 장애인생활시설의 직원이 시설근무에 있어서 불만족하는 가장 큰 이유를 낮은 급여수준(42.3%)로 밝히고 있고, 직원 처우개선에 있어서 가장 중요한 사항이 급여수준의 개선(41.8%)으로 나타나 있다(1999: 83-84). 시설직원의 임금은 매년 보건복지부에서 제시한 시설직원 인건비보조 기준에 따라 지급되고 있다. 2011년 사회복지시설 종사자 임금체계를 보면, 보수와 수당, 퇴직금 등으로 구성되어 있다(보건복지부, 2011a : 40). 직원 봉급표에 따르면, 원장과 사무국장은 8호봉 기준으로 233만원과 213만원으로 책정되어 있고, 생활지도원 181만원이며, 기능직은 162만원으로 되어 있다.

사회복지시설 직원의 인건비는 공무원이나 민간기업과 많은 차이를 보이고 있다. 즉, 2011년 기준으로 사회복지시설의 사무국장 8호봉의 평균연봉이 3,067만원 정도(기본급의 120% 적용)이다. 이는 공무원 1인당 평균연봉 5,200만원과 300인 이상 민간기업의 평균연봉 3,969만원과 상당한 차이를 보이고 있다. 또한 사회복지시설의 사무국장은 시설 경험이 최소 10년 정도 된 전문가라는 점을 볼 때, 이러한 낮은 임금체계는 사회복지시설에서 잦은 이직과 낮은 직무만족에 영향을 미치고 있다(강영숙 · 노영웅, 2008; 엄기욱 · 박인아, 2007). 따라서 사회복지시설 직원의 임금은 지급되는 수준이 매우 낮다는 것을 알 수 있다. 그러나 임금 확보가 정부에 크게 의존하고 있으므로 조속한 개선에는 한계를 안고 있다.

복리후생은 법정 복리후생과 법정외 복리후생으로 구분할 수 있다. 법정 복리후생은 근로기준법 등 관계 법규로서 강제되는 사항으로 국민건강보험, 국민연금, 고용보험, 산재보험, 퇴직금 적립 등이 이에 해당된다. 법정외 복리후생은 시설에서 임의적으로 판단해 제공하는 것으로 주택 제공, 학자금 지원, 휴식공간 마련, 선물 등이 해당된다. 또한 사회복지시설 직원의 법정 복리후생에 해당되는 4대 보험과 퇴직금 적립은 정부지원 및 집행기준이 제시되어 시행되고 있다. 시설직원의 법정외 복리후생에 관련된 내용으로는 2000년 장애인생활시설 평가 항목 가운데 직원의 후생복지에서 ① 직원의 규정된 휴가 실시, ② 직원을 위한 휴식공간 마련, ③ 직원 숙소의 제공, ④ 최근 1년 동안의 포상제도 실시 등의 사기유지 방안 중 두 가지가 만족스럽게 실시되고 있는 시설이 36.4%로 가장 많았다. 네 가지 모두 만족스럽게 실시하는 시설도 25.0%로 나타났지만, 1~2가지만 어느 정도 실시하는 시설도 21 2%로 나타나 직원에 대한 복리후생을 보완할 필요가 있는 것으로 나타났다(변재관 외, 2001: 56-57).

상기의 연구결과들을 정리해 보면, 사회복지조직에서 나타나는 이직 등 여러 현상에 대하여 사회복지조직은 전문성을 강조하기보다는 자선적 또는 봉사직이라는 의식이 팽배하기 때문이라고 지적하고 있다. 그리고 근로환경이 다른 조직에 비하여 상당히 열악함에도 불구하고, 그들은 조직몰입이나 이직의도에 그들이 가지고 있는 어려움을 나타내는 무기력한 모습을 보여주고 있다. 이러한 연구결과들을 통하여 사회복지조직이 가지고 있는 다른 특성이 임금이 이직의도에 미치는 영향력을 완화할 수도 있지만, 적절한 보상 없이 개인의 '가치적인 요소'에 의지한 인적자원 운영을 할 경우, 전문성의 약화가 발생 할 가능성이 있으며 궁극적으로는 서비스 질의 악화로 이어질 수 있다는 것이다.

3. 인재육성

시설보호는 직원의 직접적인 활동에 의해 그 서비스의 질이 결정되기 때문에 직원 각자의 능력향상은 시설보호의 질적 향상과 직결되어 있다. 채용 시 능력과 자격을 갖춘 직원을 선발하는 것도 중요하지만, 배치 후에도 시설문화에 익숙해지고 담당업무 수행능력의 유지 및 향상을 위한 노력을 지속적으로 기울여 나가야 한다. 지난 2000년에 실시한 장애인생활시설의 평가항목 중에 연 단위의 시설내 직원교육훈련 계획수립 및 실행에 대한 결과는 교육훈련 계획이 없는 시설이 50.0%로 가장 높게 나타났다. 반면에 계획이 있고 그에 따라 시행하는 시설은 9.6%에 불과한 것으로 나타나 있다. 대부분의 시설은 시설 내 교육훈련 계획이 없거나 있어도 계획대로 교육을 시행하지 않는다고 볼 수 있다.

장애인생활시설 직원의 외부 교육훈련 참여에 대한 평가결과는 직원정원을 기준으로 평균 연 1회 이상 외부교육에 참여하거나, 1인당 평균 8시간 이상 참여하고 있는 시설이 55.8%로 가장 많은 것으로 나타나 있다. 반면에 평균 연 0.5%미만으로 참여하거나 1인당 평균 4시간 미만으로 참여하는 시설도 21.2%로 나타나 있다. 이는 평균적으로 볼 때 절반 이상의 직원들은 전혀 외부교육의 기회를 갖고 있지 못하다는 것을 의미한다. 특히 시설외부 교육의 기회는 시설장이나 사무국장 등 간부직원들에게 집중되는 것을 감안하면, 더욱 일반직원의 외부교육 기회는 줄어드는 것으로 볼 수 있다(변재관 외, 2001 : 58-59).

김태성(1998)이 사회복지교육이 사회복지현장 실무에 미치는 영향을 살펴보기 위해 사회복지사 452명을 대상으로 조사한 결과를 제시하면 다음과 같다. ① '클라이언트에 대한 직접적 개입업무'에 도움 정도에 전체의 27.5%가 도움이 되지 않았다고 응답하였고, ② '지역사회활동업무'에 도움정도는 43%가 도움이 되지 않았다고 응답했으며, ③ '프로그램 기획 및 행정업무'에 도움 정도는 전체의 60.4%가 도움이 되지 않았다고 응답했고, ④ '교육 및 조사연구업무수행'에 도움 정도는 34%가 도움이 되지 않았다고 응답했으며, ⑤ '클라이언트에 대한 직접적 수발업무' 수행에 도움 정도는 58.8%가 도움이 되지 않았다고 응답했다. 이의 원인으로는 '이론 중심 교육내용과 현장실무를 이용하지 않는 교육방법상 문제', '해당과목 부재', 그리고 '실습지도의 불충분성' 등을 들고 있다.

이상과 같이 사회복지기관 종사자 교육훈련 관련 연구는 단순한 실태 및 욕구조사에 그치고 있으며, 공통적으로 사회복지기관 및 장애인복지관 종사자들의 교육훈련이 필요함을 강조하고 있다.

제3절 사회복지시설의 인적자원관리 방안

인적자원관리는 재무관리나 사무관리와 같이 하나의 부분관리로 조직에서의 인적자원에 관한 문제를 다루고 있다. 인적자원은 다른 자원과는 달리 대상으로서의 객체적 존재만이 아니며 다양한 변화와 정서적인 면을 내포하고 있다. 또한 인적자원은 다른 자원처럼 구입시 그 가치가 확정지어지는 것이 아니다. 인적자원은 개발 여하에 따라 그 가치와 능력이 무한히 증가될 수도 있다. 이에 조직의 인적자원 관리를 어떻게 하느냐에 따라 그 조직의 생사가 달려 있다고 볼 수 있다.

사회복지시설의 인적자원관리에 대해서는 여러 가지 이유로 인하여 소홀히 다루어져 온 것이 사실이다. 그러나 향후 효율적인 인적자원관리를 통한 효과적인 시설운영을 추구해 나갈 필요가 있다. 예를 들어, 장애인생활시설에서 실시하고 있는 평가제 실시, 바우처제도의 도입, 시설생활자의 권리보장, 수요자중심의 서비스제공 추세확산, 시설직원의 근무여건 개선요구, 시설직원 2교대제 도입에 대한 효과성 기대 등의 일련의 변화는 장애인생활시설 인적자원관리의 효율화를 촉구하는 요인이라 할 수 있다. 여기서는 사회복지시설 효율적 인적자원관리 방안을 Fortune(1994)이 제시한 인적자원개발을 기본으로 하되, Foutune에 포함되지 않은 직원관리 부분을 추가적으로 제시하고자 한다.

1. Fortune의 인적자원개발

사회복지시설에서 종사하는 사회복지사들은 클라이언트를 직접 만나 주요 활동을 하기 때문에 휴먼서비스 측면에서 사회복지사의 인적자원개발이 매우 중요하다. 이를 위해 인적자원개발에 대한 여건마련, 목표설정이 우선되어야 한다. 사회복지사 개입의 궁극적인 목표는 개인, 가족, 집단, 조직 및 지역사회의 심리사회적 기능을 좀 더 효과적으로 변화시키는 것이다. 이런 측면에서 클라이언트에게 얼마나 효과적으로 사회복지서비스를 제공하고 있는지 직무성과를 측정하는 것은 사회복지시설에서 요구되는 인적자원개발 분야가 무엇인지 파악하는 데 도움이 된다.

Fortune은 사회복지실천에 필요한 능력들을 나타낼 수 있는 포괄적인 지식내용과 기술모델을 중심으로 다섯 가지로 구분하여 제시하면서 사회복지사의 전문적 능력을 측정하였다. Fortune(1994)이 제시한 모델은 [그림 6-1]에서 제시한 바와 같이, 사회복지시설의 인적자원개발에 있어서의 핵심내용과 기술이며, 그것은 사회복지사의 전문적 실천에 근본이 되고 사회복지를 실천하고 있는 모든 사회복지사들에게 적용할 수 있다. 이는 사회복지시설에서 요구되는 인적자원개발 분야를 이해하는 데 가장 적합하다고 할 수 있다. 여기서는 이 중 교육 · 훈련영역, 개발영역, 행동역역, 지원체계 등으로 구분하여 설명하고자 한다.

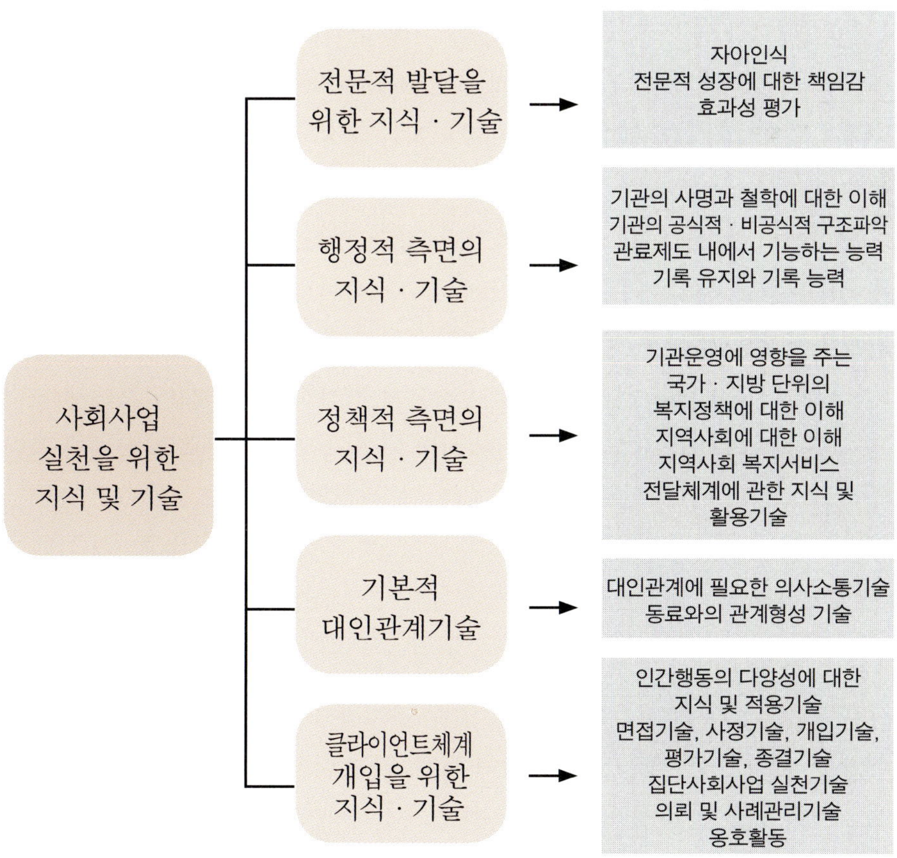

[그림 6-1] Fortune의 사회사업실천에 필요한 지식과 기술 모델

1) 교육 · 훈련 영역

사회복지시설에서의 인적자원개발의 교육 · 훈련 영역은 조직의 성장을 위해 현재 또는 미래의 직무와 연관된 직무관련 기술, 지식, 교육, 훈련 등이 포함된다. 장 · 단기적인 목표를 가지며 직무와 직접적인 연관이 있다는 특징이 있다(Nadler, 1983). 이러한 점을 고려하여 사회복지시설에서 인적자원개발의 교육영역은 Fortune이 제시한 모델에서 다음의 3가지를 포함하고 있다.

첫째, 전문적 발달을 위한 지식과 기술이다. 여기에는 직무와 관련하여 전문성 성장에 대한 책임의식을 가질 수 있게 하고, 주어진 업무를 효과적으로 수행할 수 있도록 전문성을 갖게 하는 인적자원개발 활동을 의미한다.

둘째, 정책적 측면의 지식과 기술이다. 기관운영에 영향을 줄 수 있는 사회복지정책에 대해서 이해하고, 복지서비스 전달체계에 관한 지식 및 활용 기술을 습득하여 지역사회를 이해하기 위해 이루어지는 인적자원개발 활동을 의미한다.

셋째, 클라이언트체계 개입을 위한 지식과 기술이다. 인간행동의 다양성에 대한 지식 및 적용기술과 사례관리기술, 집단사회사업 실천기술, 클라이언트의 권익보호를 위한 기술 등을 습득하여 클라이언트에게 적합한 서비스를 제공할 수 있는 전문성을 갖게 하는 인적자원개발 활동이다. 이러한 부분은 사회복지사의 직무에 초점을 맞추고 있고 직무와 직접적인 관련이 있으면서 조직의 성장에 기여하는 것으로 인적자원개발 영역 중에서 직무와 직접적인 관련이 있는 특징이 있다.

2) 개발영역

개발영역은 경영관리자로 하여금 조직 내에서 성공적인 경영관리 업무수행과 개인적인 성장을 도모하기 위하여 경험, 기능 및 태도를 습득시키는 과정이다. 조직구성원 개인에 초점을 맞춘 개인개발과 개인의 전문성 증진을 조직의 요구와 통합시켜 나가기 위한 경력개발도 이에 포함된다. 자아성장의 기회확대, 근로의욕(morale)의 제고, 건강과 안전 등을 제시하면서 학습과정을 통하여 구성원을 조직의 일원으로서 인식시켜 조직의 목적달성에 필요한 능력을 갖추도록 하는 데 있다.

인적자원개발 교육영역과 구분되는 점은 현재 또는 미래의 직무와 직접 관련되지 않는다는 점이다. 따라서 개발영역이란 개인에 초점을 두고 간접적으로 조직에 영향을 주는 인적자원개발 활동영역이라고 할 수 있다. 사회복지시설의 개발영역은 Fortune이 제시한 모델을 적용해 볼 때, 다음의 두 가지가 이에 해당한다.

첫째, 행정적 측면의 지식과 기술이다. 기관조직의 사명과 철학을 이해하고 부서와 개인의 비전을 이해하거나 수립할 수 있는 능력을 갖게 하며, 자아성장 및 근로의욕을 고취하고, 직무와 관련된 동기부여가 이루어지게 돕는 활동이다.

둘째, 기본적 대인관계기술이다. 대인관계에 필요한 갈등관리 및 동료와의 관계형성기술 등을 익혀서 불필요한 스트레스를 줄이고 직무만족도를 높여 근로의욕을 향상시킬 수 있도록 돕는 활동이다.

이상과 같이 개발영역은 기관조직과 개인을 위해서 자기개발이 이루어지게 하는 인적자원개발활동이며, 이는 비전수립, 대인관계향상, 갈등관리 등을 통해 근로의욕을 향상시켜 간접적으로 직무에 영향을 주는 중요한 인적자원개발 활동이라 할 수 있다.

3) 행동영역

사회복지시설의 인적자원개발을 태도적인 측면에서 살펴본 것으로 인적자원개발을 개인, 조직 수준에서 이루어지는 장기적이며, 업무와 관련된 학습활동을 촉진시키는 전문 분야이자 실천분야라고 할 수 있다. 인적자원개발의 다른 영역과의 차이점은 교육영역과 개발영역이 개인 또는 조직의 요구에 부응하여 학습경험을 체계적으로 제공하거나, 경력개발 계획을 수립하여 각 단계별로 적합한 교육, 훈련프로그램을 제공하는 유형적인 형태이다. 특히 행동영역은 자기 스스로 하는 적극적인 모습을 보이는 무형적인 형태라 할 수 있다. 그리고 행동영역은 교육영역과 개발영역을 보완해 주는 형태로 존재한다. 동일한 인적자원개발이 진행되었다고 하더라도 사람마다 큰 차이를 보이는 이유는 이러한 행동영역에 의해 좌우된다고 할 수 있다.

4) 지원체계

사회복지시설의 인적자원개발이 활성화되기 위해서는 효과적인 지원체계 마련이 중요하다. Hargreaves & Javis(2000)는 인적자원개발을 위한 지원체계를 다음과 같이 제시하고 있다.

첫째, 인적자원개발을 위한 전담부서 및 전담인력 배치의 중요성이다. 그들은 인적자원개발을 체계적으로 지원하기 위해서 다양한 성과향상기법과 학습방법, 학습자료 등을 활용할 수 있는 역량을 가지고 있는 인적자원개발 담당자의 존재여부가 중요하다고 하였다. 그리고 이러한 인적자원개발 담당자가 존재하지 않을 경우 인적자원개발이 체계적으로 진행되는 데 문제가 있다.

둘째, 인적자원개발 담당자의 업무비중의 강화이다. 사회복지시설에서 업무비중의 강화는 인적자원개발 담당자의 몰입도를 향상시켜 장기적 인재육성 계획 수립을 가능하게 하고 있다.

셋째, 인적자원개발에 대한 장기적인 계획수립과 진행이다. 사회복지시설의 인적자원개발이 제대로 진행되지 못하고 집행이 되어도 뚜렷한 성과를 보이지 않는 이유 중의 하나는 장기적인 계획수립을 통한 집행이 이루어지지 않았기 때문이다.

넷째, 인적자원개발을 위한 교육비용의 지원이다. 사회복지시설의 인적자원개발을 위한 지출을 낭비적인 비용으로 인식하는 조직환경이 인적자원개발을 방해하는 문제점 중의 하나이다.

다섯째, 인적자원개발을 위한 기관의 지원부분이다. 사회복지시설의 인적자원개발을 활성화하기 위해 조직이 어떠한 지원을 해 줄 수 있는지 노력하는 부분이라고 할 수 있다.

여섯째, 인적자원개발 참여에 따르는 업무공백을 최소화하고 이에 대한 직원들의 부담감을 줄이는 노력이다. 인적자원개발 참여시 시설장뿐만 아니라 직장상사를 통해서 업무적인 배려를 받지 못한다면 인적자원개발 참여는 어려울 수밖에 없다.

일곱째, 인적자원개발에 대한 기관 차원의 태도이다. 인적자원개발 활성화를 위한 기관 자체적인 노력과 직원들을 주도적으로 이끌어 가려는 태도, 필요한 교육기회의 제공 및 정보제공, 그리고 자체적인 인적자원개발 모임운영, 인적자원개발 참여에 대한 전폭적인 지원, 업무공백에 대한 배려 등이 기관차원에서 얼마나 적극적인 태도를 가지고 있는가가 중요하다.

2. 직원관리

사회복지시설에 있어서 장애인생활시설을 중심으로 인적자원관리의 효율화 방안을 살펴보고자 한다. 장애인생활시설의 인적자원관리는 시설업무와 직결되어 있다. 시설의 업무는 적절한 직무분석을 통하여 직무의 양과 질을 도출하고, 그러한 직무를 수행할 수 있는 능력을 밝혀낸 후, 이를 근거로 시설직원의 배치기준이 마련되어야 한다. 이러한 선행노력들은 배제된 채 확보된 예산에 맞추어서 직원배치 기준을 수정해 오고 있다. 이러한 기준은 시설운영의 이념을 명확히 하고, 이를 바탕으로 시설업무를 분석하여 정리한 후 이를 수행하는데 필요한 능력이나 자격을 밝혀야 한다. 이에 장애인생활시설 인적자원관리 체계도는 [그림 6-2]와 같다(박태영, 2009: 137).

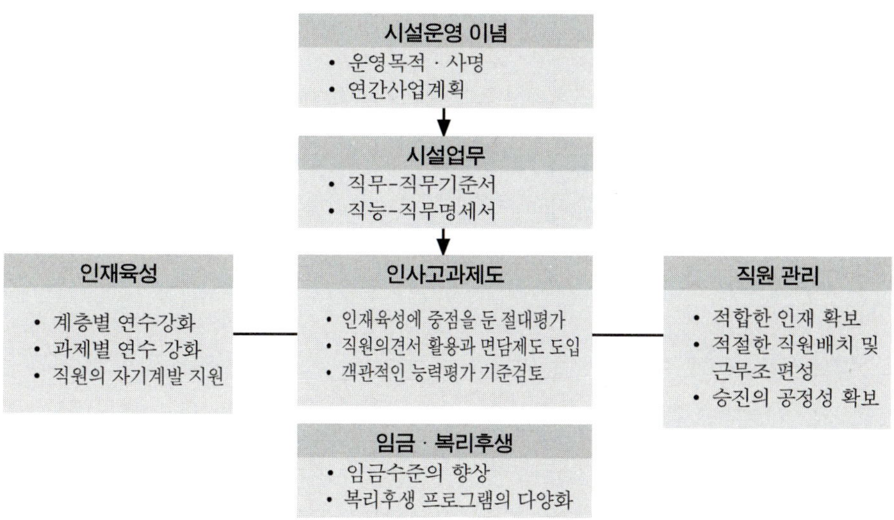

[그림 6-2] 장애인생활시설 인적자원관리 체계도

1) 인사고과제도

인사고과제도는 조직에서 사람을 평가하는 방법을 제도화한 것으로서 구성원 개개인의 잠재능력, 성격, 근무태도, 업적 등을 평가하는 것을 말한다. 즉, 인사고과는 인적자원관리의 모든 영역에 영향을 미치는 기초자료로서의 역할을 하게 된다. 인사고과의 자료는 직원의 배치와 근무조 편성 및 승진에 유효하게 사용될 수 있고, 직원채용에 있어서 판단근거로 활용될 수 있다. 또한 인사고과는 직원에 대한 복리후생이나 인센티브 제공에 판단자료로 활용될 수 있으며, 특히 필요한 능력 개발을 위한 인재육성에 중요한 자료로 이용될 수 있다.

현실적으로 장애인생활시설에서 인사고과제도를 도입하는 것에는 많은 제약요소가 있다. 대표적인 내용이 시설직무분석이 어렵고, 직원처우가 열악하여 직원확보 자체가 어려운 시설이 있으며, 고과결과의 활용이 제한적이라는 것이다. 오히려 어설픈 인사고과제도의 도입에 대해서는 유능한 직원을 시설에서 떠나게 하고, 남은 직원들 간에는 팀워크를 깨뜨리는 부작용을 우려하는 목소리도 있다. 이에 시설의 효율적인 인적자원관리를 위해서는 인사고과제도의 도입이 반드시 필요하므로, 이상과 현실의 양면을 직시하면서 가능한 부분부터 도입을 위한 준비를 해 나가야할 것이다. 따라서 인사고과제도에 대한 방안을 제시하면 다음과 같다.

첫째, 시설직원의 의견을 반영한 직무배치와 그에 따른 인사고과를 행하는 것이 직원능력개발에 긍정적인 영향을 미칠 수 있으므로, 인사고과 시행시에 직원의견서를 동시에 받아 이를 바탕으로 원장과 면담하여 그 결과를 인사고과 결과활용에 반영하는 것이 효과적일 것이다(박태영, 2002: 7-8).

둘째, 인사고과 결과와 직원의견서의 내용을 갖고 시설장과 직원의 면담을 통하여 인사고과 결과에 대한 의견교환과 부족한 능력개발을 위한 계획을 수립하여 자기개발을 할 수 있으며, 직원의 사적인 고민에 대한 공감과 협력사항에 대해 의논하는 등 쌍방향의 의사소통을 통하여 상호신뢰감을 높이고, 피고

과자의 수용성을 높일 수 있을 것이다.

2) 복리후생제도

사회복지시설에서 직원의 배치는 보건복지부(2011c)의 사회복지시설관리안내 또는 장애인복지사업안내에서 규정하고 있다. 즉, 직원배치 기준은 각 시설의 상황을 적절하게 반영하는 데 한계가 있으므로, 시설직원 배치기준을 변경하여 시설특성을 반영한 직원배치가 이루어질 수 있도록 그 재량권을 시설운영자에게 주어야 한다. 장애인복지사업안내(보건복지부, 2011d)에 의하면, 지원직종의 역할을 다른 방법으로 수행할 수 있을 경우에 직종별 인원을 지원총원의 범위 내에서 시설장이 변경하여 집행할 수 있으나, 변경사유와 대체인력계획 등 타당한 기준을 세우도록 다소 유연한 조항을 설정해 놓았다.

그러나 현실적으로 단서조항을 충족시키면서 시설특성을 반영한 직원배치 기준을 바꾸어 나가는 것은 쉬운 일이 아니다. 특히 일부 지방자치단체에서는 이러한 내용의 이해가 부족하여 그 취지대로 활용하지 못하고 있다. 그러므로 보건복지부의 직원배치 기준 자체에 시설장의 직원배치 재량권을 반영하는 것이 바람직하다고 사료된다. 현재는 장애인생활시설 전체 직원의 배치기준을 한 표에 제시하고 있는데, 장애인생활시설 각종별마다 독립된 표로 구성하여 시설의 특성을 반영한 배치기준 마련이 요망된다.

그리고 시설에서 승진제도가 시행되기 위해서는 우선 시설직원의 직급 직렬제와 함께 이에 상응하는 임금지급이 가능하도록 임금제도의 변화가 필요하다. 직원의 직급 직렬제는 이미 장애인복지사업안내에 포함되어 있으므로, 각 시설에서는 시설형편에 맞게 손질하여 시행할 수 있다. 개인시설을 제외한 사회복지시설 직원의 임금은 정부지원에 대부분 의존하고 있으므로 그 증액을 위한 노력은 집단적으로 기울일 필요가 있다. 최근 집단적 접근에서 대두된 시설직원의 노동조합 결성으로 이들의 활동방향도 임금과 관련하여 정부를 상대로 하게 된다. 이에 정부를 상대로 임금증액 요구를 한다고 해도 정부는 중앙정부와 지방자치단체로 나누어지므로 전략적 접근이 필요하다.

현실적으로 볼 때 일부 지방자치단체에서는 매월 상당한 금액의 인건비 보조를 하는 곳도 있으므로, 이러한 상황을 적절하게 활용하여 임금증액을 기하는 노력이 필요하다. 또한 시설 후원금의 일정 부분을 임금이나 복리후생비로 사용할 수 있도록 하는 것과 시설에서 필요로 하는 직원의 신규채용이나 기존 직원의 임금을 보전해 주는 영역에 후원금 활용이 가능하도록 해야 할 것이다. 추가적으로 기업복지재단이나 민간재단을 활용한 시설직원의 복지후생 프로그램의 다양화를 위한 노력을 기울여 나갈 필요가 있다.

결론적으로 시설보호의 질은 서비스를 제공하는 직원의 태도와 능력에 따라 크게 좌우될 수 있다. 효율적인 시설운영을 위하여 직원의 일방적인 희생만 강요하는 시설구조와 직원의 개인적인 성장과 발전을 위해 시설을 발판으로만 이용하려는 시설구조도 모두 부적절하다. 이에 시설보호의 질적 향상을 추구함과 더불어 직원의 성장과 발전이 동시에 추구되는 시설 구조가 바람직하다. 이러한 시설구조를 만들어 나가기 위해서는 사회복지시설의 효율적인 인적자원관리가 필요하다. 그리고 사회복지시설은 운영이념을 명확히 하고 이를 구체화하기 위하여 시설업무를 명료화해야 한다. 즉, 명료화된 업무를 효율적으로 수행하기 위하여 직원에 대한 인사고과제도 도입, 적절한 직원관리, 임금 · 복리후생제도의 강화, 인재육성 강화 등의 노력이 장애인생활시설의 인적자원관리 영역에서 다루어져야 한다.

생각해 볼 문제들

1. 사회복지시설의 인적자원관리의 개념을 정의해 보라.

2. 사회복지시설의 인적자원관리의 두 가지 차원에 대한 활동영역을 설명해 보라.

3. 사회복지시설의 인적자원관리 현황을 요약해 보라.

4. Fortune의 인적자원개발을 요약하여 설명해보라.

5. 장애인생활시설 관점에서의 인적자원관리의 효율적 방안을 제시해 보라.

제7장 | 사회복지시설과 프로그램 기획

사회복지시설은 먼저 건물, 설비, 기자재 등이 구비되어야 하고, 다음으로 이를 운용하는 전문직원, 일반직원 등이 존재해야 한다. 특히 시설이 궁극적으로 달성하고자 하는 목표를 이루기 위한 인프라(infra structure)라고 할 수 있는 프로그램 기획이다. 현재 사회복지시설의 프로그램은 시설생활자의 의식주 해결에 급급한 실정이다. 즉, 시설생활자의 삶의 질적 향상을 위해 실시할 수 있는 프로그램은 다양하다. 이에 프로그램 중에서 시설의 상황에 따라 실천 가능한 방식의 프로그램 기획이 요구된다. 따라서 본 장에서는 첫째, 사회복지시설의 프로그램 기획 개념, 둘째, 사회복지시설의 프로그램 기획 과정, 셋째, 사회복지시설 프로그램의 실제 등을 중심으로 살펴보고자 한다.

제1절 사회복지시설의 프로그램 기획 개념

1. 프로그램 기획의 정의

사회복지시설에서 소기의 목적을 달성하기 위하여 모든 과정을 마칠 때까지 요구되는 내용의 선정과 조직, 지도활동 체계, 시설, 자원, 지원체계, 기간 등에 관한 전체적인 계획을 프로그램이라고 한다. 여기서 기획(planning)은 어떤 해야 할 일, 하는 방법 및 시기, 하는 일의 필요성, 일을 책임질 사람 등을 구체적으로 정하는 것이다. 즉, 선택할 수 있는 여러 가지 대안(代案)들 가운데서 가장 적절한 것을 가려내는 작업을 말한다. 이에 기획은 어떠한 행동이 취해지기 전에 해야 할 일과 그 일을 하는 방법을 결정하는 것이다. 이는 문제의 명확화, 조사, 계획의 명확화 등을 의미하는 것이다. 김영종(2004: 132)은 기획을 미래에 대한 어떤 일을 어떻게 할 것인지를 지속적으로 결정하는 과정이라고 정의하였다.

Gilbert와 Specht는 기획을 '통찰력, 계획적인 사고, 조사를 통해서 문제를 해결하고 앞으로 발생할 문제를 해결하기 위한 의도적인 시도이며, 다양한 행동노선 중에서 어떤 노선을 취할 것인가에 대한 가치선호를 행사하는 것'이라고 정의를 하고 있다. 여기에서 기획은 계획을 세워가는 활동과정에 초점을 두고, 기획과 유사한 개념인 계획은 어떤 일을 하기에 앞서서 방법, 순서, 규모 등을 미리 생각하여 세운 내용으로 정의하고 있다. 즉, 계획을 수립하는 과정을 기획(planning)이라고 하고, 이 과정을 통해서 얻어진 결과산출을 계획이라고 정의하고 있다. 사회복지시설에서 프로그램은 시설생활자 및 가족들의 욕구충족을 돕고자 하는 것으로 개인, 가족, 집단, 지역사회 등의 변화와 발전을 도모하기 위한 구체적인 수단이며 매개체라 할 수 있다.

따라서 사회복지시설의 프로그램은 적용대상에 있어 그 기능을 충분히 발휘할 수 있도록 명확한 논리를 제시하면 다음과 같다(이종복 외, 2010).

첫째, 프로그램 기획은 소정의 계획된 변화를 이끌어낼 수 있는 방향에서 이루어져야 한다. 즉, 계획된 변화의 원칙이란 프로그램 대상자로 하여금 의도적인 변화를 유발하도록 하는 원리가 반영되어야 한다는 것이다.

둘째, 프로그램 기획은 사회복지의 가치에 근거해서 이루어져야 한다. 즉, 프로그램은 사회적 약자 중심에서 사회정의, 인간의 존엄성, 자유와 평등, 사회적 책임성 등에 근거하여 기획되어야 한다.

셋째, 프로그램 기획은 사회복지시설과 시설생활자 간의 긴밀한 상호작용적인 관계에 의해서 이루어져야 한다. 즉, 시설은 시설생활자의 입장을 고려하여 프로그램을 기획하고 실행해 나가야 한다.

넷째, 프로그램 기획은 민주적인 절차에 의해 만들어져야 한다. 즉, 의사결정과정인 기획과정에서 사회복지시설 구성원은 물론, 시설생활자들의 개방적이고 자유로운 참여에 의해 민주적인 의사결정을 통한 합리적인 결과를 도출해야 한다.

2. 프로그램 기획의 필요성

사회복지시설 프로그램은 대부분 외부의 정부 또는 후원자 등의 자원제공자들과 시설이용자에게 프로그램 운영을 위한 비용에 의존하고 있다. 이에 사회복지전문직은 이러한 외부 자원에 대한 프로그램의 효율성을 프로그램의 효과성과 더불어 가시화해야 할 책임을 이행해야 하는 도전에 직면하고 있다. 따라서 Skidmore(1995)는 사회복지조직체에서 프로그램 기획의 필요성과 중요성을 다음과 같이 제시하였다.

첫째, 불확실성의 감소이다. 프로그램 기획은 통찰력, 계획적인 사고, 조사를 통해서 당면문제를 명확화하고, 계획의 명확화를 통해 앞으로 발생할 문제에 대한 불확실성을 감소하게 한다.

둘째, 합리성의 증진이다. 프로그램 기획은 문제해결과 의사결정을 위한 활동들에 합리적인 기술을 도입함으로써, 결과성취를 위한 최적의 가용수단들이 무엇인지에 대한 결정들을 보다 체계적이고 경험적인 것으로 만든다.

셋째, 효율성의 증진이다. 프로그램 기획은 사회복지시설의 특정 목적달성을 위하여 비용과 인력을 사전에 고려하여 자원낭비를 줄일 수 있기에 효율성의 증진에 기여한다.

넷째, 효과성의 증진이다. 프로그램 기획은 최종 목적달성을 위한 가정 적합한 수단과 방법을 적용하는 의사결정에 도움을 줄 수 있기 때문에 효과성 증진에도 도움을 준다. 사회복지 프로그램 개발과정에서 기획단계에 표적집단의 문제해결을 위해서 가장 효과적인 개입방법과 절차를 모색하는 활동은 프로그램 기획의 효과성을 향상시키기 위한 노력으로 간주된다.

다섯째, 책임성의 이행이다. 공식적인 기획활동을 통해 프로그램과 관련한 제반 정보를 도출함으로써, 프로그램이 사회적으로 제기된 목적들과 일치하고 있는지를 확인한다. 프로그램의 효과성이나 효율성같은 책임성을 이행하기 위해서는 프로그램을 합리적으로 분석, 고안, 실행, 평가하는 데 필요한 제반 기획과정과 기술에 대한 이해가 필수적이다.

여섯째, 구성원의 사기진작이다. 프로그램 기획은 클라이언트와 사회복지사의 사기진작을 위해서도 필요하다. 사회복지 프로그램을 기획할 때 클라이언트에게는 참여를 통한 동기를 부여하고, 사회복지사에게는 성취감과 인정을 얻을 수 있기에 기획은 사기진작에 중요한 역할을 한다.

제2절 사회복지시설 프로그램의 기획과정

Skidmore(1995)는 사회복지시설의 프로그램 기획과정을 ① 구체적 목표의 설정, ② 관련정보 수집 및 가용자원 검토, ③ 목표달성을 위한 대안적 방법 모색, ④ 대안의 실시조건 및 기대효과 평가, ⑤ 최종안의 선택, ⑥ 구체적 실행계획 수립 등으로 제시하고 있다.

사회복지시설의 프로그램 개발에는 다양한 활동이 포함되고, 보편적으로 기획, 실행, 평가 등의 세 단계를 거치게 된다. 이러한 각 단계는 독립적으로 분리되어 존재하는 직선적인 관계가 아니라, 서로 밀접하게 연관되어 규제하면서 주기적으로 반복되는 순환적이고 상호작용적인 과정을 이루고 있다. 이에 일반적인 프로그램 개발과정은 [그림 7-1]과 같다.

기획단계	실행단계	평가단계
① 예비조사	① 프로그램 실행	① 과정/형성평가
② 문제확인/욕구측정	② 진행과정 점검/관리	② 결과/총괄평가
③ 대상선정	③ 정보관리	- 노력성
④ 목적/목표설정		- 효과성
⑤ 최적 대안의 선택		- 효율성
⑥ 자원 및 비용 산정		- 서비스 질
⑦ 측정도구 및 평가계획수집		- 이용자 만족도

[그림 7-1] 일반적인 프로그램 개발과정

1. 일반적 프로그램 개발의 기획과정

1) 예비조사

사회복지 프로그램을 구체적으로 계획하기 이전에 지역사회 또는 이용자의 상황과 조건들을 파악한다. 그리고 프로그램 개발의 정당성과 필요성 등을 증거해 줄 수 있는 기초자료들을 수집한다. 여기서 예비단계는 일반적으로 계획단계에 포함된다.

2) 문제확인

사회복지의 문제를 해결하기 위해 먼저 그 문제를 파악한다. 즉, 프로그램 개발의 필요성과 타당성이 누구에게나 객관적으로 이해될 수 있도록 문제, 욕구의 식별, 규모, 심각성, 경향 등을 제기한다. 그리고 대안(세부 프로그램)의 선택과 실행계획을 위한 기초작업을 한다. 이는 현존 자원과 사업으로 충족하지 못하는 욕구를 식별하는 과정이다.

3) 목표설정

이미 파악된 문제를 언제까지 얼마나 해결하겠다는 실현가능한 목표를 설정한다. 예를 들면, 청소년들이 약물남용을 삼가게 한다든지, 청소년들의 흡연을 최소화하는 등으로 프로그램 목표를 설정한다.

4) 대안선택

제시된 문제를 해결(구체적 목표들을 단계별로 달성)하기 위해 적절한 해결방안/대안(활동내용, 단위 프로그램)을 선정한다. 그리고 실천활동 계획표를 만들어 누가 책임을 지고 해당되는 일을 추진할 것인지를 결정해야 한다.

5) 비용산정

프로그램에 필요한 자원(인적, 물적)을 파악한 후 프로그램에 드는 비용을 산정해야 한다. 즉, 프로그램의 비용을 산정할 경우에는 직접비용과 간접비용을 산출하고, 간접비용은 사업에 투입되는 양을 비용으로 환산하여 제시해야 한다.

6) 평가계획

사업을 수행하고나서 설정한 목표가 얼마나 달성되었는지, 또는 문제가 얼마나 해결되었는지 측정할 수 있는 평가지표와 방법 등을 설정해야 한다.

2. 구체적 프로그램 개발의 기획과정

1) 문제확인

프로그램 기획과정의 첫 번째 단계에는 예비조사, 문제분석, 욕구사정, 서비스대상 선정 등의 과업이 포함된다. 이에 예비조사에서는 다음과 같이 정보를 확인한다.

- 사회복지 프로그램의 필요성에 대한 정보
- 기대하는 결과에 대한 정보
- 기존 서비스에 대한 정보
- 자원(인적 · 물적)에 대한 정보
- 관련체계 파악
- 기관 내 · 외의 승인획득
- 프로그램 근거이론 정리

욕구와 문제의 개념적 관계에서 욕구는 유기체가 존재하기 위해 무엇인가 필요한 것을 구하는 본질적인 현상을 의미한다. 기본적인 욕구가 충족되지 못할 경우 사람들은 문제에 봉착하게 된다. 즉, 문제가 있기에 욕구가 생기는 것이고, 욕구를 느끼기에 문제가 의식되는 것이라고 볼 수 있다. 만약 문제가 전혀 없다고 느낄 만큼 어떤 동기가 없다면 그러한 무의식 자체가 심각한 문제가 될 수 있다. 이에 문제는 '사람에게 그에 대한 해결욕구를 유발시키는 불만족스런 상태 또는 조건'으로 규정된다.

일반적으로 서비스대상은 일반집단(general population), 위험집단(at-risk population), 표적집단(target population), 이용자집단(client population) 등으로 구분한다.

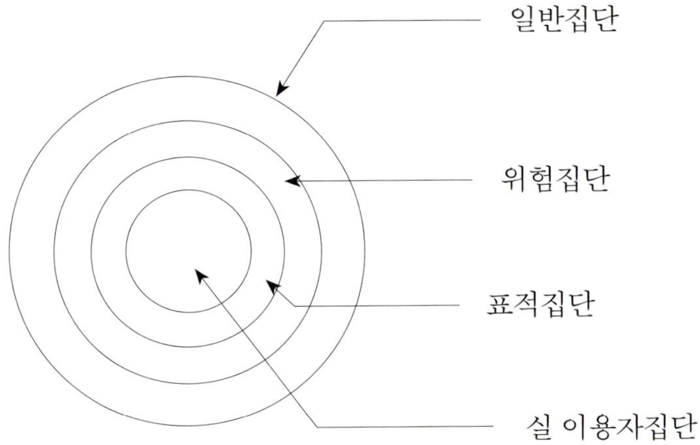

[그림 7-2] 서비스 대상별 구분

〈표 7-1〉 서비스 대상별 사례

문제집단	대상인구	인구추계
일반집단	서울시 취업연령층의 발달장애인 수	1,000명
위험집단	지원고용이 가능하다고 판단되는 경도의 장애인 수(예, 80%)	800명
표적집단	경제적으로 어려워 취업이 절실히 요청되는 저소득층의 장애인(예, 10%)	80명
실 이용자 집단	- 일반 교통수단을 이용하여 복지관에 다릴 수 있는 장애인, - 타 기관의 유사 프로그램 확인 후 대상의 분할	50명 30명

자료: 보건복지부(2005)

2) 목표설정

목표설정에서 우선 목적(purpose)은 포괄적인 서비스의 사명에 대한 의도적인 표현이며, 프로그램 실천의 이념적 틀을 제시한다. 이에 목적은 관념적이고 철학적이며 이상적인 요소가 강하다. 목표(goal)는 목적을 보다 구체화한 프로그램의 지향점을 의미한다. 프로그램이 궁극적으로 달성하고자 하는 것에 대한 설명이지만 여전히 포괄적이고 추상적이다. 세부목표는 프로그램을 통해 달성하고자 하는 것에 대한 설명으로 프로그램이 잘 진행되면 결과적으로 세부목표들이 달성되어야 한다.

따라서 프로그램 성과에 대한 평가는 그 세부목표의 달성여부를 평가하는데 있다. 이에 프로그램 목표가 갖추어야 할 조건을 제시하면 다음과 같다. ① 프로그램 목표는 지역사회와 주민들의 복지를 향상시키는 것이고, ② 프로그램 목표는 계획할 수 있는 구체적인 활동으로 표현할 수 있어야 하고, ③ 프로그램 목표는 어느 정도(질, 양, 빈도)로 성취해야 하는지 기준을 설정할 수 있어야 하며, ④ 프로그램 목표는 성취해야 할 조건이 어떠한 상황 하에서 발생해야 하는가를 규정해야 한다.

3) 프로그램 설계

문제확인을 거쳐 목표설정이 이루어지면 그에 따라 구체적인 프로그램 계획들이 이루어지는데, 이 과정을 프로그램 설계(program design) 또는 프로그래밍(programming)이라 한다. 이에 프로그램 설계는 크게 세 가지 과정으로 나눌 수 있다. ① 제공할 서비스 대안(단위 프로그램)들을 확인 및 선택하는 것이고, ② 선택된 대안의 구체적인 전달방법을 정하는 것이고, ③ 하위 목표별로 선택된 대안들에 예산을 분배하는 작업이다.

(1) 프로그램의 대안선택

프로그램의 대안선택의 기준은 타당성(desirability)과 실행가능성(feasibility)으로 나눌 수 있다.

첫째, 타당성 기준에서 타당성은 채택된 대안(프로그램)이 수행될 경우, 그 결과가 사회적으로 얼마나 바람직한가를 판단하는 기준이다. 즉, ① 효과성, ② 효율성, ③ 비용-효용성, ④ 적합성 또는 민감성, ⑤ 형평성 또는 공평성 등이 있다.

둘째, 실행가능성 기준에서 실행가능성은 대안이 채택되어 집행될 수 있는 가능성을 나타내는 기준이다. 즉, ① 기술적(조직, 인력수급, 담당자의 자질 등), ② 경제적(비용, 비용 부담자 등), ③ 이용자 확보여부, ④ 사회윤리적(건전성, 수용성 등), ⑤ 정치적(정치적 지지 등) 실행가능성 등이 있다.

(2) 프로그램의 선정방법

프로그램의 내용을 선정할 때 기본적으로 고려해야 할 몇 가지 기준을 제시하면 다음과 같다. ① 합목적성-목표와의 연계성, ② 능력수준과 흥미에의 적합성, ③ 서비스 가능성, ④ 포괄성과 다양성, ⑤ 실용성 및 현실성, ⑥ 지역성, ⑦ 적절성 및 효율성, ⑧ 자발성 등이 있다.

(3) 프로그램 운영계획의 작성요령

프로그램운영 계획서는 공통적으로 사용하는 일정한 양식은 없다. 이에 보편적으로 사용하고 있는 계획서 양식 두 가지를 제시하고자 한다.

〈표 7-2〉 계획서 양식

사업목표	단위활동들	프로그램 내용 및 수행방법 등	참 고

단위활동들	활동목표	프로그램 내용 및 수행방법 등	참 고

- 사업목표 : 프로그램에서 설정한 목표(세부목표) 기재
- 단위활동들 : 프로그램의 목표달성을 위한 세부활동들
- 프로그램 수행방법 : 대상, 일정/소요시간, 장소, 내용, 방법, 매개체(역할놀이, 강의, 시청각 기재 등) 등 프로그램의 형태와 구조를 파악할 수 있도록 정확하게 기재

- 활동목적 : 단위활동이 얻고자 하는 목표, 프로그램의 목표와 연계하도록 정리
- 참고 : 참고란에는 프로그램을 위해 담당자가 해야 할 역할과 과업, 이용자가 이루어야 할 과업, 담당자명 등 필요한 내용을 기재. 여기서 참고란 용어 대신에 기재되는 내용과 연계된 명칭을 붙이면 된다.

(4) 사업추진 일정

사업목표의 달성을 위해서 시간계획은 필수적이다. 사업진행 상황의 검토와 보고 및 프로그램의 완성을 위하여 구체적인 시간이 계획되어야 한다. 시간표를 계획하는 것은 청사진을 활동성있게 하고 계획을 능률적으로 수행하는데 유용하다. 일반적으로 다음과 같은 도구들이 사용된다.

- 프로그램 평가검토기술(PERT : Program Evaluation and Review Technique)
- 월별활동 카드(Shed-U Graph)
- 활동별시간 계획표/공정표(Gantt chart)

(5) 예산수립

예산은 어떤 독립적인 기관의 일정 기간 동안의 계획된 지출과 그 지출을 위한 자금조달 계획의 서술이라 할 수 있다. 일반적으로 예산은 1년 간의 재정계획을 말하는데, 즉 조직의 목표를 금전적으로 표시하여 1년 동안의 재정활동의 감시장치를 제공하는 것이다. 사회복지기관의 예산수립 과정에서 중요한 활동은 이용가능한 재원을 각 부서와 프로그램에 할당하고 있다. 이 과정에서 각 사업부서 간에 갈등이 일어날 수 있는 요인들이 존재한다. 이러한 요인들로 인해 부서 간에 알력과 갈등이 조장되고 예산에 관한 의사결정에서 효율적인 예산이 마련될 수 없고 기관의 목적달성도 어려워진다. 이에 사회복지기관에서 예산수립 과정이 가장 중요한 행정과정 중의 하나라고 볼 수 있다(Wildavsky, 1964).

4) 프로그램의 실행

사회복지 프로그램의 실행은 사업목표들이 확실하게 실현되도록 개입하는 과정이다. 실행과 기획은 연관되어 있어서 기획의 결과가 실행으로 나타나며, 실행은 다시 기획을 위한 근거가 된다.

5) 프로그램의 평가

평가는 계획된 목표가 달성되었는가를 알아보기 위한 과정이다. 즉, 이미 시행한 프로그램의 가치와 의의를 판단하는 사회적 과정이라고 할 수 있다. 이에 프로그램 평가는 한 기관의 전체 또는 선별된 프로그램의 효율성, 효과성 및 적절성 등을 철저하고 비판적으로 검토하는 과정이라고 할 수 있다.

제3절 프로그램 기획의 실제

1. 프로그램 기획의 구성내용

1) 프로그램 명명

사회복지의 프로그램 기획을 당위별 중심으로 프로그램 대상, 내용, 방법 등을 잘 표현할 수 있도록 함축성 있는 단어로 명명한다. 특히 프로그램 기획의 구성내용도 중요하지만 포장도 중요하다. 그리고 프로그램 개요로서 사회복지 프로그램 기획의 이력과 내용을 간단하게 요약해서 설명한다.

2) 문제파악 및 욕구사정

사회복지대상자의 문제파악과 욕구사정을 통해 정확한 문제해결을 위해 분석한다. 즉, 해결하고자 하는 지역사회나 이용자의 문제와 욕구가 무엇인가, 문제의 성격(왜 문제인가), 심각도, 규모(크기) 등을 객관적 자료(통계자료)를 인용하여 설득력 있게 구체적으로 제시한다.

3) 표적집단

표적집단(target population)은 대상자의 문제와 욕구에 직접 노출되어 프로그램이 삼고 있는 집단의 성격(장애유형, 정도, 연령, 문제 등)을 구체적으로 설명한다.

4) 유사프로그램 파악

유사프로그램은 동일한 지역사회 내에 비슷한 프로그램을 하고 있는 기관이 있는가를 파악한다. 그리고 유사프로그램의 성격, 수용능력(규모, 수혜 범위) 등을 구체적으로 기술하고 이 프로그램 개설의 필요성을 설명한다.

5) 목적, 목표, 세부목표 설정

사회복지 프로그램을 수행함에 있어서 중요한 부분은 구체적인 목적과 목표, 세부목표 등을 설정해야 한다. ① 목적(purpose)은 포괄적인 서비스의 사명에 대한 의도적인 표현이며, 프로그램 실천의 이념적 틀을 제시한다. 이에 목적은 관념적이고 철학적이며 이상적인 요소가 강하다. ② 목표(goal)는 목적을 보다 구체화한 프로그램의 지향점을 의미한다. 프로그램이 궁극적으로 달성하고자 하는 것에 대한 설명이지만 여전히 포괄적이고 추상적이다. ③ 세부목표(objective)는 프로그램을 통해 달성하고자 하는 것에 대한 설명으로서 프로그램이 잘 진행되면 결과적으로 세부목표들이 달성되어야 한다. 즉, 프로그램성과에 대한 평가는 그 세부목표의 달성여부를 평가하는 것이다.

사회복지 프로그램의 목표유형을 두 가지로 제시하면 다음과 같다. ① '결과목표'는 삶의 질의 변화에 관련된 것이다. 즉, 결과목표의 설정은 언제까지 이용자집단을 어떤 상태로 변화시키겠다는 식으로 표현한다. ② '과정목표'는 결과목표를 산출해 내기 위해 수혜이용자의 수를 정하거나 프로그램 수행시간을 정하는 것 등의 서비스 투입과 관련된 것이다.

그리고 목표진술의 기준을 몇가지 제시하면 다음과 같다. ① 목표는 문제와 욕구와 관련되어져야 하고 기관의 소명과 부합되어야 한다. ② 목표는 현실적으로 달성가능한 것이어야 한다. ③ 목표는 구체적인 행동으로 이어질 수 있도록 분명하게 진술되어야 한다. ④ 결과목표는 결과 중심적이어야 한다. 즉, 목표는 과정보다 결과 지향적으로 표현한다. ⑤ 목표는 변화의 방향과 수준을 산술적으로 측정이 가능하게 표현한다. ⑥ 목표는 시간의 제약을 받는다. ⑦ 목표설정은 일이 이루어지는 순서대로 배열한다. ⑧ 한 가지 목표에는 2-3개의 하위목표를 설정하는 것이 적절하다. ⑨ 다른 목표와 중복되지 않고 독립되게 표현되어야 한다. ⑩ 목표는 이해하기 쉽게 간단명료하게 강력한 동사를 사용한다.

6) 프로그램의 수행전략

프로그램의 수행전략은 설정한 목표를 달성할 프로그램을 구체적으로 설계하는 과정이며, 서비스 대안과 선택된 대안의 구체적인 전달과 달성방법을 정한다. 이에 프로그램의 수행전략을 제시하면 다음과 같다.

첫째, 세부 및 단위 프로그램의 선정이다. 즉, 프로그램의 목표달성을 위한 가장 적절한 대안으로 선택한 활동내용을 기재한다.

둘째, 프로그램의 수행방법이다. 프로그램의 목표달성을 위한 세부 프로그램의 내용, 과정, 방법 등을 구체적으로 기재한다. 그리고 프로그램 수행에 필요한 자원(봉사자, 자문인, 협력팀 등)이나 지원내용을 구체적으로 제시한다.

7) 사업추진 일정표

프로그램을 수행하는 추진일정, 공정표(Gantt Chart) 등 일정표를 작성한다. 즉, 프로그램 내용을 진행되는 순서별로 구체적인 추진일정과 함께 명시한다.

8) 예산편성

예산편성은 프로그램 수행에 필요한 비용을 항목별로 세분화하여 편성한다. 즉, 편성예산과 집행의 차이를 줄이도록 구체적으로 작성한다.

9) 총괄진행도 작성

총괄진행도는 지역사회 및 이용자의 문제와 욕구에 대한 접수로부터 종결까지의 각 단계, 의사결정 과정, 제공되는 서비스 등을 한 눈에 조감할 수 있도록 프로그램별로 작성한다.

10) 평가기획

계획된 프로그램의 목표달성 정도를 측정할 수 있는 평가/성과지표, 평가/측정도구, 평가/측정방법(대상, 자료출처, 측정시기 등) 등을 세분하여 정리한다.

2. 프로그램 사례

프로그램 사례로서 「여성노인들의 자아효능감 향상을 위한 실버패션활동 프로그램」 - "여왕이 되었어요"를 제시하면 다음과 같다.

<table>
<tr><th>사업명</th><th colspan="2">「여성노인들의 자아효능감 향상을 위한
실버패션활동 프로그램」 – “여왕이 되었어요”</th></tr>
<tr><td>사업목적/
목표/</td><td colspan="2">• 목적 : 여성 노인들의 심미적 욕구충족을 위한 패션활동을 통하여 노인이 경험하는 심리사회적 문제들을 해결하고, 안정된 노후 활을 보낼 수 있게 하는 데 그 목적이 있다.
• 목표 : ① 여성 노인들의 패션에 대한 이해를 도모한다.
② 여성 노인들의 자기발견과 자아효능감을 향상시킨다.
③ 여성 노인들의 사회성을 증진시킨다.</td></tr>
<tr><td>서비스대상
및 인원수</td><td colspan="2">서울노인복지센터 회원 중 선착순으로 참가신청을 한 여성노인 20명</td></tr>
<tr><td>사업내용</td><td>교육</td><td>- 리폼 : 전문강사의 지도와 자원봉사자의 보조를 받아 주 1회 1시간씩 총 10회의 교육시간을 가진다.
- 메이크업 : 전문강사의 지도와 자원봉사자의 보조를 받아 주 1회 1시간씩 총 4회의 교육시간을 가진다.
- 액세서리 코디 : 전문강사의 지도와 자원봉사자의 보조를 받아 주 1회 1시간씩 총 4회의 교육시간을 가진다.</td></tr>
<tr><td rowspan="2">사업내용</td><td>실습</td><td>- 리폼 · 메이크업 · 액세서리 코디 실습 :
각 교육 내용을 토대로 강사의 지도 및 자원봉사자의 보조를 받아 조별로 실습한다.
- 패션쇼 :
‘사 축제’ 기간 동안 3층 중앙공원에서 패션쇼를 하고 패션쇼를 통해 교육 및 실습한 결과물을 발표한다. 이와 함께 활동사진을 전시한다.</td></tr>
<tr><td>조별 활동</td><td>각 프로그램 회기 종결 시 10분정도 사회복지사의 진행하에 교육과 실습 내용 및 결과물에 대한 상호 피드백을 한다.</td></tr>
<tr><td>사업비</td><td colspan="2">총예산 : 4,937,300원</td></tr>
<tr><td>기대효과</td><td colspan="2">1. 자아상실감을 해소함으로써 자신의 가치를 발견하고 긍정적이고 아름다운 노후생활을 영위할 수 있다.
2. 노후생활의 만족과 기쁨을 유도하여 가정과 지역사회의 안정에 기여할 수 있다.
3. 습득한 기술을 활용하여 신체적, 정신적으로 건강한 여가를 선용할 수 있다.
4. 여성을 주 대상으로 하는 프로그램을 통하여 여성노인들의 관심을 유도함으로써 전체 여성들의 참여를 향상시킬 수 있다.</td></tr>
</table>

1) 프로그램명

「여성노인들의 자아효능감 향상을 위한 실버패션 활동 프로그램」 – “여왕이 되었어요”

2) 프로그램 개요

본 프로그램은 노인의 심미적 욕구를 충족할 수 있는 의상, 리폼, 메이크업, 액세서리 교육 및 실습, 조별활동 등의 패션활동을 통하여 일상생활의 만족감과 사회성의 증진을 도우면서 궁극적으로 노인의 자아효능감을 향상하도록 지원하는 프로그램이다.

프로그램명	내 용	수행인력
교 육	총 15회 리폼, 메이크업, 액세서리코디 교육을 통해 이미지 메이킹법을 배운다.	프로그램 강사 각1명 사회복지사 1명 자원봉사자 5명
실 습	주 2회 실습과 프로그램 종결과정 중 1회의 패션쇼 활동을 한다. 패션쇼 활동 시 지인들의 참여를 촉진시킨다.	프로그램 강사1명 사회복지사 1명 자원봉사자 5명
조별활동	주 2회 각 프로그램회기를 마친 후, 각 프로그램 실습내용 및 결과물에 대한 상호 피드백을 한다.	사회복지사 1명

3) 프로그램의 대상과 문제정의

(1) 프로그램 대상과 인원

대상구분	서비스 대상자 산출근거	단위수 (명)
일반집단	서울노인복지센터에 등록된 회원	41,996
위험집단	서울노인복지센터에 등록된 여성회원	10,622
표적집단	위험집단 중 프로그램에 참가신청 의사를 밝힌 여성회원	300*
클라이언트수	표적집단 중 프로그램을 선착순으로 참가신청을 한 여성회원	20

* 서울노인복지센터 평균프로그램 신청 인원수.

(2) 대상집단의 문제정의 및 욕구사정

① 대상집단의 문제정의

노인은 서서히 진행하는 신체적인 노쇠, 즉 청력 및 시력의 저하, 운동기능의 저하 그리고 각종 노환 등의 자신에 대한 욕구불만과 상실감을 높이게 된다. 또한 노인은 작업에서의 은퇴, 친구나 배우자의 사망 등이 공상과 무력감과 실망을 증대시킨다. 그리고 사회적 커뮤니티로부터 어느 정도의 평가저하는 자기의 가치에 대한 절망을 주는 원인이 된다. 여기에다 과거와 현재의 실패를 보상하는 아무런 희망도 갖고 있지 못하기 때문에 죽음을 절망적으로 두려워하기도 한다.

② 대상집단의 욕구사정

대상집단이 되는 여성노인은 서울노인복지센터 욕구조사(2009) 결과를 살펴보면, 건강에 대한 욕구가 38.4%, 문화활동에 대한 욕구 28.4%로 건강 및 문화활동에 대한 욕구가 상당히 높은 것으로 밝혀졌다.

대상집단으로 한 서울노인복지센터 이용노인들을 대상으로 노인패션에 대한 팀 자체 설문조사(2009)에 의하면, 설문지내용 중 "평소 옷 입는 것, 화장, 액세서리에 관심이 많으십니까?"라는 질문에 58명 전원 '예'라는 반응을 보였으며, "패션 관련 프로그램이 있다면 관심이 있으십니까? 있으시다면 참여할 의향이 있으신가요?"라는 질문에 16명을 제외한 모든 여성 응답자가 '예'라는 응답을 하였다. 거부반응을 보인 16명의 거부 사유는 '창피하다', '난 무대체질이 아니다', '남편이 반대한다.'라는 응답도 있었지만, '거리가 멀어서, 센터에 자주 나오지 못해서, 시간이 없어서' 등의 응답도 있었다. 반면에 '예'라고 응답한 여성노인들은 다양한 호응을 보이며 참가의사를 밝혔다.

이상에서 센터이용노인들의 많은 수가 패션활동에 대한 관심 및 욕구를 가지고 있는 것을 알 수 있으며, 이에 서비스가 제공될 것을 원하는 것으로 밝혀졌다. 이에 노인들이 갖고 있는 패션에 대한 욕구가 적절하게 충족될 수 있도록 이와 관련된 정보를 제공하고 체험할 수 있는, 노인들을 대상으로한 패션활동 프로그램이 필요하다고 판단된다.

4) 프로그램의 목적 및 목표

(1) 프로그램 목적

여성노인들의 심미적 욕구충족을 위한 패션활동을 통하여 노인이 경험하는 심리사회적 문제들을 해결하고, 안정된 노후생활을 보낼 수 있게 하는 데 그 목적이 있다.

(2) 프로그램 목표

목 표 1	여성노인들의 패션에 대한 이해를 도모한다.
하위목표	① 의상 교육 및 의상 리폼* 교육을 실시한다.
	② 메이크업 교육을 실시한다.
	③ 액세서리코디 교육을 실시한다.
목 표 2	여성노인들의 자기발견과 자아효능감을 향상시킨다.
하위목표	① 학습한 의상 리폼 기술을 활용하여 자신에게 맞는 의상을 제작한다.
	② 학습한 메이크업 기술을 활용하여 자신에게 맞는 메이크업을 한다.
	③ 학습한 액세서리코디법을 활용하여 자신에게 맞는 액세서리를 장식한다.
	④ 학습한 내용을 활용하여 패션쇼를 진행한다.
목 표 3	여성노인들의 사회성을 증진시킨다.
하위목표	① 프로그램 진행 시 조별활동을 실시한다.
	② 패션쇼 행사 시 이웃들의 참여를 도모한다.
	③ 프로그램 종료 후 자조모임을 형성시킨다.

* 리폼의 사전적 정의는 '낡거나 오래된 물건을 새롭게 고치는 일'이다. 하지만 이 프로그램에서는 65세 이상의 노인들을 대상으로 하기 때문에 우리가 기본적으로 생각하는 리폼의 방식으로 진행하기는 어렵다고 판단하였다. 그러므로 여기서는 어르신들이 기존에 입던 평범한 옷이나 장식이 떨어진 옷 등을 더 '예쁘게' 꾸미는 것으로 계획하였다.

5) 프로그램의 내용 및 실시방법

(1) 프로그램 내용

프로그램명	목 표	내 용	수행인력
교 육	여성 노인들의 패션에 대한 이해를 도모한다	- 리폼: 전문강사의 지도와 자원봉사자의 보조를 받아 주 1회 1시간씩 총 10회의 교육시간을 가진다. - 메이크업: 전문강사의 지도와 자원봉사자의 보조를 받아 주 1회 1시간씩 총 4회의 교육시간을 가진다. - 액세서리 코디: 전문강사의 지도와 자원봉사자의 보조를 받아 주 1회 1시간씩 총 4회의 교육시간을 가진다.	사회복지사 1명 (프로그램 총괄), 프로그램 강사 각1명 (프로그램 교육 및 진행), 자원봉사자 5명 (프로그램 진행 보조)

프로그램명	목 표	내 용	수행인력
실 습	여성노인들의 자기발견과 자아효능감을 향상시킨다	- 리폼 · 메이크업 · 액세서리 코디 실습: 각 교육 내용을 토대로 강사의 지도 및 자원봉사자의 보조를 받아 조별로 실습한다. - 패션쇼: '사 축제' 기간 동안 3층 중앙공원에서 패션쇼를 하고 패션쇼를 통해 교육 및 실습한 결과물을 발표한다. 이와 함께 활동사진을 전시한다.	사회복지사 1명 (프로그램 총괄), 프로그램 강사 각1명 (프로그램 실습 지도), 자원봉사자 5명 (프로그램 진행 보조)
조별활동	여성노인들의 사회성을 증진시킨다	각 프로그램 회기 종결시 10분정도 사회복지사의 진행하에 교육과 실습 내용 및 결과물에 대한 상호 피드백을 한다.	사회복지사 1명 (진행)

(2) 프로그램의 실행일정

프로그램은 강사계약, 자원봉사모집과 클라이언트 선정과정이 포함된 홍보 및 사업준비기간부터 시작하여 한주에 교육 및 실습이 2회기씩 (리폼1회기, 메이크업 또는 액세서리1회기) 9주간 총 18회기가 진행되고, 19회기부터 20회기는 패션쇼를 준비하는 기간을 가지며, '사 축제' 기간내 21회기 패션쇼가 진행되며, 22회기에 수료식 및 시상식을 가지며 평가회를 실시한다.

프로그램명	일시 및 방법	세 부 내 용	프로그램 매개체	
			인력	재료
홍보 및 사업 준비	2009. 7. 1 14:30 ~15:30	강사계약 및 모임, 자원봉사자 모집	사회복지사 1명(총괄)	인터넷
	2009. 7. 2 ~ 14	홍보 및 홍보포스터 개시	사회복지사 1명(총괄), 자원봉사자 5명(보조)	포스터, 현수막
		장소 섭외 및 물품 구비	사회복지사 1명(총괄), 자원봉사자 5명(보조)	
	2009. 7.14~ 20	신청 접수 및 선발	사회복지사 1명(총괄)	

<table>
<tr><th rowspan="2">프로그램명</th><th rowspan="2">일시 및 방법</th><th rowspan="2">세 부 내 용</th><th colspan="2">프로그램 매개체</th></tr>
<tr><th>인력</th><th>재료</th></tr>
<tr><td></td><td>2009. 7. 21
14:30
~15:30</td><td>자원봉사자 OT</td><td>사회복지사
1명(총괄)</td><td>자원봉사자
OT
교육자료</td></tr>
<tr><td>프로그램
O T</td><td>2009.
7. 24
14:30
~15:30</td><td>프로그램 소개, 팀구성(4인 1조), 아이스 브레이크</td><td>사회복지사
1명(총괄)</td><td></td></tr>
<tr><td rowspan="4">교육 및 실습</td><td rowspan="4">2009.
7. 28~
10. 16

매주
화, 금

14:30~
16:30</td><td>[메이크업]
1회(7.28): 피부 톤 보정 및 색조화장법을 배우고 조원들끼리 서로의 얼굴을 화장해주고 실습한다.
- 각 프로그램 실습 내용 및 결과물에 대한 상호 피드백을 한다.</td><td>강사 1명
(교육),
자원봉사자
5인(보조)</td><td>분첩,
스펀지,
파운데이션</td></tr>
<tr><td>[리폼]
2회(7.31): 리폼이란 무엇인가에 대한 이해를 교육한다.
- 각 프로그램 실습 내용 및 결과물에 대한 상호 피드백을 한다.</td><td>강사 1명
(교육),
자원봉사자
5인(보조)</td><td>노트북,
빔프로젝터</td></tr>
<tr><td>[메이크업]
3회(8.4): 얼굴 형태에 따른 눈썹그리기, 윤곽잡기, 다크써클 보정법을 배우고 조원들끼리 서로의 얼굴을 화장해주고 실습한다.
- 각 프로그램 실습 내용 및 결과물에 대한 상호 피드백을 한다.</td><td>강사 1명
(교육),
자원봉사자
5인(보조)</td><td>분첩,
스펀지,
파운데이션</td></tr>
<tr><td>[리폼]
4회(8.7): 단추와 레이스를 이용해 평범한 티셔츠를 꾸미는 법을 배우고 실습한다.
- 각 프로그램 실습 내용 및 결과물에 대한 상호 피드백을 한다.</td><td>강사 1명
(교육),
자원봉사자
5인(보조)</td><td>바늘, 실,
레이스,
단추,
티셔츠,</td></tr>
</table>

프로그램명	일시 및 방법	세부내용	프로그램 매개체	
			인력	재료
교육 및 실습	2009. 7. 28~ 10. 16 매주 화, 금 14:30~ 16:30	[메이크업] 5회(8.11): 아이섀도와 아이라인 등을 활용한 눈화장법을 배우고 조원들끼리 서로의 얼굴을 화장해주고 실습한다. - 각 프로그램 실습 내용 및 결과물에 대한 상호 피드백을 한다.	강사 1명 (교육), 자원봉사자 5인(보조)	분첩, 스펀지, 파운데이션
		[리폼] 6회(8.14): 아플리케를 이용해 평범한 옷을 꾸미는 법을 배우고 실습한다. - 각 프로그램 실습 내용 및 결과물에 대한 상호 피드백을 한다.	강사 1명 (교육), 자원봉사자 5인(보조)	바늘, 실, 아플리케, 옷
		[메이크업] 7회(8.18): lip line 그리기, 볼터치 등 기능화장 법을 배우고 조원들끼리 서로의 얼굴을 화장해주며 실습한다. - 각 프로그램 실습 내용 및 결과물에 대한 상호 피드백을 한다.	강사 1명 (교육), 자원봉사자 5인(보조)	분첩, 스펀지, 파운데이션
		[리폼] 8회(8.21): 비즈, 크리스탈을 활용하여 옷을 꾸미는 법을 배우고 실습한다. - 각 프로그램 실습 내용 및 결과물에 대한 상호 피드백을 한다.	강사 1명 (교육), 자원봉사자 5인(보조)	바늘, 실, 비즈, 크리스탈, 옷,
		[액세서리] 9회(8.25): 여러 가지 재료를 활용하여 노인들이 갖고 있는 옷에 매치될 수 있는 목걸이를 만드는 법을 배우고 실습한다. - 각 프로그램 실습 내용 및 결과물에 대한 상호 피드백을 한다.	강사 1명 (교육), 자원봉사자 5인(보조)	액세서리 도구set

<table>
<tr><th rowspan="2">프로그램명</th><th rowspan="2">일시 및
방법</th><th rowspan="2">세 부 내 용</th><th colspan="2">프로그램 매개체</th></tr>
<tr><th>인력</th><th>재료</th></tr>
<tr><td rowspan="5">교육 및 실습</td><td rowspan="5">2009.
7. 28~
10. 16

매주
화, 금

14:30~
16:30</td><td>[리폼]
10회(8.28): 간단한 다림질을 통해 핫픽스를 이용하여 옷을 꾸미는 법을 배우고 실습한다.
- 각 프로그램 실습 내용 및 결과물에 대한 상호 피드백을 한다.</td><td>강사 1명
(교육),
자원봉사자
5인(보조)</td><td>바늘, 실,
다리미,
핫픽스, 옷,</td></tr>
<tr><td>[액세서리]
11회(9.1): 노인들이 좋아하는 색깔이나 형태로 팔찌를 만드는 법을 배우고 자녀나 손자나 손녀, 친구들을 위한 팔찌도 만들어본다.
- 각 프로그램 실습 내용 및 결과물에 대한 상호 피드백을 한다.</td><td>강사 1명
(교육),
자원봉사자
5인(보조)</td><td>액세서리
도구set</td></tr>
<tr><td>[리폼]
12회(9.4): 리폼 기술을 복습하고 학습된 리폼 기술로 블라우스를 꾸미는 실습을 한다.
- 각 프로그램 실습 내용 및 결과물에 대한 상호 피드백을 한다.</td><td>강사 1명
(교육),
자원봉사자
5인(보조)</td><td>블라우스,
바늘, 실,
레이스, 단추,
아플리케,
비즈,
크리스탈,
다리미,
핫픽스</td></tr>
<tr><td>[액세서리]
13회(9.11): 구슬과 재료를 가지고 만들 수 있는 여러 가지 액세서리 도구들을 만드는 법을 배우고 창의적으로 만들어본다.(예 : 핀, 귀걸이)
- 각 프로그램 실습 내용 및 결과물에 대한 상호 피드백을 한다.</td><td>강사 1명
(교육),
자원봉사자
5인(보조)</td><td>액세서리
도구set</td></tr>
<tr><td>[리폼]
14회(9.15): 리폼 기술을 복습하고 학습된 리폼 기술로 스커트를 꾸미는 실습을 한다.
- 각 프로그램 실습 내용 및 결과물에 대한 상호 피드백을 한다.</td><td>강사 1명
(교육),
자원봉사자
5인(보조)</td><td>스커트, 바늘,
실, 레이스,
단추,
아플리케,
비즈,
크리스탈,
다리미,
핫픽스</td></tr>
</table>

<table>
<tr><th rowspan="2">프로그램명</th><th rowspan="2">일시 및 방법</th><th rowspan="2">세 부 내 용</th><th colspan="2">프로그램 매개체</th></tr>
<tr><th>인력</th><th>재료</th></tr>
<tr><td rowspan="4">교육 및 실습</td><td rowspan="4">2009.
7. 28~
10. 16

매주
화, 금

14:30~
16:30</td><td>[액세서리]
15회(9.18): 배운 것을 바탕으로 어르신들에게 어울리는 액세서리들을 만들고 선물한다.
- 각 프로그램 실습 내용 및 결과물에 대한 상호 피드백을 한다.</td><td>강사 1명(교육), 자원봉사자 5인(보조)</td><td>액세서리 도구set</td></tr>
<tr><td>[리폼]
16회(9.22): 리폼 기술을 복습하고 학습된 리폼 기술로 청바지를 꾸미는 실습을 한다.
- 각 프로그램 실습 내용 및 결과물에 대한 상호 피드백을 한다.</td><td>강사 1명(교육), 자원봉사자 5인(보조)</td><td>청바지, 바늘, 실, 레이스, 단추, 아플리케, 비즈, 크리스탈, 다리미, 핫픽스</td></tr>
<tr><td>[리폼]
17회(9.25): 자신이 가지고 있던 의상을 자신이 입고 싶은 의상으로 리폼한다.
- 각 프로그램 실습 내용 및 결과물에 대한 상호 피드백을 한다.</td><td>강사 1명(교육), 자원봉사자 5인(보조)</td><td>옷, 바늘, 실, 레이스, 단추, 아플리케, 비즈, 크리스탈, 다리미, 핫픽스</td></tr>
<tr><td>[리폼]
18회(9.29): 정해진 금액을 가지고 조별로 재료를 구입하고 특색있는 옷을 제작한다.
- 각 프로그램 실습 내용 및 결과물에 대한 상호 피드백을 한다.</td><td>강사 1명(교육), 자원봉사자 5인(보조)</td><td>옷, 바늘, 실, 레이스, 단추, 아플리케, 비즈, 크리스탈, 다리미, 핫픽스</td></tr>
<tr><td rowspan="2">패션쇼</td><td rowspan="2">2009.
10.6, 10.9

14:30~
16:30</td><td>19회(10.6): 축제 오리엔테이션 및 패션쇼 진행 계획에 대한 오리엔테이션, 사전교육을 한다.</td><td>사회복지사 1명(총괄), 자원봉사자 5인(보조)</td><td></td></tr>
<tr><td>20회(10.9)리허설 : 패션쇼 진행에 대한 예행연습을 한다.</td><td>자원봉사자 5인(보조)</td><td>3층 강당, 중앙정원</td></tr>
</table>

프로그램명	일시 및 방법	세 부 내 용	프로그램 매개체	
			인력	재료
패션쇼	2009. 10. 13 14:30~ 16:30	21회 패션쇼 : '사 축제'기간 내에 패션쇼를 진행하고 활동사진을 전시한다.	자원봉사자 10인 (보조), 이미용 자원봉사자 5인(보조)	3층 강당, 중앙정원, 상품, 우드락, 활동사진, 런웨이
수료식	2009. 10. 16 14:30~ 16:30	22회 수료식 : 센터장의 축사와 우수 참여자에 대한 시상을 한다.* 또한 활동 모습을 담은 동영상**을 상영하고 프로그램에 대한 전체적인 평가 시간을 갖는다. (평가 척도, 설문지 작성 및 전체토의)	센터장, 사회복지사 1명(총괄), 강사 3명, 자원봉사자 5명(보조)	사진앨범, UCC동영상
평가회	2009. 10.16 17:00~ 19:00	강사, 자원봉사자 및 프로그램 담당자가 프로그램에 대한 자체평가 회의를 한다.	사회복지사 1명, 강사 3명, 자원봉사자 5명	외부식당

* 출석률 50%, 강사평가 25%, 조별평가 25%

** 프로그램 매 회기에 촬영한 사진을 가지고 Window Movie Maker 프로그램을 활용하여 동영상을 제작한다. 이 때 참여자의 인터뷰 및 강사와 자원봉사자의 인터뷰 영상을 포함한다.

(3) 프로그램의 진행일정

사업내용	세부계획	7월	8월	9월	10월
사업계획수립	교육환경보강(강의실)				
	교육전문인력확보(강사 등)				
사업 홍보	지역사회연계(지자체,지역신문)				
	센터 내 사업내용홍보				
참가자 모집 및 관리	신청 및 참여결정				
	프로그램 참여지지				
프로그램 시행	리폼 교육				
	메이크업 교육				
	액세서리 교육				
	패션쇼				
자원봉사자관리	모집 및 교육				
	자원봉사실시				
사례회의 및 평가	과정평가				
	총괄평가				

6) 프로그램의 예산

(1) 프로그램 총예산 : 4,937,300 원

(2) 예산구성

<table>
<tr><th colspan="3">구 분</th><th>금 액</th><th colspan="2">산출근거</th><th>비 고</th></tr>
<tr><td rowspan="3">인건비</td><td colspan="2" rowspan="2">강사비</td><td rowspan="2">800,000</td><td>100,000×4회=400,000</td><td>메이크업</td><td rowspan="2">리폼강사:
무급봉사</td></tr>
<tr><td>100,000×4회=400,000</td><td>액세서리</td></tr>
<tr><td colspan="2">사회복지사</td><td>264,000</td><td colspan="2">1,800,000/30×0.2(2H)×22회</td><td></td></tr>
<tr><td rowspan="5">사업비</td><td colspan="2">다과비</td><td>430,000</td><td>1,000×20명×21회=420,000
1,000×4명×1회=4,000
1,000×6명×1회=6,000</td><td>프로그램
다과비
강사모임
다과비
자원봉사자
다과비</td><td></td></tr>
<tr><td rowspan="4">재료비</td><td>리폼</td><td>936,000</td><td>37,300×5조×1회=186,500
5,500×5조×1회=27,500
4,900×20명×1회=98,000
1,000×20명×1회=20,000
2,000×20명×1회=40,000
3,500×20명×1회=70,000
2,000×20명×1회=40,000
3,500×20명×1회=70,000
3,500×8명×4회=112,000
2,000×8명×4회=64,000
3,500×8명×4회=112,000
1,000×8명×4회=32,000
2,000×8명×4회=64,000</td><td>미니미싱기
바늘, 실(1set)
가위
레이스 I
단추 I
아플리케 I
비즈, 크리스탈 I
핫픽스 I
핫픽스 II
비즈 II
아플리케 II
레이스 II
단추 II</td><td></td></tr>
<tr><td>메이크업</td><td>621,200</td><td>16,800×10세트×1회
=168,000
1,300×10세트×1회
=13,000
1,300×5세트×1회=6,500
4,300×6세트×1회=25,800
7,900×1세트×1회=7,900</td><td>브러시
(1세트=9종)
분첩(1세트=2개)
스펀지
(1세트=4개)
에보닌(1세트=3)
화장솜(1세트=
천개입)</td><td></td></tr>
<tr><td>액세서리</td><td>500,000</td><td>50,000×10명×1회 =
500,000</td><td>액세서리
도구 세트
(2인 1세트)</td><td></td></tr>
<tr><td>패션쇼</td><td>240,000</td><td>240,000×1회=240,000</td><td>레드카펫(6m)</td><td></td></tr>
</table>

구 분			금 액	산출근거		비 고
		사진비	254,500	10,000×21개=210,000 200×200매=40,000 1,500×3매=4,500	사진앨범 사진인화 우드락	
	선물비		60,000	20,000×3명×1회=60,000	양산	
운영비	홍보비		394,000	27,000×3장=74,000 320×1,000매=320,000	현수막 (3m×0.9m) 포스터(A3)	현수막 패션쇼 진행시 1장 홍보시 2장
간접경비	인쇄비		120,700	100,000×1개=100,000 20,700×1박스=20,700	토너 A4용지 (1box= 2,500매)	
	비품비		16,900	1,900×1박스=1,900 1,500×10개=15,000	볼펜 테이프	
	간담회비		100,000	10,000×10명×1회 =100,000	식당	
예비비			200,000			
합 계			4,937,300			

7) 프로그램의 평가

구 분	평가내용	평가방법	측정도구
목표 1	패션에 대한 자기만족도 및 강사의 평가점수 향상 정도	- 사회복지사가 프로그램 각 회기 말에 참여자에게 평가지를 배포하고 수거하여 나온 개인별 평균점수로 평가한다. - 사회복지사가 프로그램일지에 기록된 관찰 내용을 중심으로 참여자의 변화정도를 평가한다.	- 자기패션 만족도 평가지 - 프로그램 일지 (강사평가포함)
목표 2	1) 프로그램 전/후 노인의 생활만족도 점수 향상정도 2) 프로그램 전/후 노인의 자아존중감 점수 향상정도	- 사회복지사가 프로그램 전/후에 참여자를 대상으로 척도지를 배포하고 수거하여 나온 점수로 평가한다. - 사회복지사가 프로그램일지에 기록된 관찰 내용을 중심으로 참여자의 변화정도를 평가한다.	- 노인의 생활만족도 척도 (최성재,1986) - 자아효능감 척도 (김아영,1997) - 프로그램 일지

구 분	평가내용	평가방법	측정도구
목표 3	프로그램 전/후 대인관계도 점수	- 사회복지사가 프로그램 전/후에 참여자를 대상으로 설문지를 배포하고 수거하여 나온 점수로 평가한다. - 사회복지사가 프로그램일지에 기록된 관찰 내용을 중심으로 참여자의 변화정도를 평가한다.	- 대인관계 측정척도 (Schlein&Guerney, 1971) - 프로그램 일지

생각해 볼 문제들

1. 사회복지시설의 프로그램 기획의 개념을 정의해 보라.

2. 사회복지시설의 프로그램 기획의 일반적 과정을 설명해 보라.

3. 사회복지시설의 서비스 대상을 요약해 보라.

4. 프로그램 기획의 구성내용을 설명해보라.

5. 사회복지시설 현장에서 적용되는 프로그램을 조사해 보라.

제8장 | 사회복지시설의 마케팅홍보

사회복지시설의 마케팅홍보는 사회복지서비스를 이용하는 고객을 향해 유통시키는 일련의 체계적인 시장지향의 활동이다. 마케팅홍보는 마케팅, 민간참여를 통한 재정확충, 홍보전략 등으로 구분할 수 있다. 즉, 마케팅의 내용은 기능적으로 상품전략, 가격전략, 유통전략, 촉진전략 등 마케팅 믹스(marketing mix)의 전략을 활용하여 최대한 효과를 최대한 발휘하는 것이다. 그리고 홍보는 사회복지시설의 PR(Public Relationship)을 통해 지역사회 내에서 인지도 확보, 자원동원의 도움, 정책을 수립하는 정책결정자 등에게 영향을 미칠 수 있다. 따라서 본 장에서는 첫째, 사회복지시설의 마케팅, 둘째, 사회복지시설의 모금활동과 마케팅활동, 셋째, 사회복지시설에서의 홍보 등을 중심으로 살펴보고자 한다.

제1절 사회복지시설 마케팅의 개념

1. 사회복지시설 마케팅의 정의

일반적으로 마케팅은 소비자에게 상품과 서비스를 제공하며 또 구입하도록 격려하는 행위를 의미한다. 현대사회에서의 기업들은 제품판매의 증대를 위한 일환으로 마케팅 기법이나 도구를 개발하여 시장에서 활용함으로써 높은 성과를 기대한다. 그러나 실제로 마케팅의 의미는 단지 판매에만 있는 것이 아니다. Kotler(1985)에 의하면, 마케팅이란 조직의 목표를 달성하기 위해 표적시장에서 자발적인 가치의 교환이 이루어지도록 만들어진 프로그램의 분석, 기획, 집행, 통제과정을 포함한다고 정의하고 있다. 특히 마케팅의 성패는 조직이 제공할 수 있는 서비스를 표적시장의 욕구에 따라 결정하고, 이를 사람들에게 알리고 동기를 부여하며, 서비스를 제공하기 위해 효과적인 가격설정과 홍보 및 유통경로를 사용하는 것에 달려있음을 강조하고 있다(양용희 · 김범수 · 이창호, 1997).

마케팅의 영역은 영리조직과 비영리조직으로 구분할 수 있다. 영리조직은 이익을 창출하기 위해 존재하는 조직으로서, 가장 대표적인 영리조직은 기업이다. 반면에 비영리조직은 이윤추구보다 공공의 이익을 목표로 설립되고 운영되는 조직으로서 사회복지시설, 시민단체, 교육기관 등이 대표적이다. 박용순(2011)에 의하면, 영리조직의 비전은 이해관계자들의 재무적인 가치를 최대화하여 수익을 증가시키는 것이며, 소유권과 책임감 · 시장을 전략의 대상으로 한다고 주장하였고, 비영리조직의 비전은 이상(ideals), 목표(goals), 상징(symbols) 등임을 강조하였다.

최근에는 사회복지시설과 같은 비영리조직의 활동에 있어서 마케팅의 중요성이 부각되고 있다. 이제 마케팅은 더 이상 기업에만 국한되는 기능은 아니다. 마케팅이란 비영리조직에도 유용한 기능이며, 나아가 모든 조직은 마케팅적 문제를 지니고 마케팅을 이해할 필요가 있다. 미국의 마케팅협회(AMA)에서는 마케팅의 개념을 새롭게 정의하면서, 마케팅을 상품으로서의 재화와 서비스로 한정하던 것에 '아이디어'를 추가하였다. 즉, 마케팅이란 "개인과 조직의 목표를 달성하기 위해 교환하고자 하는 재화와 용역 및 아이디어의 개념, 가격결정, 홍보, 분배 등을 기획하고 실행하는 과정이다"라고 정의하였다.[2)]

이러한 변화는 비영리부문의 마케팅 활성화를 반영한 것으로서, 비영리부문에서는 영리부문의 마케팅보다 '아이디어'의 확산과 교환에 더 많은 초점을 두고 있다는 사실을 알 수 있다.

2. 사회복지시설 마케팅의 필요성

서구사회에서는 지난 1970~80년대 복지국가의 위기를 겪으면서 정부의 공공정책의 한계를 극복하고 성숙한 시민사회의 자원을 효과적으로 활용하기 위한 방안에 많은 관심을 갖게 되었다. 특히 비영리조직의 활성화를 위한 법적 · 제도적인 장치를 더욱 강화하기에 이르렀다. 우리나라의 경우에도 1990년대 후반 IMF의 극복과정에서 소외계층의 상대적인 박탈감은 더욱 심화되었으며, 사회부문에 대한 욕구가 더욱 확대되면서 급증하는 복지수요의 해결에 있어 가장 핵심적인 제약요인이 복지재원의 조달문제에 있었다. 이에 급증하는 복지욕구를 충족시키기에는 역부족인 상황에서 민간의 복지재원 조달을 활성화시키기 위한 노력이 매우 절실한 상황이었다(정무성a, 2000).

이와 같이 비영리조직의 자원은 한정되어 있는 반면, 수요는 언제나 공급을 초과하는 상태에 놓여 있으므로 자원은 부족한 상태였다. 즉, 제한된 자원은 비영리조직으로 하여금 '자원개발'이라는 과제를 제시하게 되었고, 자원의 효율적인 관리와 사용에 대한 책임성의 문제가 제기됨과 동시에 자원을 효율적으로 개발하기 위한 비영리마케팅의 전개가 더욱 요구되었다. 따라서 사회복

2) AMA(American Marketing Association), 1985, p.1.

지시설의 책임성 확보와 비용효과성 측면에서의 마케팅의 필요성을 네 가지 측면으로 제시하면 다음과 같다(사회복지사1급 기본서, 2010: 407).

1) 책임성의 측면

사회복지시설은 정부의 보조금이나 기타 단체의 기부금으로 운영이 되기 때문에 서비스 제공에 있어서 효율성과 효과성을 달성할 책임을 가지고 있다. 이러한 책임성의 요구에 부응하려면 비영리조직의 운영에 있어서도 전략적인 마케팅의 도입이 필요하다.

2) 대상자관리의 차원

사회복지시설은 클라이언트, 기관의 이용자, 기부자, 지역사회 등을 고객으로 인식하여 욕구를 세분화하고 있다. 특히 조직관리에 있어서 궁극적으로 고객만족을 이끌어 내는 마케팅의 도입이 요구되고 있다.

3) 서비스개발의 차원

사회복지시설은 경제적, 사회적, 정치적, 문화적 환경으로부터 절대 자유로울 수 없다. 따라서 사회복지조직을 둘러싼 외부환경에 능동적으로 적응하기 위해서는 적절한 마케팅을 통해 시장을 세분화하고 분석하여 시장에 맞는 서비스개발이 이루어져야 한다.

4) 재정확보의 차원

사회복지시설은 목표를 달성하기 위해 필요한 재정자원의 계획과 동원, 배분, 효율적인 사용과 책임있는 관리가 필수적이다. 따라서 사회복지조직의 관리를 위해서 후원자의 발굴과 기부자의 사례관리 등을 통해 기관재정의 안정성과 극대화를 이루어야 한다.

3. 사회복지시설의 마케팅 구성요소

1) 소비자욕구와 수요파악

사회복지시설은 소비자의 욕구와 수요를 정확하게 이해하고, 소비자들이 원하는 것을 제공하기 위해 정보를 수집하여야 한다.

2) 소비자의 만족과 가치인식

사회복지시설은 제품이나 서비스를 통해 소비자들의 욕구와 수요를 가장 잘 충족시킬 수 있는 소비자를 선택하게 된다. 즉, 그들을 만족시킬 수 있는 가치인식과 서비스가 제공되어야 한다.

3) 교환

사회복지시설은 소비자에게 가치있는 제품이나 서비스에 대해 대가를 제공하고 획득하는 행위가 이루어진다. 즉, 교환은 시설과 소비자가 서로 가치를 공유하고 창조하는 과정이라 할 수 있다.

4) 시장

사회복지시설은 어떤 제품이나 서비스의 실제 또는 잠재적 구매자들의 집합을 의미한다. 즉, 시장은 사회복지시설을 중심으로 서비스를 개발하고 소비자에게 적절한 서비스를 공급하는 체계라 할 수 있다.

4. 사회복지시설의 마케팅전략

1) 마케팅전략의 개요

사회복지시설의 마케팅전략으로는 시장세분화전략, 표적시장전략, 마케팅 믹스전략, 포지셔닝전략 등이 도입되어 있다.

(1) 시장세분화전략

시장세분화전략은 전체시장을 일정한 기준을 적용하여 욕구가 유사한 몇 개의 시장으로 나누는 과정을 말한다. 즉, 모든 소비자의 욕구가 상이하기 때문에 하나의 차별화로 전체 소비자의 욕구를 충족시켜 줄 수 없다는 가정 아래 전체시장을 일정한 기준에 따라 유사한 몇 개의 시장으로 나누는 과정이라 할 수 있다(이수동 · 임채운, 2003). 시장세분화의 목적은 하나 혹은 그 이상의 특정한 세분시장의 욕구를 충족시키기 위하여 시장으로 하여금 적절한 마케팅 믹스를 맞출 수 있게 하는 데 있다.

(2) 표적시장전략

표적시장전략은 전체시장을 몇 개의 시장으로 세분화한 이후 각각의 세분시장을 평가하고 몇 개의 세분시장을 공략하는 것을 말한다. 특히 어떠한 세분시장을 표적시장으로 선택할 것인가를 결정해야 한다.

(3) 마케팅믹스전략

마케팅믹스전략은 소비자와 의사소통을 하거나 소비자를 만족시키기 위해 기업이 관리하는 주요 요소를 말한다. 이는 상품, 가격, 유통, 촉진 등으로 구성되어 있다.

(4) 포지셔닝전략

포지셔닝전략은 소비자의 인식 속에 자리잡게 하는 것을 말한다. 즉, 포지셔닝전략은 표적시장에서 경쟁우위 달성을 위해서 꼭 필요한 수단이 된다. 표적시장에서 소비자들의 마음속에 강력한 위치를 차지하는 포지셔닝전략이 경쟁우위를 달성하는 매우 중요한 수단이 되고 있다(이의훈 · 김숙응. 2007).

상기의 네 가지 마케팅 전략과정은 사회복지시설뿐만 아니라 모든 기업에 있어서 매우 중요하다. 여기서는 마케팅홍보의 관점에서 일반적으로 다루고 있는 마케팅믹스전략을 중심으로 살펴보고자 한다.

2) 마케팅전략 모델

마케팅믹스(marketing mix)란 마케팅의 모든 요소를 통합하여 그 효과를 최대한 발휘하는 것을 말한다, 즉 시장세분화(market segmentation)를 통해 표적시장을 선정하고, 목표를 수립한 이후에 마케팅믹스 프로그램을 개발해야 한다. 마케팅 믹스는 조직이 표적시장에서 목적을 달성하기 위해 사용되는 통제가능한 변수들의 집합이라 정의할 수 있다. 마케팅 믹스는 고객의 행위에 영향을 주기 위해 판매자들이 동원할 수 있는 도구들을 의미하며, 일반적으로 상품(products)전략, 가격(price)전략, 촉진(promotion)전략, 유통(place)전략 등의 4P를 들고 있다.

Fine(1992 :4-9)은 비영리기관의 마케팅에 관해 언급하면서, 영리기관은 4P만을 가지고 최적의 함수를 도출하는 것은 무리가 있다고 주장하면서 추가적으로 3P가 함수에 포함되어야 한다고 강조하였다. 즉, 마케팅을 하는 주체인 '생산자'(producer), 마케팅을 통해 호소를 해야 하는 대상자인 '구매자'(purchaser), 과학적인 탐구과정인 '조사'(probing) 등이 마케팅 함수에서 고려되어야 한다는 것이다. 이는 마케팅전략을 수립하는 데 보다 광범위한 틀을 제공하고 있어 사회복지시설의 마케팅전략을 제시하는 데 보다 적합한 모델이라고 여겨진다. 따라서 Fine의 7P모델을 중심으로 사회복지시설의 마케팅전략을 제시하는 것이 바람직하다고 여겨지며, 이러한 맥락에서 후원자 개발을 위한 사회복지시설 마케팅의 기본틀은 다음과 같이 제시할 수 있다.

(1) 생산자(producer)

생산자는 마케팅을 위해 구매자와 교환할 아이디어를 창출하고 메시지를 생산해 내는 주체를 의미한다. 후원자개발을 위한 마케팅에서 사회복지시설이 생산자가 된다. 사회복지시설의 주된 목표는 사회복지대상자들에게 서비스를 제공하여 삶의 질을 증진시킴으로써 더불어 함께 사는 복지사회를 실현하는 데 기여하는 것이다. 이러한 목표를 달성하기 위해 잠재적 후원자라고 할 수 있는 일반시민들이 사회복지에 대한 관심을 갖고 후원할 수 있도록 도와 줄 필요가 있다.

사회복지시설은 마케팅의 주체인 생산자가 되어 시설의 목표에 대한 가치를 확신시켜야 한다. 이를 위해 사회복지시설은 일반시민들로부터 믿고 의지할 만한 조직으로서 신뢰를 받아야 하고, 사회복지대상자들의 중요한 대변인 역할을 하여야 한다. 마케팅의 주체로서 사회복지시설은 교환하고자 하는 아이디어나 메시지에 책임을 질 수 있어야 한다. 즉, 신뢰할 수 있는 개인이나 조직에 의해 마케팅이 이루어질 때 그 효과가 더욱 커지기 때문이다.

(2) 구매자(purchaser)

구매자는 일반적으로 기업의 마케팅에서 잠재적 고객을 의미한다. 즉, 사회복지시설의 후원자개발을 위한 마케팅에서 구매자는 잠재적 후원자들이다. 구매자인 잠재적 후원자가 될 사람들은 마케팅의 초기단계에서 반드시 파악되어야 한다. 그리고 사회복지시설은 이들에게 특별한 인상을 심어주면서 호소할 필요가 있다. 이를 효율적으로 하기 위해서 대상을 특정 기준에 따라 여러 범주로 나누는 것이 바람직하다. 이러한 과정을 시장세분화라 한다.

(3) 상품(product)

상품은 구매자의 욕구를 충족시키기 위한 산출물을 의미한다. 사회복지시설에서 잠재적 후원자들의 공감을 얻어 낼 수 있는 가치를 구체적인 상징물로 도출해야 한다. 즉, 월드비전의 마케팅상품으로 잘 알려진 '사랑의 빵' 저금통은 제3세계의 굶주린 아동들을 돕기 위해 만들어진 것이다. 상품과 관련하여 중요한 것은 그것의 명칭이다. 상품의 이름에 따라 구매자의 반응이 크게 다르기 때문에 적합한 이름을 붙여주는 것은 매우 중요한데, 이를 위해서는 언어심리학적인 감각이 필요하다.

상품을 개발하는 데 있어 중요한 것은 생산자가 판매하려고 하는 것을 강조하는 것이 아니라 구매자가 사려는 것이 무엇인지를 파악하는 것이다. 따라서 사회복지시설의 후원자개발을 위한 마케팅에서 후원금 자체에 중점을 두기보다는, 후원행위를 통한 사회적 기여와 소외계층의 삶의 질 향상에 중점을 두고 상품이 개발되어야 한다.

(4) 가격(price)

가격은 구매자가 그 상품을 얻기 위해 기꺼이 지불하고자 하는 대가를 의미한다. 즉, 생산자는 가격을 결정하기 전에 사람들이 그 상품에 어떤 가치를 부여하고 있는지를 반드시 파악하여야 한다. 그 상품의 가치를 지나치게 낮게 여기고 있다면, 가치를 높이는 과업이 선행되어야 한다. 그러나 가치들이 돈으로만 측정되는 것은 아니다. 상품의 거래에서 구매자들이 지불하는 것에는 시간, 노력, 생활양식의 변화, 혹은 다른 기회비용이 포함된다.

특히 사회복지시설에서 잠재적 후원자들을 대상으로 마케팅전략을 세울 때는 이들 '사회적 가격'이 반드시 고려되어야 한다. 예컨대, 후원자가 후원금을 내기 위해 은행에 가야 하고 그 곳에서 긴 줄을 서서 대기해야 한다면, 후원을 위해 너무 높은 사회적 비용을 지불하게 하는 것이라는 사실을 명심해야 한다. 따라서 후원절차의 단순화는 사회적 비용을 감소시키게 되고 이는 좋은 홍보의 소재가 되기도 한다.

(5) 홍보(promotion)

홍보는 마케팅 함수의 필수적인 요소로서 의사소통(communication)을 의미한다. 즉, 홍보는 창의성과 다양성이 요구된다. 홍보에 있어 중요한 것은 기발한 소재이다. 특히 사회복지시설에서는 창의적인 아이디어 발휘가 요구된다. 한편 상품을 홍보하는 통로는 매우 다양하고 대중매체가 많이 사용되지만, 광고, 대변, 로비활동, 교육 프로그램 등 사람들과의 직접적인 대면방법도 사용되고 있다.

(6) 장소(place)

장소는 마케팅상품이 구매자들이 구입하기 가장 적합한 때와 장소에 그 곳에 있도록 하는 것을 의미한다. 이는 상품에 대한 구매자의 접근용이성을 의미한다. 최근 대학들이 장소의 중요성을 인식하고 인구밀집 지역에 분교캠퍼스를 둔다든지, 산업체 안에 교육프로그램을 설치하는 것이 대표적인 예이다. 시장조사를 통해 잠재적 후원자들이 밀집되어 있는 곳이 있다면, 사회복지시설의 후원자개발 마케팅팀은 그 곳에 가야 한다. 예컨대, 중 · 고등학생을 대상으로 후원자개발을 하는 경우에는 학교로, 직장인을 대상으로 마케팅을 할 경우는 기업으로, 교인들을 대상으로 할 경우는 교회로 방문할 수 있는 통로를 개발하여야 한다.

(7) 조사(probing)

조사는 마케팅 담당자들이 사용하는 가장 중요한 도구이지만 때로는 지나치게 남용되기도 한다. 이는 대부분 조사가 너무 과장되거나 불충분하기 때문에 일어나는 현상이다. 오늘날 정보화사회에서는 낡은 정보나 저품질의 정보는 전혀 가치가 없다. 따라서 조사는 필요성이 매우 높을 때 행해져야 하며, 철저하고 주의깊게 이루어져야 한다.

제2절 사회복지시설의 모금활동과 마케팅활동

1. 모금활동의 필요성

우리나라는 선진국들과 마찬가지로 마케팅을 기업에만 해당된다고 생각해왔다. 그러나 1960년대 이후 미국의 많은 비영리조직들이 경영난을 겪으면서 마케팅이론의 도입주장이 제기되었다. 비영리조직에 마케팅을 확대한 대표적인 학자인 Kotler & Levy(1969)는 일련의 논문을 통해 마케팅이 경제적인 활동을 하는 기업 이외에도 사회적인 조직체들에게 적용될 수 있으며, 사회적 문제를 해결하는 데 도움을 줄 수 있다고 강조하였다.

사회복지시설 등의 비영리조직은 영리를 추구하지 않기 때문에 조직의 성장을 위해 스스로 자원을 창출하는 데 한계를 지닐 수밖에 없다. 이에 주변으로부터 필요한 자원을 받아들이지 못하는 경우 존재할 수 없기 때문에 필요한 자원을 확보하기 위한 지식과 기술의 개발이 절실히 요구된다. 이와 같이 비영리조직의 자원은 한정되어 있는 반면, 수요는 언제나 공급을 초과하는 상태이므로 자원은 부족한 상황에 놓여있다. 제한된 자원은 비영리조직으로 하여금 '자원개발'이라는 과제를 제시하게 되며, 자원의 효율적인 관리와 사용에 대한 책임성의 문제가 제기되었다. 이에 자원을 효율적으로 개발하기 위한 비영리 마케팅의 전개가 더욱 요구되고 있는 실정이다.

Drucker(1990)는 현대사회에서 소비자의 이질성이 높아지고, 기업의 사회적 책임에 대한 요구가 확산됨에 따라 고객만족을 위한 마케팅 지향적 경영이 필수적임을 강조하였다. 특히 21세기는 비영리조직이 인류를 이끌어 나갈 것으로 전망되는데, 비영리조직의 지도자들도 이러한 준비가 필요하다. 이를 위해 사회복지시설의 관리자들도 경영마인드를 가지고 보다 훌륭한 행정적 지도력을 발휘하기 위해 끊임없이 노력해야 한다.

2. 사회복지시설의 모금방법

1) 후원자개발

일반적으로 후원사업이라 함은 선의의 자주성에 기초를 두고 있는 조직적 활동이다. 사회복지분야에서 후원자란 기부자(Donor, Sponsor, Giver 등) 등 다양한 용어로 사용되고 있다. 김운호(2004)에 의하면, 후원자란 어떤 사람들을 대변해 주거나, 보증을 서 주거나, 재정적인 뒷받침을 해주는, 즉 후견 역할을 하는 사람이라고 하였다. Tenbrunsel(1982)은 후원자를 '비영리조직에 현금, 물품, 또는 서비스를 제공하는 사람'이라고 정의하였다.

따라서 사회복지시설에서 후원자라 함은 재정적인 지원을 의미한다. 즉, 사회복지시설에서 행해지는 다양한 모금활동의 주요 고객이 바로 시설의 후원자인 것이다. 대부분 사회복지단체에서 민간재원의 필요성을 인식하고 상당한 비용과 시간을 투자하여 새로운 후원자를 확보하기 위해 노력하고 있다. 그러나 일부기관을 제외한 대부분의 경우 투자한 노력에 비해 재원확보가 활성화되지 못하고 있다. 새로운 후원자개발 이상으로 기존 후원자와 오랜 시간 동안 관계를 지속하는 것도 매우 중요하다.

(1) 후원자개발을 위한 마케팅과정

사회복지시설에서 후원자개발에 초점을 둔 마케팅과정은 첫째, 후원자개발 가능성의 분석, 둘째, 시장조사, 셋째, 마케팅 목표설정, 넷째, 시장세분화 및 표적시장 선정, 다섯째, 후원자개발 프로그램 수립, 여섯째, 마케팅실행 등으로 구성된다. 이에 후원자개발을 위한 마케팅과정을 제시하면 다음과 같다(정무성, 1998).

① 후원자개발 가능성의 분석

사회복지시설은 후원자개발에 앞서 마케팅활동을 수행하는 데 영향을 미치는 환경적인 요인을 검토할 필요가 있다. 이에 환경적인 요인은 다시 사회제도적 요인과 조직내부 환경으로 구분되며, 이러한 환경적 요인의 분석은 소위 〈표 8-1〉과 같은 SWOT(strength, weakness, opportunity, threat)분석을 통해 체계적으로 파악할 수 있다.

〈표 8-1〉 SWOT을 이용한 마케팅계획 분석

구분	조직의 강점(S) 구성원들의 업무의욕이 높음	조직의 약점(W) 신규조직이라 재정이 빈약
조직의 기회(O) 사회문제가 증가함	사회문제를 해결할 우월한 프로그램 개발	사회문제를 해결할 모금 및 후원자 확보활동 강화
조직의 위협(T) 경제난으로 재정지원 감소	조직을 유지하기 위한 수익성 있는 프로그램의 개발	조직목표에 합당한 프로그램만 존치시켜 최저예산 유지

자료: 우종모(2004: 404)

이러한 분석을 통해 조직의 직원이 일하는 환경과 자원을 파악할 수 있게 된다. 즉, 현재 우리 기관의 강점(예: 좋은 이미지)과 약점(예: 내부의 지원부족), 기회(예: 결식아동의 증가와 같은 사회적 욕구증가)와 위협(예: 경제난) 등이 무엇인지 하나씩 점검하게 된다.

전략적인 측면에서 SWOT분석의 결과를 마케팅 계획에 어떠한 방식으로 반영할 것인가가 중요하다. 후원자개발에 대한 마케팅전략이 부진한 사회복지시설에서는 담당자나 정책결정자의 직감적 판단에 의존할 수밖에 없다. 그러나 보다 정확한 예측을 위해서는 경험을 바탕으로 한 과거 실적들에 대한 정보의 분석이 필요하다.

② 시장조사

시장조사는 마케팅의 초기단계에서 이루어진다. 사회복지시설에서 시장조사는 잠재적 후원자와 그들이 원하는 바를 찾아내는 작업이라고 할 수 있다. 따라서 마케팅을 하는 기관은 시장에 관해 다음 네 가지 점을 사전에 파악하고 있어야 한다(Kinnear & Bernhardt, 1990: 101).

첫째, 상품이나 서비스에 대한 욕구가 있는가?

둘째, 욕구를 지닌 사람들이 상품이나 서비스를 사는 데 관심이나 잠재적 욕구가 있는가?

셋째, 그들이 상품을 사기 위한 돈이 있는가?

넷째, 충분한 돈을 소유한 자들이 원하는 상품이나 서비스를 위해 기꺼이 쓰고자 하는 의지가 있는가?

③ 마케팅 목표설정

마케팅의 목표를 설정하기에 앞서 기관의 목적을 살펴볼 필요가 있다. 목적은 기관의 현재의 상태와 미래의 방향을 제시해 준다. 즉, "우리가 하고 있는 일은 무엇인지?" "우리가 어디로 가야 하는지?" 등의 내용을 포함하는 기관의 선언으로서 기관의 존재이유와 사명을 소속원들에게 명확하게 인식하도록 해 준다.

목표는 마케팅기획의 초기단계에서 명확하게 규명되어야 하며, 특히 하위목표는 그 중요성의 우선순위가 제시되어야 한다. 목표는 목표자체로 완성될 수 없으며 사전조사와 목표달성을 위한 프로그램, 그리고 결과에 대한 평가가 항상 함께 있어야한다. 특히 하위목표는 구체적(specific)이고, 측정가능(measurable)하며, 달성가능(attainable)하고, 결과지향적(result-oriented)이면서, 시간적 한계(time-bounded)가 명확히 제시되어야 한다. 이들 영어의 첫 글자를 따서 'SMART' 목표라 한다. 그리고 목표에는 과정과 결과(달성여부)를 체크할 수 있는 지표(indicator)가 반드시 포함되어야 한다. 따라서 모금목표액을 설정하는 데 다음과 같은 방법을 제시할 수 있다(홍부길, 1994: 231-232).

첫째, 증액법(incremental approach)이다. 이는 조직이 작년의 수입을 참작하여 인플레이션을 상쇄할 정도를 증액시키고 나서 예상되는 경제환경에 따라 가감하여 모금액을 수정한다.

둘째, 욕구법(need approach)이다. 이는 조직이 조직의 재정적 욕구를 예측하고 그 욕구에 따라 모금목표를 설정하는 방법이다.

셋째, 기회법(opportunity approach)이다. 이는 조직이 모금비용을 상이한 수준에서 각각의 기부자 집단별로 모금할 수 있는 금액이 얼마인지 측정하여 목표를 정하는 방법이다. 이는 각 기부자의 잠재력을 고려하여 모금전략을 세우는 것으로 가장 건실한 방법이라고 할 수 있다.

④ 시장세분화와 표적시장의 선정

마케팅에서 시장세분화는 기본적으로 소비자들의 욕구가 동일하지 않다는 가정에서 출발한다. 시장을 다양한 부문으로 나누어 거기에 적합한 전략으로 마케팅을 하는 작업이 '시장 세분화(market segmentation)작업'이다. 그러나 전체시장을 하나의 시장으로 보고 마케팅활동을 할 것인지 혹은 각 세분시장별로 각각의 마케팅을 할 것인지는 기업이나 사업단위의 판단에 달려있다. 아무리 욕구가 이질적이라 할지라도 각 세분시장의 규모가 사업성을 충족시킬 수 있는 수준에 미달한다면 세분화는 불가능하다(손준상, 1998: 62).

시장세분화 작업을 통해 시장은 동질적인 범주에 따라 구분된다. 이와 같은 동질적인 부문을 파악해서 우리기관이 공략 가능하다고 판단하여 선택한 시장이 표적시장(target marketing)이다. 기관은 표적시장을 통해 거기에 알맞은 상품을 개발하며 마케팅기회를 잘 발견할 수 있다. 표적시장의 선정을 통해 가장 큰 구매관심을 지닌 구매자에게 마케팅노력을 집중시킬 수 있다. 표적시장을 선택할 때 가장 중요한 것은 선택된 표적시장에서 마케팅 활동을 수행하여 이익을 남길 수 있는가 하는 점이다.

⑤ 후원자개발 프로그램 수립

사회복지시설에서 후원자는 결연후원자, 정기후원자, 비정기후원자, 프로그램후원자 등으로 구분할 수 있다(홍부길, 1988: 210).

첫째, 결연후원은 후원자와 클라이언트를 연결하여 재정적, 정신적 지원을 하도록 하는 방식이다. 실제로 모금실적이 좋은 사회복지조직들은 모금액의 2/3를 결연후원금에 의존하고 있다.

둘째, 정기후원은 정기적(월, 분기)으로 후원금을 내는 것으로 그 방식은 결연후원과 동일하지만, 구체적인 후원대상이 정해져 있지 않은 것이 차이가 있다. 대부분의 소규모 사회복지시설에서 후원자를 개발할 때 선호하는 방식이다. 정기후원은 결연후원과는 달리 후원금액을 소액에서부터 고액까지 다양화하여 후원자들이 기부할 수 있는 폭을 넓혀주는 장점이 있다. 그러나 구체적인 후원대상이 정해져 있지 않기 때문에 후원지속률이 결연후원에 비해 떨어지는 단점이 있다.

셋째, 비정기후원은 정기후원과 성격이 비슷하나 비정기적으로 후원금을 낸다는 점에서 차이가 있다. 비정기후원자는 결연후원이나 정기후원과 같이 정기적으로 장기간에 걸쳐 후원금을 낸다는 것에 부담을 느끼는 잠재후원자를 대상으로 개발해 볼 수 있다. 대표적인 사례는 모금저금통을 만들어 배포하는 것이다. 그러나 관리상의 문제가 있어 대부분의 조직에서 크게 성공하지는 못하고 있다.

넷째, 프로그램후원은 특정사업이나 프로그램을 홍보하여 모금하는 방법이다. 최근 실직가정결식아동 돕기모금이나 실직노숙자 자립지원을 위한 모금 등이 대표적인 예이다. 프로그램후원자를 개발할 때는 특정개인의 욕구보다는 이슈가 되고 있는 사회적 문제나 욕구에 초점을 맞추는 것이 효과적이다.

⑥ 마케팅의 실행방법

후원자개발을 위한 마케팅방법에는 DM, 이벤트, 대중매체 광고, ARS, 컴퓨터 통신, CRM 등이 있다.

2) 연중모금

연중모금은 주요 기부자들과 아울러 일반적인 기부자들로 하여금 기관의 프로그램을 해마다 지원할 수 있게 한다. 여기에서 연중은 1년에 한 번을 의미하는 것은 아니고 1년 전체에 결쳐 지속적으로 모금을 진행하는 방법을 말한다. 이는 매월 일정한 금액을 후원하는 연중 소액기부나 유산의 기부, 부동산의 기부 등이 있다. 모금활동에는 우편, 전화, 이벤트 등이 포함되고 있다(사회복지사1급 기본서, 2010: 410).

(1) 다이렉트마케팅

다이렉트마케팅(DM: Direct Marketing)은 전통적인 방법으로서 후원을 요청하는 편지를 잠재적 후원자들에 발송하여 후원자를 개발하는 방식이다. DM은 불특정 다수에게 보내기보다는 표적시장을 선정하여 지역, 나이, 사회적 지위, 소득 등에 따라 대상자목록을 확보하여 보낼 때 효과를 발휘할 수 있다(Greenfield, 1991).

(2) 이벤트

이벤트는 후원의 특정 동기를 부여하기 위하여 특정 기간과 장소에서 사전계획 하에 특별한 활동을 벌이는 커뮤니케이션 과정이다. 즉, 이벤트는 전달자와 수용자가 현장에서 시각, 청각, 촉각, 후각, 미각 등 오감으로 느끼고, 커뮤니케이션을 함으로써 입체적으로 경험하고 지각하여 기억이 오래 남는 특징이 있다. 이에 후원자개발을 위한 사회복지시설의 이벤트로는 자선음악회, 모금만찬회, 전시회 등이 있다.

(3) 대중매체광고

대중매체광고는 주로 영리부문에서 사용하는 마케팅의 한 방법이다. 후원자개발을 위한 사회복지시설의 대중매체 활용은 아직 미진한 실정이나 라디오나 잡지 등을 통한 마케팅이 점차 활성화되고 있다. 특히 잡지를 통해 후원자를 개발하고자 할 경우에는 잡지의 판매부수, 독자층, 성격 등을 고려해야 한다.

(4) 자동응답시스템

자동응답시스템(ARS)은 최근에 가장 활성화되고 있는 하나의 모금방법이다. 이는 모금방송시청자들이 시스템을 통하여 전화를 걸면 통화당 일정금액의 후원금이 자동으로 전화요금에 부과되고 있다. 즉, 전화요금과 함께 기부금을 제공하도록 하는 방식이다. 특히 ARS가 성공을 거두고 있는 것은 손쉽게 적은 금액으로 부담없이 후원에 참여할 수 있는 장점이 있기 때문이다.

(5) 인터넷마케팅

인터넷마케팅은 컴퓨터통신을 활용한 후원자개발로서 점차 활성화되고 있는 방법이다. 실제로 정보화가 가장 앞선 미국에서는 컴퓨터 통신을 통한 모금과 후원자개발이 급속하게 증가하고 있다. 이에 국내통신을 통해 후원자를 개발하는 방법으로는 기관 ID를 통해 직접 후원요청하거나, 통신란의 게시판, 대화방, 동호회 등을 통해 후원요청을 할 수 있다. 또한 통신회사에 IP로 등록하여 기관홍보와 함께 후원자를 개발하는 방법도 있고, 광고비를 지불하고 후원자를 모집하거나 기부금을 요청하는 광고를 낼 수도 있다. 따라서 인터넷을 통해 홈페이지를 작성하여 기관의 홍보와 모금을 하는 경우가 늘어나고 있다(양용희 외, 1997)

(6) 명분지향마케팅

명분지향마케팅(CRM: Cause-Related Marketing)은 1980년 이후 사회복지기관을 포함한 비영리 기관들이 모금을 위해 많이 활용하는 마케팅 기법이다. 이는 미국의 American Express Card에서 처음 사용한 방법인데, 회사는 카드 속에 그려져 있는 자유의 여신상을 활용하여 판촉을 하기 위해 자유의 여신상 복원사업을 펼치는 시민단체와 연계하여 개인이 사용한 카드금액의 일정비율을 시민단체에 기부하는 방식으로 이루어졌다. 이러한 방식은 기업의 이미지를 높여주어 기업의 상품 판매에 긍정적으로 영향을 미치면서 동시에 사회복지기관의 후원자개발에도 기여하게 된다(정무성, 1998: 105).

(7) 고객관계마케팅(CRM: Customer Relationship Management Marketing)

고객관계마케팅(CRM: Customer Relationship Management Marketing)은 고객과 관련된 조직의 내 · 외부자료를 분석 및 통합하여 고객특성에 기초한 마케팅 활동을 계획하고 지원하며 평가하는 방법이다. 즉, 고객데이터를 세분화하여 신규고객을 획득하고, 우수고객을 유치하여 고객가치를 증진시킨다. 그리고 평생고객화와 같이 사이클을 통하여 고객을 적극적으로 관리하고 유도하며 고객의 가치를 극대화시킬 수 있는 전략을 통하여 마케팅을 실시한다.

제3절 사회복지시설에서의 홍보

1. 홍보의 필요성

홍보란 PR(Public Relation)로서, 즉 대중관계를 의미한다. 대중관계는 개방적인 의사소통 구조를 가지고 있으며, 공중(公衆)과 관계를 맺는다는 의미이다. 이는 서양에서 생겨난 말로서 대중홍보와 밀접한 관계가 있다. 넓은 의미로서의 PR은 마케팅에 대응하는 개념으로 이미지의 증진을 위한 제반활동을 말하며, 좁은 의미로는 언론 관련의 대응을 의미하는 퍼블리시티(publicity)의 의미로 사용되고 있다. 우리나라에서 홍보는 주로 PR의 번역어이지만 본래 의미보다는 보도자료 배포 등의 언론대응 활동을 일컫는 좁은 의미, 즉 퍼블리시티 또는 언론플레이로 사용하고 있다. 이에 사회복지시설에서의 홍보기능을 몇 가지 제시하면 다음과 같다(오두범, 1991).

첫째, 홍보자체의 기능은 사회적 위약계층의 존재와 이들의 사회적 요구를 공중과 지역조직에 알림으로써, 이들에 대한 사회적 자원을 동원하고 수혜대상자들에게 해당 사회복지시설의 목표와 특징, 기능과 사업내용 등을 공지하여 복지프로그램의 효과적인 사용을 유도하는 기능을 수행한다.

둘째, 공공교육의 기능은 어린이와 청소년, 부모, 노인 등에게 사회적 적응과 성장에 관한 정보를 제공하고, 개인과 가족 또는 사회적 위기를 예방할 수 있는 다양한 프로그램 내용을 소개하여 지역사회를 교육시킨다.

셋째, 예방의 기능은 고립되거나 역경에 처한 사람들에게 유용한 재활의 정보를 제공하고, 자조 또는 원조집단에 대한 유용한 정보와 기능의 제공 및 그들의 의욕을 고취시켜 준다.

사회복지시설에 있어서 홍보는 사회복지시설 구성원들의 홍보에 대한 이해의 확대와 공중을 대상으로 한 사회복지 역할에 관한 교육, 사회복지시설의 기능과 역할에 관한 인지도를 높이고 시설이용도의 확대 및 참여확대, 그리고 자원봉사자의 참여제고와 후원금의 확보 등을 목표로 삼고 있다(최윤희, 1995). 정무성b(2000)에 의하면, 사회복지시설은 지역주민의 생명과 생활에 대한 복리욕구를 해결하고 발전시키기 위해서 지역주민에게 복지의식을 고취시키고, 인적자원을 개발하여 개인과 지역사회의 역량강화를 이루어 스스로 문제를 이해하고 해결할 수 있도록 도와주는 데 있다.

따라서 사회복지시설은 대상자의 생계를 위해 새로운 환경을 창출할 수 있도록 도와주며, 주민들의 욕구해결과 주민들이 필요로 하는 서비스 제공이라는 목적을 달성하기 위해 홍보활동의 중요성으로 다음과 같은 네 가지 측면을 제시하고 있다.

첫째, 사회복지시설 및 이미지의 PR이다. 사회복지에 대한 사회자원의 투자가 괄목할 만큼 증대되고 사회복지서비스의 공급주체가 다원화되어 경쟁이 일어나고 있기 때문에, 사회복지시설은 지역주민에게 위치적으로 근접성을 갖고 교통이 편리해야 된다. 또한 지역주민이 심리적, 육체적으로 이용하기 편리한 시설을 갖추고 사회복지조직이 책임성을 갖고 활동하며, 시설에 대한 사회적 신뢰를 높이고 지역주민은 그들의 다양한 욕구 및 문제를 해결할 수 있다는 믿음을 갖게 되어 편안한 마음으로 찾아올 수 있는 사회복지시설로 인식될 수 있도록 홍보활동을 해야 한다(정무성, 2000).

둘째, 자원봉사자 모집의 PR이다. 자원봉사는 지역사회의 공동체 추구를 위한 노력으로 주민 모두가 주인의식을 갖고, 그 지역의 문제를 공동으로 해결하여 건강한 사회를 만들고자 하는 노력이라 할 수 있다(김한구, 1997).

셋째, 후원자 개발의 PR이다. 대부분의 사회복지시설이 운영면에서 재정적인 어려움을 안고 있어 지역사회 내 자원을 동원해야만 전문적이고 효과적인 복지사업을 원활히 수행할 수 있다.

따라서 사회복지시설은 홍보와 관련된 실무자와 책임자를 두어 해당기관의 목적과 성격에 맞는 홍보내용을 구성하여 홍보의 대상을 명확하게 하고 홍보의 목적을 분명히 할 필요가 있다. 그러나 사회복지시설은 수행하고 있는 프로그램 및 이용방법, 자원동원 및 후원자 개발 등에 대한 어려움을 겪고 있어 보다 활발한 PR활동으로 지역주민들의 적극적인 참여를 유도해야 한다.

2. 홍보과정

홍보과정은 대부분 조사, 계획, 실행, 평가 등의 네 단계를 거친다. 특히 이론에 따라 실행에 커뮤니케이션 단계를 포함시키기도 하지만, 기본적으로 네 단계의 틀을 크게 벗어나지는 않는다(사회복지사1급 기본서, 2010: 417).

1) 조사

조사(research)는 문제를 정의하는 단계로서 조직을 둘러싸고 있는 상황을 분석해야 한다. 특히 조직체의 활동에 의해 영향을 받거나 그 활동에 관심을 갖고 있는 공중의 지식, 의견, 태도, 행동 등을 조사해야 한다. 이 단계는 본질적으로 조직체가 공중에 관한 정보를 수집하는 단계이다. 즉, '지금 무슨 일이 일어나고 있는가'를 확인함으로써 문제해결 과정에서 이후 나머지 세 단계의 토대를 제공하는 단계이다.

2) 계획

계획(planning)은 프로그램 수립의 단계로서 조사단계에 수집된 정보를 토대로 조직체의 정책, 프로그램의 목적 및 목표, 공중, 활동 및 커뮤니케이션의 전략과 전술 등을 결정한다. 즉, '조직체가 상황에 대해 알고 있는 것을 토대로 무엇을 변화시키고, 어떻게 행동하고, 무엇을 말해야 할 것인가'를 결정하는 단계이다.

3) 실행

실행(action)은 행동하고 알리는 단계로서 목적과 목표를 달성하기 위해 수립된 계획과 프로그램을 활동 및 커뮤니케이션을 통해 실행하는 단계이다. 이는 '누가, 언제, 어디서, 어떻게, 이미 계획된 것을, 행동하고 말해야 하는가'를 다루는 단계이다.

4) 평가

평가(evaluation)는 PR 프로그램을 평가하는 단계로서 프로그램의 준비, 계획, 실행, 결과 등을 평가하는 단계이다. 즉, 프로그램이 어떻게 진행됐는지 혹은 현재 어떻게 진행되고 있는지에 관한 피드백을 토대로 그 프로그램이 끝난 뒤 혹은 실행되고 있는 동안에 프로그램을 조정하게 된다. 이는 평가를 통해 'PR 활동을 어떻게 하고 있는가' 또는 'PR 활동을 어떻게 했는가'를 확인하게 되면 PR 프로그램을 계속할 수도 있고 중단될 수도 있는 단계이다.

3. 홍보전략

홍보전략은 비영리시설인 사회복지시설이 무엇보다도 휴먼서비스(human service)를 제공하는 것을 목적으로 한다. 이에 후원자, 자원봉사자, 언론, 여론 지도층, 프로그램 참가자, 지역주민 등의 다양한 공중들을 상대로 어떠한 이미지를 구축하느냐가 사회복지시설의 존재에 중요한 영향을 미친다. 이러한 공중을 상대로 홍보하는 활동은 사회복지시설의 좋은 이미지 창출은 물론, 모금개발에 큰 작용을 하게 된다. 특히 KBS에서 방영한 '사랑의 리퀘스트'나 SBS의 '기아체험 24'는 대표적인 모금전략 프로그램들이라 할 수 있다.

1) 시설의 이미지창출

이미지창출은 어린이, 청소년, 장애인, 노인, 입양, 아동학대 예방사업 등 사회복지시설의 주요 프로그램에서 시설의 성격에 따라 다양하다. 따라서 어떤 프로그램을 펼치는 시설인지 이미지 구축을 확실히 해야 할 필요가 있다.

2) 모금전략 프로그램

비영리기관인 사회복지시설은 보통 후원자들의 후원금과 정부지원금으로 운영되기 때문에 예산의 측면에서 열악한 환경에 놓여 있다. 따라서 다양한 프로그램을 개발하여 공중들로 하여금 호의를 얻어야 할 필요가 있다.

3) 언론과의 연계

언론사의 사회복지 프로그램이나 특집방송이나 기사 등과 같은 기획프로그램을 연계한 마케팅 전략을 구사해야 한다. 즉, 특정신문이나 한국복지재단이 함께하는 어린이돕기 기획기사는 모금개발에 큰 영향을 미치며 효과적인 쌍방향 프로그램이라 할 수 있다.

4) 홍보대사

홍보대사는 유명 연예인이나 방송인, 기업가 등을 사회복지시설의 홍보대사로 임명하는 방법이다. 즉, 대중에게 많이 노출되어 있는 사람들을 통해 남을 돕는다는 일이 행복하게 보이는 것도 홍보의 중요한 역할이라 할 수 있다.

5) 인터넷마케팅의 강화

인터넷은 수용자의 관여도가 높다는 장점이 있다. 그리고 인터넷은 정보의 함유능력이 매우 높다. 즉, 홈페이지에 담는 정보의 양은 무제한이며, 단계적으로 제공하는 것도 가능하다는 점이다. 따라서 인터넷마케팅을 통하여 상호작용성을 높이고 장점을 적극 활용하는 방안이 강구되어야 한다.

생각해 볼 문제들

1. 사회복지시설에서 마케팅의 필요성을 요약해 보라.

2. 사회복지시설의 마케팅 구성요소를 제시해 보라.

3. 고객관계마케팅(CRM)의 개념을 정의하고 사례를 팀으로 나누어 토의해 보라.

4. 사회복지시설에서의 홍보의 필요성을 논의해 보라.

5. 사회복지시설에서의 홍보전략을 제시해 보라.

제9장 | 사회복지시설의 재정관리

사회복지재정은 하나의 목적체계로서 예산작성의 관리, 보조금신청, 급여, 세금지출, 금전장부의 항목설정 등과 관련되어 있다. 사회복지시설은 사회복지서비스를 제공하면서 대부분의 재원이 정부보조금과 후원금에 의존하고 있다. 이에 사회복지법인은 여타의 조직들보다 공공성이 매우 높다고 볼 수 있으며, 자원의 활용에 대한 도덕적 책임도 강조되고 있다. 그러므로 사회복지시설에서 재정관리는 사회복지조직의 서비스 프로그램을 운영하기 위해 매우 중요하다 할 수 있다. 따라서 본 장에서는 첫째, 사회복지시설의 재무회계, 둘째, 사회복지시설에서 재정관리의 과정, 셋째, 사회복지시설에서 재정관리의 개선방안 등을 중심으로 살펴보고자 한다.

제1절 사회복지시설의 재무회계

1. 재무회계의 정의

사회복지법인의 재무회계 규칙은 사회복지사업법 제23조 제4항 및 제45조 제2항 제1조에 '사회복지법인의 재무회계 및 후원금관리에 관한 사항을 규정하여 재무회계 및 후원금관리의 명확성, 공정성, 투명성을 기함으로써 사회복지법인의 합리적인운영에 기여함을 목적으로 한다' 라고 정의되어 있다. 사회복지법인 재무회계 규칙 제2조의 재무회계운영의 기본원칙에서는 '사회복지법인의 재무회계는 그 설립목적에 따라 건전하게 운영되어야 한다'고 정의되어 있다. 미국회계학회(American Accounting Association: AAA)의 '기초적 회계이론에 관한 보고서(A Statement of Basic Accounting Theory: ASOBAT)'에서 회계는 "정보이용자가 합리적인 판단이나 의사결정을 할 수 있도록 경제적 정보를 인식하고 측정하여 전달하는 과정이다"라고 하여 회계의 본질을 측정과 전달로 파악하고 있다.

사회복지법인의 재무회계는 사회복지법인이라는 특징을 살리면서 이해관계자 등 정보이용자에게 적절한 정보를 제공해야 한다. 사회복지사업을 적절하게 수행하는 것이 사회복지법인이라면 사회복지사업을 적절하게 수행하도록 도와주는 수단이 재무회계라 할 수 있다. 일반적 의미의 재정관리는 조직이 목표달성을 위해 필요한 재정자원을 합리적이고 계획적으로 동원하고 배분하며, 효율적으로 사용하고 관리하는 모든 과정을 의미한다. 공공부문의 재정관리는 세입창출, 분배, 지출 등으로 구분되며, 사회복지행정에서 재정관리는 기관의 목표달성을 촉진하고 법률, 전문직의 윤리 및 지역사회의 수준과 일치하는 방향에서 재원과 다른 부족한 자원을 통제하고 계획적으로 관리하는 것을 말한다.

2. 예산편성의 특징

사회복지법인의 회계는 비영리회계로서 예산회계와 기금회계로 구분하고 있다. 사회복지법인의 회계는 예산의 기초 위에 이루어지며, 예산은 당해 사회복지법인의 회계적 의사표시로 보고 있다. 모든 회계행위는 예산을 준수하여 그 범위 내에서 일방적인 소비와 지출을 하는 회계이다. 따라서 사회복지법인의 예산편성시 고려해야 할 점은 다음과 같다(박충환, 2003).

첫째, 합리적인 사업계획을 세워 예산을 편성하고 그 예산에 따라 사회복지사업을 수행해야 한다.

둘째, 사회복지사업을 수행하는 담당부서에서 책임과 권한을 가지고 그 범위 내에서 명료하게 편성해야 한다.

셋째, 시설의 자산을 보호하고 관리해야 하며, 수익사업의 영역확대로 당해 고유목적사업 수행에 필요한 자원조달에 있어 그 수익사업회계는 구분해야 한다.

넷째, 매회계연도의 소비와 지출을 계속적으로 균형있게 집행할 수 있도록 자원을 조달하고 그 예산을 준수하여 관리 · 운영하여야 한다.

사회복지법인의 회계는 명확성이 중요하다. 그러나 사회복지사업법 제23조에 의해 제정된 사회복지법인 재무회계규칙은 회계전문가에 의해 제정된 체계적인 규정으로 보기에는 한계가 있다. 예컨대, 사회복지법인 재무회계규칙은 구체적인 회계 및 재무보고 기준을 각 조직의 재량에 위임하고 있어 회계에 관한 지식이 부족한 실무자들은 물론, 심지어 회계전문가들조차도 어떻게 회계처리하고 보고하는 것이 바람직한 것인지 혼란스러워 하고 있다. 따라서 전문가 또는 실무자마다 주장하는 바가 달라 동일한 사회복지법인이라 할지라도 실무담당자나 외부조력자가 바뀔 때마다 사회복지법인 회계시스템이 달라지는 문제도 나타나고 있다(이만우 · 노준화, 2005).

사회복지법인 재무회계규칙의 제23조에 의하면, 사회복지법인의 회계는 단식부기에 의하는 것으로 규정하고 있다. 대부분의 사회복지법인 회계형태는 예산에 기초한 회계와 단식부기이면서 현금주의 회계시스템으로 구분하고 있다. 즉, 단식부기는 현금의 입금과 출금을 중심으로 기록하는 방식으로 수입 · 지출과 자산부채를 별도로 기록하게 된다. 예컨대, 수입이나 지출이 발생할 시 이에 대한 사실만을 기록하는데, 이는 금전출납부방식으로 수입 · 지출과 동시에 발생하는 자산부채의 변동에 대해서 별도의 명세서를 통하여 기록하게 된다. 이는 수입 · 지출과 자산부채의 변동에 대한 연계성이 전혀 이뤄지지 않는 단점이 있다.

따라서 사회복지법인이 회계책임을 제대로 수행하기 위해서는 현재와 같이 현금주의 회계 인식과 단식부기 방법에 의한 기장방법이 혼용되고 있는 초보단계에서 발생주의 도입 및 복식부기에 의한 기장방법으로 발전해야 한다. 최근에 정부와 지방자치단체를 비롯한 대부분의 비영리조직체가 복식부기를 도입하고 있는 흐름 속에 사회복지법인의 모든 재무보고가 복식부기 제도로 전환이 대두되고 있다. 사회복지법인 회계와 다른 비영리조직 회계의 공통점과 차이점을 제시하면 다음과 같다(박충환, 2003).

첫째, 공통점은 ① 공공성과 사회성에 기초하여 일방적으로 소비 · 지출하는 비영리회계이다. ② 비영리회계로서 사적 소유에 속하는 지분이 있을 수 없다. 그러므로 시설의 자산, 부채, 기금 등은 모두 당해 시설의 실체에 귀속된다. ③ 사적 소유에 속하는 지분이 없으므로 지분의 매매, 교환, 상속 등이 이루어질 수 없으며, 배당, 잔여재산의 분배, 기타 재산상의 편익을 어느 누구도 기대할 수 없다. ④ 당해 사회복지사업을 영속적으로 수행할 수 있도록 회계시스템을 통하여 복지사업을 촉진하게 하고, 유용한 회계정보의 생산과 제공으로 사회적, 공공적인 효과를 달성하게 하는 비영리회계이다.

둘째, 차이점은 ① 노인, 아동, 부녀자 및 심신장애자 등 사회적 취약계층과 사회경제적 여건의 변화로 파생된 소외계층을 부양, 양육, 교육, 의료재활, 직업보도, 고충상담 등을 통해 그들의 복지를 증진하는 회계이다. ② 사회복지사업과 관련된 사회복지시설의 의사결정을 위하여 유용한 정보를 제공하는 회계이다. ③ 개인, 사회단체, 정부 등으로부터 경제적 자원의 사용과 관리를 위탁받은 사회복지경영자가 자원을 위탁한 개인, 사회단체, 정부 등에 대하여 책임수행의 보고를 하는 회계이다.

이상에서 사회복지법인은 영리를 추구하지 않는다는 점에서 다른 비영리기관과 동일하다. 즉, 사회복지서비스의 제공을 운영목적으로 한다는 점과 정부, 기업, 개인 등의 보조나 기부, 기증에 의해 운영에 필요한 자원을 조달한다는 점에서, 학교, 병원, 종교단체 등과 같은 다른 기관에 비해 비영리적 성격이 더욱 강하다는 것이다. 이러한 사회복지법인의 공공적 성격과 자원조달의 성격은 수탁책임의 이행을 강조하게 된다. 특히 국가 또는 지방자치단체의 보조를 받을 경우, 이는 국민의 납세에 의한 것이므로 관련 법규에 의한 수탁자원의 관리와 책임의 이행에 관한 보고가 중시되며 대외적인 공개의무가 강조되는 추세이다.

제2절 사회복지시설에서 재정관리의 과정

사회복지조직의 재정관리와 관계되는 요소는 지출에 관계되는 재정계획 활동과 기금조성에 관계되는 활동, 이용가능한 자원의 분배와 할당, 지출조정에 대한 관심, 재정적 책임 등이 있다. 사회복지시설에서 재정관리의 과정은 예산수립, 예산집행, 결산회계, 감사 등으로 볼 수 있다.

1. 예산수립

1) 예산수립의 정의

예산이란 어떤 독립적인 실체의 장래 일정기간 동안 계획된 지출과 지출을 위한 자금조달 계획의 서술을 말한다. 일반적으로 예산은 다음 1년간의 재정계획으로서 다음 1년간의 조직의 목표를 금전적으로 표시한 것이며, 1년 동안 재정활동의 감시장치를 제공하는 것이 된다. 이에 예산의 성공과 실패는 조직관리자와 직원의 관여에 달려있으므로, 기관장과 모든 직원은 시설의 자원개발에 협조해야 하고 예산의 효율적 운영을 유지하도록 도와야 한다.

사회복지시설에서 예산수립은 예산총계주의 원칙하에 편성하며, 1회계 연도의 모든 수입은 세입으로 하고, 모든 지출은 세출로 하되 세입과 세출은 모두 예산에 계정되어야 한다. 예산수립 절차는 사회복지법인 재무회계규칙 제2장 제1절 제10조 예산의 편성 및 결정절차를 따른다(보건복지부, 2011). ① 법인의 대표이사는 제6조에 따른 회계별 예산을 편성하여 이사회의 의결을 거쳐 확정하고, 이를 매 회계연도 개시 5일 전까지 관할 시장, 군수, 구청장에게 제출하여야 한다. ② 제1항에 따라 예산을 편성할 경우 법인회계와 시설회계의 예산은 별표1 내지 별표4에 따른 세입 · 세출예산 과목구분에 따라 편성해야 한다.

그리고 다음 각 호의 시설은 별표5 및 별표6에 따른 세입 · 세출 예산과목 구분에 따라 편성한다. ① 사회복지사업법 제2조 제3호 2에 따른 사회복지관, ② 노인복지법 제36조 제1항 제1호에 따른 노인복지관. ③ 장애인복지법 제58조 제1항 제2호에 따른 장애인복지관, ④ 그 밖에 보건복지가족부 장관이 정하여 고시하는 시설, ⑤ 시장, 군수, 구청장은 제1항의 규정에 의하여 예산을 제출받은 때에는 20일 이내에 법인과 시설의 회계별 세입 · 세출 예산개요를 시 · 군 · 구의 게시판과 인터넷 홈페이지에 20일 이상 공고하고, 법인의 대표이사로 하여금 당해법인과 시설의 게시판과 인터넷 홈페이지에 20일 이상 공고하도록 해야 한다. ⑥ 제3항에 따른 공고는 신문 등의 자유와 기능보장에 관한 법률 제2조 제1호에 따른 신문 또는 잡지 등 정기간행물의 진흥에 관한 법률. 제2조 제1호에 따른 정기간행물에 게재하는 것으로 갈음할 수 있다.

법인회계의 예산에는 ① 예산총칙, ② 세입 · 세출명세서, ③ 추정대차대조표, ④ 추정수지계산서, ⑤ 임직원 보수일람표, ⑥ 당해 예산을 의결한 이사회 회의록 사본 등을 첨부해야 한다. 그리고 시설회계의 예산에는 위의 ① 예산총칙, ② 세입 · 세출명세서, ⑤ 임직원 보수일람표 ⑥ 당해 예산을 의결한 이사회 회의록 사본을 첨부해야 한다.

2) 예산편성의 과정

스키드모어(Skidmore)는 사회복지시설의 예산편성 과정을 다음의 여섯 단계로 나누어 제시하고 있다(사회복지사1급 기본서, 2010: 250).

(1) 조직의 목표설정

조직의 목표설정은 단기적이고 관찰과 측정이 가능하며, 구체적인 세부목표를 장기적인 목표와 부합하는지 검토하여 수립한다.

(2) 기관운영의 사실확인

기관운영의 사실확인은 과거와 현재 기관운영에 관하여 이용할 수 있는 기본적인 정보를 입수하고 연구하는 과정이다. 조직의 운영에 관해 이용할 수 있는 자료, 즉 부서별, 개인별 업무내용과 프로그램실적, 프로그램평가, 조직 내외의 가용자원, 재정현황 등이 기본적인 정보가 될 수 있다.

(3) 운영대안의 검토

운영대안의 검토는 회계연도 내에 가능한 재원을 활용하는 여러 가지 대안을 체크한다.

(4) 우선순위의 결정

우선순위의 결정은 조직의 목표와 효과성, 효율성, 시급성, 재정의 가용성 등 기존의 운영방법과 새로 설정된 운영방법을 비교하여 우선순위를 결정하고, 이 과정에서 어느것이 기관의 정책 및 목표와 일치하는가를 살펴본다.

(5) 예산의 최종결정

예산의 최종결정은 전체 기관과 기관 내에서 활동하는 개인들의 잠재력과 요구를 고려하여 부서들의 요구를 조정하여 최종적인 결정을 내린다.

(6) 적절한 해석과 홍보

예산안이 최종적으로 확정되면 민간기관의 경우 이사회, 정부기관의 경우 예산담당 부서에 제시하여 예산청구의 필요성을 합리적으로 설명하고 홍보하여 최종적인 예산승인을 얻는다.

3) 예산수립의 모형

예산수립에서 무엇을 가장 중요한 요소로 삼느냐에 따라 예산모형을 결정할 수 있다. 예산체계는 항목(품목)별, 성과주의, 계획, 영기준 등으로 나누며 두 가지 이상의 모형이 적용되는 경우가 많다.

(1) 항목별예산

항목별 예산은 품목별 예산(LIB : Line-Item Budget)이라고도 한다. 이는 가장 오래되고 전통적이며 일반화된 예산체계로서 구체적인 대상품목을 목적이나 이유가 아닌 그 자체로 본다는 것에 목적이 있다. 즉, 구입하고자 하는 품목을 물품, 서비스별로 편성하는 예산을 말한다. 그리고 전년도 예산을 주요근거로 하여 일정한 양만큼 증가시킨다는 점과 회계계정에 따라 구입품목별로 편성한다는 점이 있다. 또한 그 자체로서 통제적 기능이 강하고 회계담당자에게 업무가 유리한 예산체계라는 특징이 있다.

항목별 예산은 지출근거가 명확하므로 예산통제에 효과적이며 회계에 용이하다는 장점이 있으나, 이에 반해 단점이 많은 예산체계이다. 즉, ① 전년도 예산을 근거로 하여 일정한 양만큼 증가시켜 나가는 것이기 때문에 점진주의적 특성을 가지고 있어 예산의 증감을 신축성 있게 할 수가 없다. ② 예산증대의 근거가 사업의 특성과 평가에서 나오지 못하고 전반적인 인상률에 적용하기 때문에 타당한 근거가 제시되지 못한다. ③ 사업내용을 알기 어렵고 결과나 목표달성에 대한 고려가 부족하며 효율성이 무시된다는 점을 들 수 있다.

〈표 9-1〉 항목별예산

품목 번호	품 목	금년도 예산
100	1. 인건비	18,790,000
101	기본급	10,580,000
102	수당	1,320,000
103	비정규직보수	6,890,000
200	2. 물건비	32,670,000
201	관서운영비	4,402,000
202	여비	5,000,000
203	특수활동비	9,000,000
204	업무추진비	3,240,000
205	복리후생비	4,560,000
206	용역비	2,120,000
207	시험연구비	3,278,000
208	저장품매입비	1,070,000

(2) 성과주의예산

성과주의예산(PB : Performance Budget)은 기능주의, 사업예산이라고도 한다. 이는 예산활동을 기능별 또는 사업별로 구분한 후, 이를 다시 세부사업으로 나누어 각 사업의 단위원가와 업무량을 계산해 편성하는 과정중심의 예산이다. 성과주의예산은 장기적 계획을 고려하지 않고 효율성을 중시하며, 관리기능이 강하며 관리자에게 유리한 계산을 할 수 있게 해주고, 단위의 원가를 계산하고 여기에 업무량을 곱하여 계산한 값이 예산액이라는 결과가 특징이다.

성과주의예산은 목표와 사업을 분명히 이해할 수 있고 자금분배를 합리적으로 할 수 있으며, 사업별 통제가 가능하며 사업의 효율성을 기할 수 있다는 장점이 있다. 반면 예산통제가 어렵고 비용산출의 단위설정과 비용책정이 어려워서, 효과성이 무시되며, 사업 단위를 정하는 것과 비용계산이 용이하지 못하다는 단점이 있다.

〈표 9-2〉 성과주의예산

업무활동	업무측정단위	단위원가
여론조사	가구수(1,000)	가구당 2만원
세균조사	조사횟수(100)	조사당 10만원
소독실시	소독횟수(120)	소독당 50만원

업무활동	업무량 × 단위원가	예산액수
여론조사	1,000 × 2만원	2,000만원
세균조사	100 × 10만원	1,000만원
소독실시	120회 × 50만원	6,000만원
		합계 9,000만원

(3) 계획예산

계획예산(PPBS : Planning-Programming-Budgeting System)은 1954년 미국의 Rand 연구소에서 처음으로 개발한 예산제도이다. 이는 목표달성을 위한 장기적 기본계획을 수립하고 기본계획을 연차적으로 실행하기 위하여 사업별로 편성하는 예산을 의미하며 산출중심의 예산이라고도 한다. 특징으로는 장기적 계획과 단기적 예산편성을 구체적인 사업실행계획을 통하여 유기적으로 연결하고 있다. 즉, 장기적 계획을 전제로 하며 목표를 분명히 하고 목표달성을 강조한다. 계획기능이 강하며 계획자에게 유리한 예산이라는 점이 특징이다.

계획예산은 목표와 사업을 이해하기 쉽게 되어 있으며, 자금분배가 합리적이고 장기적인 사업계획에 신뢰할 수 있어 사업계획과 예산수립의 괴리를 막을 수 있다. 그리고 사업의 효과성을 높일 수 있다는 점이 계획예산의 장점이며, 반면 단점은 목표설정이 어려우며 결과에만 치중하고 과정이 무시되고 권력과 의사결정이 중앙집중화 될 경향이 있다.

〈표 9-3〉 계획예산

	대안 A	대안 B	대안 C
편익	9,000억	12,000억	11,000억
비용	5,000억	11,000억	13,000억
순편익	4,000억	1,000억	-2,000억

(4) 영기준예산

영기준예산은 전년도 예산을 전혀 고려하지 않고 영(zero)에서 출발하여 업무계획을 수립하고 채택된 프로그램만 예산을 편성하고 신규사업의 정당성을 매년 새로 마련하여 우선순위를 정해서 편성하는 예산체계이다. 특징으로는 목표달성을 위한 다양한 사업과 매년 사업목표, 수행능력을 새로 고려하는 예산제도라는 점이 있다. 즉, 사업의 비교평가에 기초의사결정 기능이 강하고 소비자에게 유리한 예산이다.

예산절약과 사업의 쇄신에 기여, 관리에 참여를 확대, 재정운영과 자금배분의 탄력성, 자금배분의 합리화, 사업의 효율성과 효과성의 증대 등이 영기준예산의 장점이다. 단점으로는 효과적인 의사소통과 의사결정, 사업평가에 대한 관리자의 훈련이 필요하다는 점이 있다. 다른 측면에서는 정치적, 심리적 요인이 무시되며 장기계획에 의한 사업수행이 곤란하다는 점도 있다. 특히 우선순위가 높은 다른 사업의 예산을 위해 현존 사업을 중단해야 하는지에 대한 고려사항은 취약점이라 할 수 있다.

〈표 9-4〉 영기준예산

	사회복지프로그램	투자액	우선순위(중요도)	채택여부
청소년 복지	청소년증발급	30억	1위	○
	청소년문제보호	25억	5위	○
	청소년성보호	20억	6위	×
노인 복지	노인일자리창출	15억	2위	○
	노인보호	15억	7위	×
	노인의료지원	10억	9위	×
장애인 복지	장애인기초수급혜택	15억	8위	×
	장애인카드지급	10억	3위	○
	장애인세금감면	25억	4위	○

2. 예산집행

예산안이 통과되면 예산의 기능은 자원을 확보하기 위한 수단에서 조직의 목적을 달성하기 위한 업무진행을 지원하는 수단으로 변화된다. 예산의 집행은 수입 · 지출에 관한 관리나 통제뿐만 아니라, 회계통제, 산출통제, 관리행위 통제의 의미가 있다.

1) 예산집행의 원칙

- 개별성의 원칙 : 개별기관 그 자체의 조건에 맞게 고안되어야 한다.
- 강제성의 원칙 : 강제성을 띄는 어떤 명시적인 규정이 있어야 한다.
- 예외성의 원칙 : 예외상황을 고려하고 상황에 적용되는 다른 규칙도 명시되어야 한다.
- 보고성의 원칙 : 재정활동에 대한 보고가 이루어져야 한다.
- 개정성의 원칙 : 일정한 기간이 지난 후에는 규칙을 새로 개정할 수 있어야 한다.
- 효율성의 원칙 : 시간과 비용을 고려해 최소화 할 수 있는 정도에서 해결해야 한다.
- 의미성의 원칙 : 규칙, 기준, 의사소통, 계약 등이 이해될 수 있도록 해야 한다.
- 환류성의 원칙 : 여러 부작용 등의 개정과 개선의 여지가 있어야 한다.
- 생산성의 원칙 : 생산성의 장애와 갈등이 발생하지 않도록 유의하여야 한다.

2) 수입과 지출

(1) 수입

수입은 정부회계의 경우 모든 세입예산을 의미하는데 주로 세금이다. 기획재정부 장관이 주로 총괄하지만 세입징수관을 지정해 세입징수 사무를 위임할 수 있다. 사회복지시설의 경우, 정부보조금, 법인수입, 지원보조금, 기탁금, 일시차입금, 은행이자 등의 수입이 있으며, 법인 대표이사와 시설장이 관리하는데 관련 사무직원에게 위임이 가능하다. 수입에는 청구사무와 수납사무가 있는데, 청구사무는 사회복지시설이 채권자로서 청구권을 행사할 경우 품의서 및 수입결의서를 작성하여 청구행위를 하는 방식을 말한다. 수납사무는 채무자로부터 수입금을 현금으로 영수하는 사무를 말하며, 금액을 확인하고 영수증을 발급한 후 수납한 현금을 처리하는 방식을 말한다.

(2) 지출

지출은 재무이행에 있어서 최종행위인 현금의 지급을 의미하며 정부회계의 경우 수표발행을 뜻한다. 사회복지시설의 경우에는 지출결의서를 작성하여 최고책임자 내지 상급기관의 결재를 받아야 한다. 즉, 법인 대표이사와 시설장 및 위임을 받은 자가 행할 수 있으며, 지출결의서에 의하여 금전을 지출할 때에는 세금계산서, 간이세금계산서, 영수증 등을 교부받아야 한다. 지출에는 지출결정사무와 지불사무가 있는데, 지출결정사무는 채무에 관한 지출행위를 하고자 할 때 지출결의서를 작성하여 지출을 결정하는 방식을 말한다. 지불사무는 지출결정행위가 끝나면, 이에 기초하여 지불행위를 현금이나 수표로 지불하는 방식을 말한다.

3) 정부보조금

정부보조금은 사회복지증진에 대한 국가책임으로서 민간법인에 대한 보조금의 형태로 이루어지고 있다. 또한 사회복지법인의 경우에도 자체재정이 빈약한 상황에서 운영비의 대부분을 국가보조금에 의존하고 있는 상황이다. 보조금 지급대상으로는 사회복지법인, 사회복지사업을 수행하는 비영리법인, 사회복지시설, 보호대상자를 수용하거나 보육 · 상담 및 자립지원을 하기 위하여 사회복지시설을 설치 및 운영하는 개인 등이 지급대상이 된다. 원칙적으로 보조금은 사업목적 이외에는 사용하지 못하지만, 예산집행에 탄력성을 부여하고 사업계획이나 여건변동에 따른 집행의 효율화를 기하기 위하여 예산의 목간전용과 세출예산의 이월이라는 제도를 인정하고 있다.

국가 또는 지방자치단체가 이미 교부한 보조금이라도 부정한 방법으로 보조금의 교부를 받은 때, 보조금을 사업목적 이외의 용도로 사용한 때, 법인이 사회복지사업법 또는 사회복지사업법시행령을 위반한 때에는 전부 또는 일부의 반환을 명할 수 있다.

3. 결산

결산은 일정기간이 경과한 시점의 재정상태, 경영성과를 파악하고 재무상태의 변동을 밝히기 위해 장부마감과 결산서를 작성하는 절차를 말한다. 즉, 예산집행의 마무리 단계로서 투명성, 흑자와 적자를 확인하여 다음 해에 반영토록 하는 목적에서 결산은 꼭 필요하다. 이에 결산과정은 ① 결산보고서 작성, ② 이사회의 의결을 거침, ③ 다음연도 3월 31일까지 시장, 군수, 구청장에게 제출, ④ 20일 이내에 법인과 시설의 수입 및 사용내용 개요에 대한 사항을 게시판에 20일 이상 공고, ⑤ 법인의 대표이사로 하여금 당해 법인과 시설의 게시판에 20일 이상 공고하도록 한다.

4. 회계와 감사

1) 목적에 따른 분류

(1) 재무회계

재무회계는 내부 및 외부 정보이용자의 경제적 의사결정에 유용하도록 일정기간 동안의 수입과 지출사항을 측정해 보고하는 것을 말한다. 즉, 거래자료기록, 시간표작성, 분개작성, 결산 등을 주요 내용으로 한다.

(2) 관리회계

관리회계는 행정책임자가 행정적 의사결정을 하는 데 필요하도록 재정관계 자료를 정리하는 것을 말한다. 즉, 예산단위의 비용을 계산하여 예산의 실행성과를 분석하는 것을 주요 내용으로 한다.

〈표 9-5〉 재무회계와 관리회계의 비교

항 목	재무회계	관리회계
정보이용자	외부 이해관계자	내부 의사결정자
정보내용	재무상태, 경영성과, 현금흐름의 변동	관리적 의사결정과 통제에 유용한 정보 모두
거래의 성격	과거의 거래	미래 상황에 대한 예측
작성기준	일반적으로 인정된 회계원칙	의사결정에 필요한 합리성

2) 주요 회계활동

(1) 기록업무

기록업무는 수입과 지출에 관한 다양한 기록장부를 마련하고, 회계원칙에 따라 장부에 기록하는 것을 의미한다.

(2) 정리업무

정리업무는 각종 기록사항을 월별 혹은 분기별로 주기적인 종결을 통해 정리하는 업무를 의미한다.

(3) 재정보고서 작성

재정보고서 작성은 재정상태를 정기적으로 파악하기 위하여 월별, 분기별로 재정보고서 작성 후 시설내부 및 이사회에 보고한다. 연말에도 대차대조표(1년 동안 수입지출 현황을 파악할 수 있는 표) 등을 포함한 보고서를 작성한다.

3) 회계감사

(1) 회계감사의 절차

회계감사의 절차는 재정기록의 정확성과 표준화된 양식을 얼마나 잘 지켰느냐에 주요 관심사를 둔다. 예산집행의 정확성과 효율성을 위해 회계감사는 꼭 필요하다. 즉, 예산뿐만 아니라 프로그램의 능률성과 효과성을 검증하는 것도 대상으로 할 수 있다. 또한 매년 1회 이상 정기검사를 실시해야 한다. 특히 업무진행에 관하여 부정 또는 불미한 점이 있을 때는 물론, 이외에도 감사보고서를 작성하여 당해 법인의 이사회에 보고해야 한다.

(2) 회계감사의 종류

① 규정회계감사

규정회계감사는 시설의 재정운영이 적절한 절차에 따라 시행되었는지, 재정이나 다른 보고서들이 적절하게 구비되었는지, 조직에 적용된 규칙은 잘 준수하고 있는지 등을 확인하는 과정이다. 주로 품목별 예산형식에서 각 항목별로 지출이 바른가를 요구하는 방식으로 사용한다.

② 운영회계감사

운영회계감사는 예산과 관련해 바람직한 프로그램 운영의 산출여부, 조직목표를 달성하는 데 있어서 효과성과 능률성 등의 문제에 관심을 갖는 감사를 의미한다.

③ 내부감사

내부감사는 조직의 예산과 관련된 모든 사항을 최고행정책임자와 같은 조직내부의 관리자가 감사를 한다.

④ 외부감사

외부감사는 조직의 예산과 관련된 모든 사항을 정부의 감독관이나 공인회계사가 감사를 한다.

⑤ 정부기관의 감사

정부기관에 대한 감사는 정부의 감독관인 감사원이 실시한다.

⑥ 법인의 감사

법인의 감사는 법인 또는 외부의 회계기관 또는 감독관청이 실시한다.

⑦ 사회복지시설의 감사

사회복지시설에 대한 감사는 당해 법인, 외부회계기관 및 감독관청 등이 실시한다.

4) 사회복지법인의 회계와 장부

(1) 회계의 방법

회계방법은 단식부기에 의하고 있다. 단 법인회계와 수익사업회계에 있어서는 필요할 경우 복식부기에 의하기도 한다.

(2) 장부의 종류

장부는 일정기간 동안 현금의 입출금을 기록한 현금출납부, 분개작성을 마친 후 합계, 잔액시산표를 작성하기 위해 자산, 부채, 자본, 수익, 비용에 속하는 모든 계정을 기록한 총계정원장, 총계원정장보조부, 재산대장, 비품관리대장, 소모품대장 등이 있다.

5) 후원금의 관리

후원금은 사회복지법인과 법인이 설치 및 운영하는 사회복지시설에서 후원금영수증을 남발하는 경우가 있다. 이에 법인자체의 계좌 등을 이용한 모금으로 인해 후원금의 모금, 결과보고에서 투명성이 확실치 않아 회계규칙을 개정해 후원금관리를 개선하고 있다. 즉, 후원금을 받을 시 시장, 군수, 구청장이 일련번호를 부여한 후원금영수증을 발급해야 하며, 계좌입금을 통한 모금은 법인명의의 후원금전용 계좌를 사용해야 한다. 특히 후원금의 수입 및 사용결과를 시장, 군수, 구청장에게 보고하고 그 내역을 인터넷 등에 공개해야 한다.

제3절 사회복지시설에서 재정관리의 개선방안

1. 재원의 합리화

정부의 재정지원은 현실적인 산출근거에 따라 재조정되어 시설운영비에 대한 보조가 현실화되어야 하고, 합리적으로 지원함으로써 시설의 자체부담 확보에 따른 문제점을 조속히 해결해야 한다. 그리고 시설의 재정능력 향상을 위하여 수익사업관리 등에 대한 법적 혜택 및 관민협동의 복지재정 마련을 위한 모금활동 등이 적극적으로 이루어져야 한다.

2. 정부지원의 확대

사회복지시설은 정부보조금에 전적으로 의존하고 있는 상황에서 재정악화가 심각한 것이 사실이다. 따라서 정부는 사회복지시설 재원의 확충과 더불어 지원금배분의 원칙을 새롭게 정립해야 한다. 그리고 시설운영비 및 시설종사자 인건비에 대해 정부지원의 평등하고 합리적인 배분이 있어야 한다.

3. 민간자원의 동원

사회복지시설의 재원확보를 위해서는 민간자원의 동원이 활성화되어야 한다. 현재 각 시설별, 목적사업별로 전개되고 있는 민간지원금 모금방안을 광역자치단체별 공동모금의 형태로 체계화 해야 한다. 즉, 민간자원의 동원을 활성화함으로써 시설별, 지역별 민간지원금의 격차를 어느 정도 해소할 수 있을 것으로 본다. 그리고 민간지원금의 모금과 사용내역을 공개하여 사회복지시설의 운영에 있어서 재정운영의 합리화를 도모해야 한다(박용순 외, 2010: 220-221).

생각해 볼 문제들

1. 사회복지시설에서의 예산 개념을 정의해 보라.

2. 사회복지시설의 재정관리 과정 중 예산편성에 대해 설명해 보라.

3. 사회복지시설에서의 예산의 유형 4가지를 요약해 보라.

4. 사회복지시설의 회계와 감사기능을 설명해 보라.

5. 사회복지시설에서 재정관리의 개선방안을 제시해 보라.

제10장 | 사회복지시설과 평가

지역사회주민들의 복지욕구는 날로 증대되고 있으며 한정된 자원을 통한 자원의 효율적 배분 및 활용이 중요한 관심사가 되고 있다. 이를 실천하는 사회복지시설의 운영에 대한 포괄적인 책임성과 효율성, 서비스의 제공 등에 대한 평가시스템의 필요성이 제기되고 있다. 지난 1998년 개정된 사회복지사업법에 근거하여 매 3년에 1회 이상 사회복지시설에 대한 평가를 실시하고 있다. 이는 사회복지시설 평가제도가 사회복지에 대한 새로운 변화와 전문직으로서 새로운 패러다임을 형성하고 복지욕구를 반영하는 데 중요한 의미를 지니고 있다는 것을 보여준다. 따라서 본 장에서는 첫째, 사회복지시설 평가의 개념 및 필요성, 둘째, 사회복지시설 평가의 원리, 셋째, 사회복지시설의 평가영역 및 내용, 넷째, 평가지표사례, 다섯째, 사회복지시설의 평가과제 등을 중심으로 살펴보고자 한다.

제1절 사회복지시설 평가의 개념

1. 사회복지시설 평가의 정의

평가(evaluation)라는 말은 평가조사(evaluation research)의 줄인 말로서 평가조사는 사회조사(social research)의 한 유형을 의미하며, 사물 또는 그 속성에 대한 가치판단을 의미한다. Rossi & Freeman(1993)은 사회복지에서의 평가란 사회복지기관 혹은 기관의 계획, 수행, 활용 등 포괄적인 활동들을 체계적으로 판단하는 것으로 정의했으며, Weiss(1998)는 평가란 책무성있는 조직관리와 효과적이며 효율적인 도구로 인식되어, 평가가 지니는 다양성과 기능상의 가능성 때문에 정책결정자와 전문가집단, 그리고 클라이언트는 평가에 대해 긍정적인 기대를 갖도록 한다고 주장하였다.

Weiss는 평가의 정의를 5가지 요소로 설명하고 있는데, ① 체계적인 사정으로 평가과정 자체를 조사함에 강조를 둔 것이고, ② 조사에 초점을 둔 것이고, ③ 프로그램의 진행과 결과에 초점을 둔 것이고, ④ 비교하기 위한 표준가이드로서 프로그램의 과정과 결과를 토대로 어떤 기대치(지표)를 가지고 프로그램을 비교하여 장점을 사정하는 것이며, ⑤ 프로그램과 정책의 개선을 위하여 조력하여야 하는 것에 초점을 두고 있다. 이에 평가는 실천기술이고 더 좋은 프로그램을 위한 자원배분이며 더 좋은 프로그램을 디자인하기 위해 지원하는 것이라 할 수 있다.

이상에서 종합적으로 정의해 보면, 평가란 행정관리의 수단, 서비스욕구를 가지고 있는 대상에게 정확하게 서비스가 전달되는지, 적절한 서비스인지, 효과적 혹은 효율적인지 등에 대해 평가하는 것을 의미한다. 따라서 사회복지시설 평가는 시설의 현재의 문제점을 발견하고 문제발생을 예방하고, 일정수준 이상의 서비스수준을 유지하며, 사회복지시설의 자발적인 노력을 하도록 하는 데 있다. 그리고 사회복지조직은 그들의 서비스를 필요로 하는 이용자들의 욕구를 충족시키기 위해 존재하므로 평가는 가치지향적이며 근본적으로 서비스전달의 질을 향상시키는 것을 목적으로 하고 있다(전재일 · 이성의, 1999).

2. 사회복지시설 평가의 필요성

사회복지시설은 1921년 태화여자관을 선두로 설립되기 시작하였으며, 1989년 대통령 공약사업으로 추진된 임대아파트 내의 사회복지관의 의무설치가 시발점이 되어 우후죽순으로 설립되기 시작하였다. 이러한 사회복지시설들은 민간이 선두가 되어 공공복지의 사각지대에 있는 저소득계층의 주민들을 대상으로 각종 복지서비스를 제공하였다. 그러나 지역주민들의 복지후생증진에도 크게 이바지하였으나, 많은 사회복지시설들의 설립으로 인해 정부와 지자체의 보조금이 지원되는 모든 시설들에 대한 관리차원에서 관리방안 모색이 필요하게 되었다.

1998년 개정된 사회복지사업 및 동법 시행령과 동법 시행규칙에 따라 법적인 근거를 마련하여 새로운 사회복지패러다임이 전환되었다. 즉, 인권중시의 측면으로 기존의 공급자 중심에서 수요자 중심으로 복지서비스가 전환되고, 사회복지시설의 투명성과 효율성, 효과성, 서비스의 질 향상 등을 위하여 정부와 지방자치단체에서 전국의 사회복지시설을 대상으로 3년마다 1회의 평가를 받도록 제도화하였다(한국사회복지학회, 1998). 이러한 현실에서 1999년 대통령의 8 · 15축사를 통해 '생산적 복지'라는 용어로 전 국민의 기초생활을 보장하고 일할 수 있는 국민들에게 근로연계복지(market workfare)정책을 적극적으로 추진하게 되었다.

이러한 각종 제도를 효율적으로 연계하고 운용하자는 취지로 발단이 되어 사회복지시설에도 이용자와 거주자의 인권을 보장하고 서비스의 양과 질을 제고하면서, 시설의 운영을 효율적으로 개선하기 위한 제도적 수단으로 시설평가제의 도입이 본격적으로 논의되었다(변재관 외, 2000). 따라서 전반적으로 학자들의 논의가 진행된 가운데 사회복지시설 평가제도의 도입배경을 정리하여 다음 다섯가지로 분류할 수 있다(변재관 외, 2000; 김통원 · 박세경, 2004;

경기도사회복지관협회, 2006).

첫째, 사회복지서비스 분야의 양적인 팽창이 사회복지시설에 대한 복지평가대상으로 자연스럽게 책임감에 대한 검증을 요구하게 되었다.

둘째, 사회복지에 대한 개입활동의 효과성이 검증되어야 한다는 압력으로 막대한 사회복지자원(예산과 인력)이 투입됨에 따라 목적에 따른 원래의 목적사업을 달성하였는지 이것이 최선의 선택이었는지를 검증받게 되었다.

셋째, 효율적인 사회복지시설 운영에 대한 요구로서 정부에서 지원하는 한정된 자원으로 어떻게 사회복지사업이 추진되고 있는지에 대한 질문이 제기되었다. 국가의 IMF 경제위기 이후 '생산적 복지'라는 캐치프레이즈를 가지고 지속적으로 증가된 예산에 대한 효율성 검증이 대두되어 경제위기의 극복을 위한 민간부문이나 공공부문에 대한 구조조정의 필요성이 개선방향과도 연계되었다.

넷째, 사회복지시설들의 운영자 측에서도 평가의 필요성에 대한 이해로 환경이나 외부 요인뿐만 아니라, 사회복지시설 운영자 측에서도 자생적인 평가의 필요성에 대한 이해가 있었다. 즉, 실천현장을 중심으로 중간관리자 및 관리자, 학계 등에서 사회복지개입의 효과성에 대한 검증과 전문성 증진을 위한 평가가 필요하다는 인식이 확대되었다.

다섯째, 국민의 복지인식이 증대되어 사회복지시설 이용자 및 거주자의 인권에 대한 국민들의 위기인식 증대로 평가의 필요성이 대두되었다.

이상과 같이 사회복지시설의 발전을 위한 평가제도의 도입은 사회전반의 구조조정 시기와 맞물려 시설운영의 투명성과 효율성의 향상이라는 목표를 가지고 있다. 특히 운영비의 상당부문을 정부로부터 지원받고 있는 사회복지시설의 경우, 재원활용의 효과성을 입증함으로써 공적자금 사용의 타당성을 검증할 필요성이 제기되었다. 이는 무엇보다도 이용자의 인권을 보호하고 지역사회와의 긴밀한 연계 속에서 사회복지시설의 운영이 이루어질 수 있는 기반을 마련하는 데 의미가 있다(변재관 외, 2001).

제2절 사회복지시설의 평가원리

사회복지시설은 시설이 지향해야 할 목적과 목표를 제시하고 있으며, 그것을 효과적으로 달성하기 위한 여러 가지 원리와 원칙이 제시되어 있다. 따라서 시설운영의 기본원리와 시설평가의 원리로 구분하여 살펴보고자 한다.

1. 시설운영의 기본원리

시설운영은 시설에서 사회복지서비스를 제공하기 위한 조직과 과정을 구체적으로 계획하고, 효과적이고 효율적으로 실천하여 소기의 목적을 달성하도록 운영 관리하는 것을 의미한다. 일반적으로 사회복지시설에서는 시설의 조직이나 운영을 위해 반드시 실현되어야 하는 가치나 기준을 설정하고 있는데, 이러한 기준은 이념적 원리와 실천적 원리로 구분하고 있다(박태영, 2009).

1) 시설운영의 이념적 원리

첫째, 권리성으로서 시설생활자의 한 사람이 한 지역주민으로서의 기본적인 제 권리를 갖는다는 것을 의미한다.

둘째, 보편성으로서 지역주민이면 누구나 필요할 때 이용할 수 있다는 일반적이고 보편적인 사고에서 그 대상과 서비스를 정하는 것을 의미한다.

셋째, 공평성으로서 시설보호는 현재 이용하고 있는 시설생활자와 앞으로 이용하게 될 잠재적인 이용자를 포함한 모든 지역주민에게 공평하게 제공해야 한다는 것을 의미한다.

넷째, 총합성으로서 적절한 생활보장을 위한 서비스를 제공하기 위해서는 제도적으로 분리되어 운용되고 있는 제도와 서비스 간의 연계와 조정이 필요하다는 것을 의미한다.

2) 시설운영의 실천적 원리

시설운영에 있어서 지켜야 할 실천적 원리를 몇 가지 제시하면 다음과 같다.

첫째, 접근성으로서 시설은 모든 지역주민이 용이하게 접근할 수 있도록 만들어지고 운영되어야 한다.

둘째, 선택성으로서 이용자가 자기책임 하에서 이용할 서비스를 선택하고 이용시기, 형태, 이용시설 등에 대한 선택도 이용자가 하도록 보장되어야 한다.

셋째, 유효성으로서 시설보호는 보호를 필요로 하는 시설생활자에게 있어 그들의 욕구를 완화하고 해결하는 데 유효한 것이어야 한다.

넷째, 설명성으로서 시설운영이 소기의 목적에 적정하게 운영되고 있는지를 명확하게 설명할 수 있어야 한다.

2. 시설평가의 원리

사회복지의 원리에 대해서 사회복지관 운영평가를 위한 원칙으로 다음 열 가지를 제시하고 있다(조운희, 1997). ① 사회복지관 운영평가는 전문직의 가치를 바탕으로 한 책임성이 확보되어야 한다. ② 사회복지관 운영평가는 이용자 중심 · 목적 지향적 원칙에 의해 수행되어야 한다. ③ 사회복지관 운영평가는 단순한 운영평가가 실제적인 운영평가가 되어야 한다. ④ 사회복지관 운영평가는 정치 · 경제적인 관점이 고려되어야 한다. ⑤ 사회복지관 운영평가는 이용자평가가 포함되어야 한다. ⑥ 사회복지관 운영평가는 서비스 질의 향상을 위한 것이어야 한다. ⑦ 사회복지관 운영평가는 그 자체가 과정중심이어야 한다. ⑧ 사회복지관 운영평가는 운영의 합리화를 도모할 수 있는 평가이어야 한다. ⑨ 사회복지관 운영평가는 사회적 마케팅 개념이 포함되어야 한다. ⑩ 사회복지관 운영평가는 통합평가가 이루어져야 한다.

한국사회복지협의회(1998)의 조사연구보고서에 따르면, 평가의 이념을 여섯 가지로 설명하고 있다. ① 시설평가의 이념은 시설생활자 중심의 서비스 질을 보장해 주는 것으로서 평가가 의도하는 관점이 무엇이냐에 답하는 내용이다. 시설의 기본방향이 시설생활자의 욕구에 기초해야 하고, 획일적 서비스가 아닌 시설생활자의 욕구에 적절히 대응할 수 있는 다양한 서비스가 제공되어야 한다. ② 시설생활자들에게 최고의 서비스를 제공하기 위한 것이어야 한다. ③ 시설생활자가 자기존중감 혹은 편안함을 느낄 수 있는 만족한 수준에까지 도달해야 한다. ④ 서비스제공자가 성실하고 양질의 업무를 수행해야 한다. ⑤ 시설의 전체적 효율성을 높이기 위한 것이어야 한다. ⑥ 외부의 감독기관 및 제3자에게 합리적인 답변을 가능하게 해야 한다.

그리고 한국사회복지협의회(1998)의 조사연구보고서에서 평가의 원리를 몇 가지 제시하면 다음과 같다. ① 시설평가는 예산삭감이나 처벌 등의 권력행사를 위한 것이 아니라, 시설이 좀 더 좋은 서비스를 창출할 수 있도록 도와주기 위한 것으로 인식해야 한다. ② 평가는 상호작용적인 성격을 지닌다. 즉, 평가받는 자도 평가과정에 참여하도록 하고 필요에 따라 시설생활자와 그 가족도 평가구성에 포함시켜야 한다. ③ 평가는 동등한 관계이며 협력적인 관계이어야 한다. ④ 시설평가는 총체적인 성격을 가진다. 즉, 전체적 시설보호의 질이 다차원적인 측면에서 평가되어야 하고, 총체적으로 시설보호의 질을 평가하기 위해서 보통 평가항목이 150~200개 정도는 되어야 한다. ⑤ 평가결과의 도출뿐만 아니라 평가과정도 중요하다. 즉, 평가를 수행하는 과정에서 얻게 되는 새로운 인식, 개선 등을 위한 자조적 노력 역시 중요하며, 이는 문제해결의 의지를 갖게 하는 데 중요한 동기부여가 되어야 한다.

따라서 시설운영의 원리와 평가원리는 상호 간에 유사성이 있다. 이에 시설평가 시 반드시 고려되어야 할 원리를 제시하면 다음과 같다.

첫째, 권리성으로서 시설보호는 시설생활자를 한 인간으로서의 인권과 기본권이 보장되는 형태로 제공되어야 한다.

둘째, 보편성으로서 생활보호대상자 중심의 보호로 지속될 수는 없으며, 누구나 항상 필요로 할 때 이용할 수 있는 사회적 서비스의 연속체의 한 부분으로 바뀌어야 한다.

셋째, 종합성으로서 인간의 욕구는 종합적이므로 시설생활자의 욕구충족에 관련된 평가척도가 종합적으로 마련되어야 한다.

넷째, 효과성으로서 시설보호는 시설생활자의 욕구해결에 효과적이어야 한다.

다섯째, 설명가능성으로서 시설보호는 시설을 둘러싸고 있는 여러 구성원들에게 시설보호의 당위성과 필요성을 충분히 설명할 수 있어야 하고, 누구에게든 이를 설명할 수 있는 근거를 확보하고 있어야 한다.

제3절 사회복지시설평가의 영역과 내용

사회복지시설에 대한 평가는 한국보건사회연구원이 1999년 정신요양시설과 장애인복지관에 대한 평가를 함으로써 시작되었다. 이후 한국사회복지협의회가 연구용역사업으로 1999년부터 2003년도까지 3년간 실적을 2004년도에 평가하였고, 그리고 한국사회복지협의회의 위탁업무로 전환되어 2005년부터 2007년까지 실적평가를 진행해 왔다. 즉, 1차 평가기간인 1999년부터 2001년까지의 평가는 평가지표 개발을 중심으로 이루어져 왔으며, 2차 평가기간인 2002년부터 2004년까지의 평가는 일부 종별시설 평가지표 개발과 더불어 기존에 개발된 평가지표를 보다 현실화하는 데 초점을 맞추었다. 3차 평가기간인 2005년부터 2007년까지 1차, 2차 평가과정을 통해 나타난 평가전반의 사항을 점검하고, 향후 평가체계의 방향성을 제고하는 데 초점을 맞추었다.

사회복지시설평가에 있어서 3차 평가기간 중의 특징은 시대환경의 변화에 따라 새롭게 설치된 노인복지관과 사회복귀시설에 대한 평가지표의 개발과 평가의 시행이 이루어졌다는 것이다. 그리고 정부의 조직개편으로 여성가족부로 이관된 모 · 부자복지시설에 대한 평가가 보건복지부에서 제외되었다. 이에 그동안 시행된 사회복지시설평가의 일정을 제시하면 다음과 같다.

〈표 10-1〉 사회복지시설평가의 일정

평가년도		평가대상시설		평가기관
1차	1999	정신요양시설(59), 장애인복지관(36) ※평가지표개발	1,060개소	한국 보건사회 연구원
	2000	아동영아시설(28), 노인요양시설(60), 여성입소시설(61), 정신지체장애인시설(52), 부랑인시설(33), 사회복지관(시 · 도평가)		
	2001	노인양로시설(85), 장애인시설(134), 아동시설(시 · 도 평가)		
2차	2002	정신요양시설(55), 부랑인시설(33), 장애인복지관(56), 노인복지(회)관(시 · 도평가) ※아동, 노인, 여성, 장애인, 부랑인, 정신요양, 사회복지관, 장애인복지관 평가지표개발	1,185개소	한국 보건사회 연구원/ 한국 사회복지 협의회
	2003	사회복지관(334; 서울 · 경기 시 · 도 자체평가), 노인복지시설(시 · 도평가), 모자복지시설(시 · 도평가) ※ 사회복귀시설평가지표 개발		
	2004	아동복지시설(261), 장애인생활시설(199; 시 · 도평가)		
3차	2005	정신보건시설(정신요양시설55, 사회복귀시설74) 부랑인복지시설(37), 장애인복지관(83) ※노인복지(회)관 평가지표 개발	1,409개소	한국 사회복지 협의회
	2006	사회복지관(349), 노인생활시설(224), 노인복지(회)관(72)		
	2007	아동복지시설(273), 장애인시설(225)		

자료: 한국사회복지협의회(2010)

1. 시설평가영역과 항목

사회복지시설의 평가는 종합적이고 전체적으로 이루어져야 한다. 그리고 시설종별의 특성을 충분히 고려한 평가이어야 그 효과성을 높일 수 있다. 여기서는 국내 · 외에서 개발되어 소개되어 있는 시설의 평가영역과 내용을 중심으로 살펴보고자 한다.

한국사회복지협의회(1998)의 '사회복지시설평가기준 및 평가체제개발 연구'에서 제시한 시설평가영역과 항목은 <표 10-2>와 같다. 평가영역으로는 환경의 질, 인력의 질, 서비스의 질, 운영관리의 질, 수혜자의 만족수준 등으로 구성되어 있다. 한국사회복지협의회의 시설평가영역과 항목은 1997년 사회복지사업법 및 1998년 동법 시행규칙의 개정에서 시설평가 내용의 삽입으로 이에 대처하기 위하여 마련되었다.

<표 10-2> 사회복지시설 평가영역과 항목

평가영역	지표수	항 목
환경의 질	58	시설의 설치지역, 시설의 설계구조, 시설의 외관, 시설의 내부 상태, 시설의 설비, 시설의 요건, 음식 위생, 시설의 안전 관리, 생활환경 관리, 지역사회와의 통합
인력의 질	61	직원의 충원, 업무부담과 위임, 근무환경, 교육훈련의 필요 발전, 프로그램의 이해. 교육훈련의 실시, 지도·감독, 팀의 개발, 관리기능훈련, 훈련자원
서비스의 질	53	입소자 권리 존중, 입소자의 선택 자율권, 독립성과 개별성 지지, 통제와 안전, 사생활과 비밀보장, 일상생활의 융통성, 자문과 개입, 특별활동과 격려, 가족 및 관련자와의 접촉, 정서적 욕구의 권리
운영관리의 질	63	운영주체와 운영위원회의 활동, 운영방침과 절차, 보호계획과 평가의 절차, 보호실천의 관리, 약물과 의약품 관리, 기록절차 및 체계, 감시와 검토, 대외적인 관계, 재정관리, 사업계획과 개발
수혜자의 만족 수준	30	시설환경의 만족 수준, 인력의 만족 수준, 시설생활의 만족 수준
합계	265	

사회복지시설평가위원회의 평가지표에 대하여 1999년 6개 시설유형의 평가지표를 네 영역 내지 여섯 영역으로 구분하여 정리하면 다음과 같다(변재관 외, 2000). 이 위원회에서는 평가지표의 기준으로 효율성, 적절성, 효과성, 서비스의 질, 노력성, 이용자의 만족도 등을 들고 있다. 각 영역은 시설유형마다 다소 차이가 있지만, 가장 배점이 큰 영역이 서비스의 질 및 인권보호 영역이다.

〈표 10-3〉 사회복지시설 평가영역별 평가지표

영역	구분	아동시설	노인시설	여성시설	장애인시설	부랑인시설	정신요양시설*
A. 시설 및 환경	문항수 (배점)	25 (10.0)	19 (16.8)	20 (15.0)	16 (18.2)	22 (20.0)	20 (20.0)
B. 운영 및 인력관리	문항수 (배점)	32 (35.0)	24 (21.2)	44 (30.0)	27 (36.4)	28 (23.0)	20 (20.0)
C. 서비스의 질 및 인권보호	문항수 (배점)	40 (30.0)	45 (40.0)	62 (30.0)	44 (36.4)	40 (35.0)	25 (25.0)
D. 지역사회단계	문항수 (배점)	6 (5.0)	15 (13.0)	9 (10.0)	6 (9.1)	10 (10.0)	10 (10.0)
E. 거주자 만족도	문항수 (배점)	설문지 (10.0)	10 (9.0)	20 (10.0)	-	18 (12.0)	25 (25.0)
F. 기타**	문항수 (배점)	15 (10.0)	- -	1 (5.0)	- -	- -	- -
계	문항수 (비율)	118 (100.0)	113 (100.0)	156 (100.0)	93 (100.0)	118 (100.0)	100 (100.0)

* 아동시설의 경우 정량평가항목과 여성시설의 경우 현장평가종합소견서의 반영이 포함됨
** 정신요양시설의 지역사회관계 영역에는 재정에 관한 평가지표가 포함되어 구성되어 있음.

2. 지역사회복지관 평가지표의 비교분석

사회복지시설평가에 있어서 무엇보다 중요한 것은 평가지표라 할 수 있다. 이는 평가도구가 어떻게 구성되어 있느냐에 따라 평가결과 및 평가의 신뢰성,

타당성 등에 영향을 주기 때문이다. 따라서 1998년 사회복지사업법 개정 이후 2000년, 2003년, 2006년 3차례에 걸쳐 시행된 사회복지관 평가를 중심으로 각 시기별 평가지표의 구성에 대해서 알아보고자 한다.

1) 2000년도 사회복지관 평가지표 구성

2000년도 사회복지관 평가지표는 1998년 한국보건사회연구원의 평가모형과 지표를 기초로 22개 사회복지관에 대한 예비평가를 한 자료를 토대로 평가지표를 통합하여 1999년 새로운 평가체계를 완성하였다. 이러한 평가지표와 평가체계는 모의실험평가를 통해 22개 사회복지관 평가결과의 총점과 순위를 상호 비교하는 작업을 거쳐 예측력과 설명력, 객관성 등을 확보하게 되었다. 이는 1999년에 전국 3개 권역으로 나누어진 12개 사회복지관에 대한 예비평가를 실시하였고, 이후에 사회복지관 평가체계와 지표에 관한 공청회를 개최하여 전국 사회복지관 관장과 실무자들의 의견을 반영한 결과, 2000년도 사회복지관 평가를 위한 최종지표를 완성하게 되었다.

사회복지관 평가내용의 구성은 크게 네 개의 평가부문, 즉 조직 및 관리 영역, 인력관리 및 재정 영역, 프로그램 영역, 지역사회관계 영역 등으로 구분하였다. 평가부문은 구체적인 질문의 형태로 나타나는 평가문항으로 세분화하고, 각 평가문항은 2~3개의 평가지표로 더욱 세분화된다. 그리고 각 영역별로 5개, 7개, 6개, 4개 등 모두 22개의 하위영역들이 있고, 다시 이 영역들은 모두 44개 지표항목으로 구성된다. 여기서 영역별 점수배점은 총 100점 만점에 조직 및 관리영역 20점, 인력관리 및 재정 영역 30점, 프로그램 영역 35점, 지역사회관계 15점으로 구성되었다.

〈표 10-4〉 2000년도 사회복지관 평가지표 구성

평가영역	하위영역	평가 지표수	배점
조직 및 관리	법인의 설립 취지와 이사회구성의 적절성	9	20
	운영자문위구성과 운영규정의 적절성		
	조직 및 프로그램 관리정도		
	시설관리 및 안전점검상태		
	시설배치 및 장비관리상태		
인력 및 재정	인력확보 및 운영상태의 적절성	14	30
	관장의 전문성과 경력		
	중간관리자의 전문성과 수퍼비전		
	직원교육 및 훈련		
	예산편성의 합리성과 적절성		
	법인과 사회복지관 재원조달능력		
	민간재원확보능력 및 관리상태		
프로그램	지역주민욕구조사의 적절성과 활용성	14	35
	프로그램 기획과 실행의 전문성		
	전문프로그램 수행실적		
	저소득층 대상사업과 지역특성사업의 실적		
	지역주민과 수혜자의 프로그램평가		
	실습교육의 규모와 실적		
지역사회 관계	시설의 개방성과 접근성	7	15
	지역사회조직활동 실적		
	복지관 홍보 실적과 질적 수준		
	자원봉사자 관리 및 활동 실적		
총 계		44	100

2) 2003년도 사회복지관 평가지표 구성

2003년도 사회복지관 평가지표는 1999년 한국보건사회연구원의 평가지표를 기초로 하여 2003년 6월 27일과 전국사회복지관 중간간부 243명을 대상으로 각 지표에 대한 타당성을 설문조사 하였다. 이를 통해 얻은 자료를 분석하여 수정과 검토를 요하는 지표 30개를 선정하였다. 선정된 지표는 각각 평가지표 관련 낮은 타당도항목, 평가내용 관련 낮은 타당도항목, 평가자료 관련 낮은 타당도항목 등으로 구분하였다. 2003년 7월 6명의 현장전문가로 구성된

포커스그룹의 다각적인 논의를 통해 총 9개의 항목을 신설하고 10개 항목을 삭제하여 평가지표가 확정되었다.

〈표 10-5〉 2003년도 사회복지관 평가지표 구성

평가영역		하위영역	평가 지표수	배점 (비율%)
조직 및 시설관리		운영규정	9	9(8.2%)
		자문위원회		
		전산화 시스템		
		안전관리 및 공간배치		
		편의시설 설치 및 비품관리		
인적자원 관리		관장의 전문성과 경력	9	18(16.4%)
		중간관리자의 전문성과 슈퍼비전정도		
		직원의 전문성		
		직원의 교육 · 훈련실적		
		직원포상 제도		
		직원구성의 다양성		
근무여건		평균 급여수준	4	12(10.9%)
		이직률		
		평균복무기간		
		정규직원의 총수		
재정관리		민간재원 확보능력 및 관리정도	4	8(7.3%)
		총 세출 중 차지하는 사업비의 비중		
		사업비중에서 차지하는 무료사업비의 비중		
프로그램	이용실적	전체 프로그램 이용 실적	20	38(34.5%)
	가정복지 사업	프로그램 계획의 전문성		
		프로그램 수행과정의 적절성		
		프로그램 평가의 체계성 및 피드백정도		
	지역사회 보호사업	서비스 계획의 전문성		
		서비스제공 수행과정의 체계		
		서비스의 결과에 대한 평가의 체계성 및 피드백 정도		
	지역사회 조직활동	프로그램 계획의 전문성		
		프로그램 수행과정의 적절성		
		프로그램 평가의 체계성 및 피드백 정도		
	교육문화 사업	프로그램 계획의 전문성		
		프로그램 수행과정의 적절성		
		프로그램 평가의 체계성 및 피드백 정도		
		저소득층에 대한 교육문화 서비스 제공 여부		

평가영역		하위영역	평가 지표수	배점 (비율%)
프로그램	특화 및 자활지원 사업	지역사회 특성 반영 여부	20	38(34.5%)
		참여자의 욕구의 반영정도		
		다른지역 · 기관과의 차별성 및 참신성 정도		
		파급효과 및 모델링화 정도		
지역사회 관계		지역 연계	9	10(9.1%)
		자원 개발		
		지역사회조사 및 연구		
		지역사회홍보활동		
이용자 만족도		이용자 만족도	5	15(13.6%)
와일드카드*		인적자원관리 영역을 제외한 평가지표 중 제외시키고 싶은 평가지표선택	1	-3
총 계			60	110(100%)

사회복지관의 평가영역은 전체적으로 크게 조직 및 관리, 인적자원관리, 재정, 근무여건, 프로그램, 지역사회관계, 이용자만족도 등으로 구분하였다. 배점에 있어 전체를 110점 만점으로 할 때 조직 및 관리 9점, 인적자원관리 18점, 재정 8점, 근무여건 12점, 프로그램 38점, 지역사회관계 10점, 이용자만족도 15점으로 구성되었다. 특히 2003년도에는 지역, 시설규모 등에 따라 필요시 가중치를 부여했으며, 평가지표에 와일드카드를 신설하여 인적자원관리 영역을 제외한 전 영역에 걸쳐 기관의 특성상 취약한 평가항목에 최대 3점까지 평가대상에서 제외될 수 있도록 하였다. 이는 복지관의 입장에서 좀 더 유리한 조건으로 평가를 받을 수 있도록 하기 위한 조치였다.

3) 2006년도 사회복지관 평가지표 구성

2006년도 사회복지관 평가지표는 2002년 한국보건사회연구원에서 개발한 지표와 2003년 시행한 사회복지관 평가에서 사용한 지표를 기준으로 평가목적에 부합하는 지표로 수정 · 보완하였다. 사회복지관의 평가영역은 전체적으로 크게 조직 및 관리, 인적자원관리, 재정, 프로그램, 지역사회관계, 평가팀 종합소견 등으로 구분되었다. 배점에 있어 전체를 100점 만점으로 할 때 조직 및 관리 8점, 인적자원관리 24점, 재정 4점, 프로그램 43점, 지역사회관계 18점, 평가팀 종합소견 3점으로 배점하여 평가를 실시하였다. 특히 2006년도에는 이용자 만족도에 대하여 측정을 하되 평가점수에는 반영하지 않도록 하였다.

4) 평가지표 비교분석

2000년, 2003년, 2006년의 평가지표 비교를 종합하면, 〈표 10-7〉과 같이 시행초기인 2000년의 평가지표에서 2006년 평가지표에 이르기까지 질적인 면에서 상당한 발전을 보이고 있었다. 이는 평가지표 개발에 있어서 현장실무자, 학계, 정부, 담당공무원, 연구원 등 다양한 분야에서 사회복지 역할을 담당하고 있는 전문가들이 심도있는 논의를 펼친 결과이다. 그리고 인터넷 등 다양한 매체를 통해 일선현장에서 사회복지업무를 행하는 사람들까지도 평가지표 개발에 참여를 시킴으로써 가능할 수 있었다. 이와 같은 평가지표에 관한 합의점에 이르는 과정은 피평가자들로 하여금 정당성과 적극성, 그리고 평가에 대한 책임성을 확인할 수 있으며, 이는 곧 양질의 사회복지평가가 이루어지는 밑거름이 되는 것이다.

앞으로 사회복지관 평가를 포함한 모든 사회복지시설평가를 시행할 때, 평가지표 개발에 있어서 체계적인 준비과정과 다양한 사람들의 의견을 수렴할 수 있는 노력을 기울여야 한다. 무엇보다도 클라이언트들의 욕구에 맞춘 사회복지시설평가가 이루어져야 할 것이다. 3차례 이루어진 시설평가에 대한 평가지표는 지금까지 기술한 바와 같이 상당한 발전을 이루었지만, 아직 사회복지시설평가의 정착화 단계라고 볼 수 있다. 이에 따라 평가지표를 포함하여 사회복지시설 평가체계에 있어 많은 문제점이 산재해 있는 것이 사실이다. 따라서 앞으로 사회복지시설평가는 사회복지조직목표를 달성하는 데 밑거름이 되고 사회적 책무성을 다할 수 있도록 하는 데 중요한 지침이 되어야 한다. 그리고 평가지표를 포함한 평가체계 전반에 대한 개선방안의 논의와 연구가 활발히 이루어져야 할 것이다.

〈표 10-6〉 2006년도 사회복지관 평가지표 구성

<table>
<tr><th colspan="2">평가영역</th><th>하위영역</th><th>평가
지표수</th><th>배점</th></tr>
<tr><td colspan="2" rowspan="8">시설 및 조직관리</td><td>기관 운영 규정집</td><td rowspan="8">8</td><td rowspan="8">8</td></tr>
<tr><td>운영위원회 구성</td></tr>
<tr><td>운영위원회 활동</td></tr>
<tr><td>전산처리 관리상태</td></tr>
<tr><td>안전점검 및 하자보수상태</td></tr>
<tr><td>공간배치 및 청결상태</td></tr>
<tr><td>편의시설 설치상태</td></tr>
<tr><td>비품장비 관리상태</td></tr>
<tr><td colspan="2" rowspan="7">인적자원관리</td><td>관장의 전문성과 경력</td><td rowspan="7">12</td><td rowspan="7">24</td></tr>
<tr><td>중간관리자의 전문성과 슈퍼비전 정도</td></tr>
<tr><td>직원에 대한 포상</td></tr>
<tr><td>직원채용의 공정성</td></tr>
<tr><td>평균 급여수준</td></tr>
<tr><td>직원의 교육 · 훈련</td></tr>
<tr><td>자원봉사자 활용 및 관리</td></tr>
<tr><td colspan="2" rowspan="2">재정</td><td>민간재원 관리정도</td><td rowspan="2">2</td><td rowspan="2">4</td></tr>
<tr><td>민간재원 확보정도</td></tr>
<tr><td rowspan="14">프로
그램</td><td>이용실적</td><td>전체프로그램 이용실적</td><td rowspan="14">20</td><td rowspan="14">43</td></tr>
<tr><td rowspan="3">가족복지
사업</td><td>프로그램 계획의 전문성</td></tr>
<tr><td>프로그램 수행과정의 적절성</td></tr>
<tr><td>프로그램 평가의 체계성 및 피드백정도</td></tr>
<tr><td rowspan="3">지역사회
보호사업</td><td>서비스 계획의 전문성</td></tr>
<tr><td>서비스제공 수행과정의 체계</td></tr>
<tr><td>서비스의 결과에 대한 평가의 체계성 및 피드백 정도</td></tr>
<tr><td rowspan="3">지역사회
조직활동</td><td>프로그램 계획의 전문성</td></tr>
<tr><td>프로그램 수행과정의 적절성</td></tr>
<tr><td>프로그램 평가의 체계성 및 피드백 정도</td></tr>
<tr><td rowspan="3">교육문화
사업</td><td>프로그램 계획의 전문성</td></tr>
<tr><td>프로그램 수행과정의 적절성</td></tr>
<tr><td>프로그램 평가의 체계성 및 피드백 정도</td></tr>
</table>

<table>
<tr><th colspan="2">평가영역</th><th>하위영역</th><th>평가
지표수</th><th>배점</th></tr>
<tr><td rowspan="5">프로
그램</td><td rowspan="5">특화사업</td><td>지역사회 특성 반영 여부</td><td rowspan="5">20</td><td rowspan="5">43</td></tr>
<tr><td>참여자의 욕구의 반영정도</td></tr>
<tr><td>프로그램 수행과정의 적절성</td></tr>
<tr><td>다른지역 · 기관과의 차별성 및 참신성 정도</td></tr>
<tr><td>파급효과 및 모델링화 정도</td></tr>
<tr><td colspan="2" rowspan="6">지역사회관계</td><td>지역사회연계</td><td rowspan="6">9</td><td rowspan="6">18</td></tr>
<tr><td>주민공청회</td></tr>
<tr><td>직원의 지역사회 참여실적</td></tr>
<tr><td>실습지도의 규모와 실적</td></tr>
<tr><td>지역사회조사 및 연구</td></tr>
<tr><td>지역사회홍보활동</td></tr>
<tr><td colspan="2" rowspan="3">평가팀 종합소견</td><td>평가 준비성</td><td rowspan="3">3</td><td rowspan="3">3</td></tr>
<tr><td>복지관에 대한 전반적 이미지</td></tr>
<tr><td>기관장의 사회복지 비전</td></tr>
<tr><td colspan="2">이용자 만족도</td><td>이용자 만족도</td><td>7</td><td>0*</td></tr>
<tr><td colspan="3">총 계</td><td>61</td><td>100</td></tr>
</table>

〈표 10-7〉 사회복지관 3차 평가의 평가지표 및 배점 비교

<table>
<tr><th rowspan="2">평가영역</th><th colspan="2">2000년</th><th colspan="3">2003년</th><th colspan="2">2006년</th></tr>
<tr><th>평가
지표</th><th>배점</th><th>평가
지표</th><th>배점*</th><th>비율</th><th>평가
지표</th><th>배점</th></tr>
<tr><td>조직 및 관리</td><td>9</td><td>20</td><td>9</td><td>9</td><td>8.2%</td><td>8</td><td>8</td></tr>
<tr><td>인적자원관리</td><td rowspan="2">14</td><td rowspan="2">30</td><td>9</td><td>18</td><td>16.4%</td><td>12</td><td>24</td></tr>
<tr><td>재정</td><td>4</td><td>8</td><td>7.3%</td><td>2</td><td>4</td></tr>
<tr><td>근무여건</td><td>-</td><td>-</td><td>4</td><td>1</td><td>10.9%</td><td>-</td><td>-</td></tr>
<tr><td>프로그램</td><td>14</td><td>35</td><td>20</td><td>38</td><td>34.5%</td><td>20</td><td>43</td></tr>
<tr><td>지역사회관계</td><td>7</td><td>15</td><td>9</td><td>10</td><td>9.1%</td><td>9</td><td>18</td></tr>
<tr><td>평가팀 종합의견</td><td>-</td><td>-</td><td>-</td><td>-</td><td>-</td><td>3</td><td>3</td></tr>
<tr><td>이용자 만족도</td><td>-</td><td>-</td><td>5</td><td>15</td><td>13.6%</td><td>7</td><td>0**</td></tr>
<tr><td>총 계</td><td>44</td><td>100</td><td>60</td><td>110</td><td>100%</td><td>61</td><td>100</td></tr>
</table>

제4절 평가지표의 사례

1. 장애인복지관

장애인복지관에 대한 평가지표(2011)는 〈표 10-8〉과 같이 한국사회복지협의회의 지표를 기준으로 하고 있다. 평가대상 사업으로는 의료재활사업, 교육재활사업, 사회심리재활사업, 직업재활사업, 재가복지사업 등이다. 2011년도 장애인복지관 평가는 평가의 신뢰성, 객관성, 공정성을 확보하는 것이 매우 중요하기 때문에 모든 평가지표를 정량적으로 측정하는 정량적 평가지표의 비중에 두었다. 그리고 평가위원의 주관적 개입가능성이 있는 평가지표 경우, 평가내용과 해설을 보다 더 구체적으로 제시하고 필요한 곳에서는 예를 들어 해설 및 설명을 상세화하여 평가의 객관성을 높이도록 하였다. 즉, 제4주기 2008년도 장애인복지관 평가는 장애인복지관의 서비스 여건과 운영실태 등 주로 투입과 과정 영역을 중심으로 이루어졌다. 그러나 제5주기 2011년도 장애인복지관 평가에서는 서비스 여건과 운영실태 이외에 성과영역에 대한 개념을 구체화할 수 있는 예시를 제공하였다.

2. 노인종합복지관

노인종합복지관에 대한 평가지표는 2009년도 보건복지가족부와 한국사회복지협의회에서 제시한 기준을 토대로 경기도 · 경기복지미래재단에서 지표를 일부 수정하여 2006년 1월 1일부터 2008년 12월 31일까지 수행한 자료이다. 즉, D1지표는 2008년 기준으로 하고 있다. 지난 2006년 지표에서는 4개 영역으로 구분하였는데, 시설 및 환경영역 18개 지표, 운영관리 및 인력관리 15개 지표, 서비스의 질 40개 지표, 지역사회관계 10개 지표로 구성되었다. 그러나 2009년 지표에서는 6개 영역으로 구분하였으며, 시설 및 환경영역 6

개 지표, 재정 및 조직운용 10개 지표, 인적자원관리 13개 지표, 프로그램 및 서비스의 질 62개 지표, 이용자의 권리 3개 지표, 지역사회관계 8개 지표로 구성되어 있다. 이는 2006년에 비해 구체적으로 구분하였으며, 프로그램 및 서비스 질의 지표가 크게 늘어남으로서 그것의 중요성을 알 수 있었다.

〈표 10-8〉 장애인복지관 평가지표

<table>
<tr><th rowspan="2">평가영역</th><th colspan="2">2008년</th><th colspan="2">2011년</th></tr>
<tr><th>배점(%)</th><th>지표 수(개)</th><th>배점(%)</th><th>지표 수(개)</th></tr>
<tr><td>A. 시설 및 환경</td><td>8</td><td>4</td><td>4</td><td>3</td></tr>
<tr><td>B. 재정 및 조직운영</td><td>12</td><td>10</td><td>12</td><td>11</td></tr>
<tr><td>C. 인적자원관리</td><td>15</td><td>11</td><td>20</td><td>12</td></tr>
<tr><td>D. 프로그램 및 서비스</td><td rowspan="12">47
(특성화
+5점)</td><td>95</td><td rowspan="12">44
(특성화
+5점)</td><td>76(88)</td></tr>
<tr><td>D1. 프로그램 기본지표</td><td>6</td><td>6</td></tr>
<tr><td>D2. 의료재활사업</td><td>9</td><td>8</td></tr>
<tr><td>D3. 교육재활사업</td><td>9</td><td>8</td></tr>
<tr><td>D4. 사회심리재활사업</td><td>11</td><td>6</td></tr>
<tr><td>D5. 직업재활사업</td><td>9</td><td>8</td></tr>
<tr><td>D6. 재가복지사업</td><td>9</td><td>8</td></tr>
<tr><td>D7. 특성화사업</td><td>공통19(6)</td><td>0(12)</td></tr>
<tr><td>D8. 도서대출 및 보급(제공)사업</td><td>8</td><td>8</td></tr>
<tr><td>D9. 도서제작사업</td><td>8</td><td>8</td></tr>
<tr><td>D10. 정보제공사업</td><td>8</td><td>8</td></tr>
<tr><td>D11. 생활용구 및 재활기기 보급사업</td><td>8</td><td>8</td></tr>
<tr><td>E. 이용자의 권리</td><td>6</td><td>3</td><td>7</td><td>6</td></tr>
<tr><td>F. 지역사회관계</td><td>12</td><td>9</td><td>13</td><td>14</td></tr>
<tr><td>총계</td><td>100
(105)</td><td>132</td><td>100
(105)</td><td>122
(134)</td></tr>
</table>

자료: 한국사회복지협의회(2011: 1)

〈표 10-9〉 노인복지관 평가지표

<table>
<tr><th colspan="3">평가영역</th><th>지표 수</th><th>배점 (%)</th></tr>
<tr><td rowspan="10">영역별 지표</td><td>A. 시설 및 환경</td><td>A1. 시설 및 환경관리</td><td>1</td><td>1</td></tr>
<tr><td rowspan="2">B. 재정 및 조직운영</td><td>B1. 기관의 윤리규정</td><td rowspan="2">2</td><td rowspan="2">2</td></tr>
<tr><td>B2. 예산수립 과정의 적절성</td></tr>
<tr><td>C. 인적자원관리</td><td>C1. 직원 외부교육 참여정도</td><td>1</td><td>1</td></tr>
<tr><td rowspan="3">D. 프로그램 및 서비스</td><td>D1. 실인원에 비례한 공간 활용도</td><td rowspan="3">3</td><td rowspan="3">3</td></tr>
<tr><td>D2. 지역특성을 반영한 프로그램 다양성</td></tr>
<tr><td>D3. 지자체(도, 시 · 군) 특화사업 및 공모사업 참여</td></tr>
<tr><td rowspan="2">E. 이용자의 권리</td><td>E1. 기관운영에 대한 이용자 참여수준</td><td rowspan="2">2</td><td rowspan="2">2</td></tr>
<tr><td>E2. 노인피해의 안전관리</td></tr>
<tr><td>F. 지역사회관계</td><td>F1. 지역사회 조직 및 자원개발</td><td>1</td><td>1</td></tr>
<tr><td colspan="3">총점</td><td>10</td><td>10</td></tr>
</table>

자료: 한국사회복지협의회(2009: 16)

제5절 사회복지시설의 평가과제

사회복지시설평가는 1999년에 사회복지시설평가가 시작된 이래, 제4주기(3년 1주기)를 마치고 제5주기 첫 해로 13년째 진행하고 있다. 현행 사회복지시설평가는 적은 비용에 높은 효과성을 강조한 사업으로서 다양한 사회복지시설에 많은 발전을 가져왔다고 평가할 수 있다. 그러나 시급히 개선해야 할 사안으로서 현행 사회복지시설평가에 대한 문제를 진단하고, 그에 따른 과제를 제시해 보고자 한다(손광훈, 2011).

1. 문제진단

현행 사회복지시설 평가에서 개선 · 해결해야 할 내용을 제시하면, 사회복지시설 평가의 주체성 문제의 해결, 평가체계와 같이 보건복지부 · 한국사회복지협의회 시설평가단 · 지자체 · 몇몇 지자체 재단 · 사회복지시설 등에서 나타나고 있다. 즉, 전달체계의 구체화 문제, 평가지표 안에 평가지표와 인증지표의 혼재, 절대적으로 부족한 평가시간의 확보문제, 중앙정부 차원에서 평가와 인증에 최소기준을 확정하여 사회복지시설의 필수사항을 확정하는 문제, 평가지표의 표준성 문제 등이 있다.

그리고 사회복지시설의 고유한 특성에 대한 미반영 문제, 평가를 시행하는 기관이 상이(한국사회복지협의회 평가단, 몇몇 지자체의 재단)하고 평가시행 기관도 예산부족으로 역량 있는 조직 및 인력을 확보하지 못해 평가위원의 전문적 평가역량을 강화하지 못하는 문제, 현행 사회복지시설 평가팀을 구성하는 교수 · 현장실무자 · 지자체 공무원 등의 선정에 필요한 구체적인 자격부여 기준이 매우 포괄적으로 수립되어 있다는 점 등이다. 이는 평가팀 간의 격차와 신뢰성의 문제, 사회복지시설 평가팀의 구성은 중앙정부의 예산부족 문제로 전적으로 지자체에 위임되어 있어 전문성과 자격을 검증할 기회가 박탈된다는 문제, 촉박한 평가위원 위촉과 절대적인 교육시간 부족문제 등을 문제로 꼽을 수 있다.

2. 평가과제

현행 사회복지시설평가의 문제점을 해결하기 위한 몇 가지 개선사항을 제시하면 다음과 같다.

첫째, 사회복지시설 평가인증원(가칭)에 대한 제도적 기반구축이 우선되어야 한다. 즉, 전국 사회복지시설 평가인증을 위한 연계체계를 구축하기 위해 중앙과 지방의 평가인증의 체계의 구축하고, 사회복지시설 평가인증원 안에 민 · 관 · 학으로 구성된 전국적인 평가요원의 풀(pool)을 조성하여 중앙 및 지방을 연계한 평가인증사를 양성하는 연계망을 구축할 필요가 있다.

둘째, 사회복지시설 평가인증 전담기구를 설치하여 이원화된 평가인증 체계를 최우선적으로 구축해야 한다. 즉, 현행 평가지표와 인증지표가 단일 평가체계 속에 혼합되어 있는 것을 3년 1주기로 하면서 인증과 평가로 이원화해야 한다. 현재 시행하고 있는 인증체계는 해당 영역의 대상시설이 중앙의 평가인증 전담기구에 신청을 하여 인증지표(A, B, C, E 지표)를 갖고 연간 상시 인증 프로그램을 통해 시설의 자격을 인증 받아야 한다. 그리고 평가체계는 평가지표(D, F 지표)를 갖고 3년 간의 서비스나 프로그램의 질과 효율성 및 효과성을 평가하여 사회복지시설의 성과평가를 수행할 필요가 있다.

셋째, 평가의 실효성을 최대한 확보하기 위하여 균등화 방법을 활용하여 사후 조정된 평가결과를 상위, 중상위, 중하위, 하위 기관으로 구분해야 한다. 이를 통해 평가결과의 활용을 강화할 필요가 있다. 즉, 상위기관에는 행 · 재정적 인센티브를 제공하고, 중상위기관과 중하위기관은 사후 조정된 평가결과를 중심으로 의사결정나무분석(decision tree analysis)을 수행하여 취약변수 등을 도출하고 컨설팅 자료를 사회복지시설에 제공하여 시설이 자율적으로 개선할 수 있도록 유도한다. 또한 각종 협회나 사회복지협의회 등에서 교육 등을 통해 평가의 순기능을 강화하며, 하위기관에는 품질관리 서비스를 제공하여 차기 평가에서 하위권 수준을 탈출할 수 있도록 지도할 필요가 있다.

넷째, 현행 사회복지시설 평가단위원회의 기능강화와 세분화 시행이 필요하다. 현행 평가단위원회는 총괄위원회 산하에 영역별 분과위원회를 두어 주로 평가지표 개발에 초점을 맞추고 있다. 이를 기존 체계 내에서 영역별 분과위원회의 기능과 역할을 확대하여 평가지표개발위원회, 평가위원선발 · 지원위원회, 표준매뉴얼개발위원회, 품질관리위원회 등으로 위원회를 세분화하고 참여위원들을 연간 평가단사업계획 안에서 진행할 수 있도록 구성해야 한다.

다섯째, 사회복지시설 평가인증원(안) 설립을 통해 현행 평가단운영 내용을 흡수 · 강화하고 현재의 중앙정부의 예산을 현실화 해야 한다. 현재 보건복지부에서 지원하는 사회복지시설 평가단 운영 예산을 보면, 평가지표개발, 현장평가, 평가결과보고서 작성 등으로 구성되어 있으며, 평가결과 활용으로 우수기관 인센티브제공, 하위기관 품질관리지원 등의 예산을 지원하고 있다. 그러나 현재 수행하고 있지 못한 평가위원의 선발 · 관리 · 지원 영역, 표준매뉴얼개발에 대한 예산확보를 통해 대한민국의 사회복지시설 평가의 내용과 질을 향상시킬 필요가 있다.

여섯째, 평가위원의 전문성과 자격을 검증할 수 있는 기회를 확보할 필요가 있다. 현행 사회복지시설 평가팀은 교수, 현장실무자, 지자체 공무원 등으로 구성된 3인 1조로 되어 있다. 이들 3개 영역 평가위원의 선정에 필요한 구체적인 자격부여 기준의 강화와 평가위원 선발에 대해 현행 평가단이 평가위원 선발에 개입할 수 있는 방안을 수립해야 한다. 이를 위해 평가위원 자격부여기준을 새롭게 개발해야 하고, 특히 평가위원의 선발 · 관리 · 지원에 필요한 예산을 중앙정부가 책정하여 사회복지시설 평가단에서 선정하고 관리 · 통제할 수 있도록 중앙정부에서 지원할 필요가 있다.

따라서 현행 지자체에서는 평가위원을 선정하는 방식을 지방자치단체, 지방 사회복지협의회, 지자체, 각종 법인 등에서 평가위원(3인 1조)을 3-4배수 추천을 받아 중앙의 평가단 평가위원 자격인증위원회에서 평가위원을 선정 · 관리하는, 전문적으로 평가위원을 관리하는 체계를 구축할 필요가 있다. 현재 연구되고 있는 몇 개의 안으로 제시된 '사회복지시설 평가인증원(안) 설립'을 보건복지부에서 채택한다면, 향후 사회복지시설평가의 많은 문제점들이 개선되고 해결될 것으로 판단된다.

생각해 볼 문제들

1. 사회복지시설에서의 예산 개념을 정의해 보라.

2. 사회복지시설의 재정관리 과정 중 예산편성에 대해 설명해 보라.

3. 사회복지시설에서의 예산의 유형 4가지를 요약해 보라.

4. 사회복지시설의 회계와 감사 기능을 설명해 보라.

5. 사회복지시설에서의 재정관리 개선방안을 제시해 보라.

제 3 부 사회복지시설 분야론

Part 03

제11장 | 사회복지시설과 재가복지서비스

우리사회의 경제적 성장은 개인의 욕구증대와 삶의 질에 관심이 고조되고 있다. 즉, 사회의 모든 분야에서 육체적 · 정신적 건강의 조화를 통해 행복하고 삶을 추구하는 복리(well-being)의 용어가 일반화되었다. 특히 노인이나 장애인의 삶의 질에 대한 사회의 높은 관심에도 불구하고 '거동불편으로 인한 일상의 가사활동의 불가능', '열악한 가정환경', '바람직한 신체활동의 어려움' 등으로 많은 불편을 겪고 있다. 최근 노인이나 장애인복지와 관련한 정부의 정책도 현존 문제에 초점을 맞춰 정책지원 방향에 두고 있지만 한계가 있다. 따라서 본 장에서는 첫째, 재가복지서비스의 개념, 둘째, 재가복지서비스의 운영관리, 셋째, 재가복지서비스의 문제점과 개선사항 등을 중심으로 살펴보고자 한다.

제1절 재가복지서비스의 개념

1. 재가복지서비스의 정의

일반적으로 재가복지서비스는 노령, 질병, 장애 등으로 인하여 일상생활을 독립적으로 수행하기 어려운 사람들이 타인의 보호를 필요로 할 때, 시설에 수용되어 보호되는 것이 아니라 자신의 집에서 지역사회 차원의 다양한 도움을 받으면서 살 수 있도록 제공되는 서비스를 말한다(황성철 · 한혜경, 2003: 15). 재가서비스에 대한 정의에 관하여 국외와 국내학자들의 견해를 중심으로 살펴보면, Kadushin(1980)은 재가복지서비스를 "교육이나 훈련을 받은 자들이 사회복지기관에서 육체적 · 정신적 장애아동의 보호나 클라이언트의 기능을 강화 · 보호하기 위한 도움을 주는 것"이라고 강조하였다. 이것은 도움이 필요한 사람들이 가정에서 도움을 받을 수 있도록 가족의 약한 부분을 보완하는 보충적 성격의 서비스를 의미한다고 할 수 있을 것이다. Dexter & Hervert(1983)는 재가서비스를 "충분한 자격을 갖춘 사람이 대상자의 가정에서 가족단위로 서비스를 제공하거나 또는 환자, 능력이 없는 자, 편부모의 자녀, 노인 그리고 사회적, 건강상의 이유로 도움을 필요로 하는 개인들을 돕는 것"이라고 정의하고 있는데, 역시 가정에서 가족단위로 이루어지는 서비스를 의미하고 있다.

이상의 국내외의 개념적 정의들을 토대로 재가복지서비스를 정리하면 다음과 같다. 재가복지서비스는 사회통합과 정상화, 그리고 이를 실현하기 위한 탈시설화 이념에 기반을 두고 복지욕구의 변화에 의해 생겨난 사회복지서비스의 새로운 분야로서, 도움이 필요한 아동, 장애인, 노인과 같은 사회적으로 취약계층의 보호에 있어 이들을 시설에 수용하지 않고 가정과 지역사회 내에서 생활할 수 있도록 요보호대상자에 대해 체계적으로 제공되는 서비스라고 할 수 있다.

2. 재가복지서비스의 필요성

재가복지서비스의 필요성은 시설중심의 사회복지서비스가 재가복지서비스 중심으로 전환하게 되는 사회적 배경에 따른 비경제적 욕구에 대한 반응, 모든 국민을 대상으로 하는 보편주의적 복지관의 등장, 욕구에 따르는 서비스 장소의 변경, 예방과 통합을 목적으로 하는 서비스의 질적 개선 욕구, 지역사회의 역할 증대 등을 들 수 있다. 이러한 재가복지서비스의 이념적 기초는 정상화의 사상에 있다. 정상화는 인간에 어떤 질병이나 장애가 있을 경우 별도의 시설에 보호하는 것이 아니라, 자신이 살아온 지역에 함께 살 수 있는 사회를 실현하려는 이념에 입각하고 있다. 즉, 보호를 요하는 약자들을 지역사회에서 멀리 격리시키는 사회는 비정상적인 사회라는 것을 전제로 하고 있다. 따라서 이 이념은 시민의 적극적인 연대와 공생의 사상을 기본으로 하고, 시민의 자발적 활동이나 주민의 적극적 참여를 통한 폭넓은 관여를 가능하게 한다(황성철 · 한혜경, 2003: 18).

재가복지서비스의 필요성에서 광의적, 중간적, 협의적 개념으로 나누어 제시하면 다음과 같다(남기민 · 홍성로, 2008).

첫째, 광의의 개념으로 가정방문서비스를 비롯하여 지역사회 내 이용시설이나 주거시설에서 제공하는 다양한 서비스를 포함한 광범위한 지역사회보호(community care)를 말하며, 여기서 주거시설이란 병원이나 요양원처럼 지역사회에서 분리된 형태의 시설보호가 아니라 지역사회를 기반으로 하는 가정과 같은 분위기의 개방된 주거시설을 의미한다.

둘째, 중간적 개념으로 요양보호사를 각 가정에 파견하여 필요한 서비스를 제공하거나 지역사회의 케어에 필요한 물품을 활용하도록 하는 서비스를 의미한다.

셋째, 협의의 개념으로 지역사회에 거주하는 대상자의 집을 요양보호사가 방문하여 노후생활에 필요한 서비스를 노인이나 부양자에게 직접 제공하는 가정방문 서비스(In-Home Services)를 의미한다.

3. 재가복지서비스의 종류

1) 장애인재가복지서비스

우리나라는 PAS(Personal Assistance Service)를 '활동보조인서비스'라고 부르고 있다. PAS는 장애인의 자립생활과 매우 높은 연관성이 있는 것으로서 장애인의 자기결정과 선택권, 공동체에의 참여, 일상생활의 독립적 해결을 가능하게 하는 사회서비스를 말한다. 활동보조서비스가 도입된 것은 2007년에 선진국의 PAS를 비교 분석한 연회적 제도가 아니라, 서비스를 필요로 하는 장애인들의 야학이나 단체에 국한하여 자발적으로 운영 또는 지방자치단체에서 시범운영되어 왔던 과정에 서비스를 이용해 본 경험을 이용당사자들이 사례로 발표한 자료들에 기인하고 있다.

따라서 활동보조서비스는 장애인의 자립생활을 기본이념으로 도입되고 있으며, 장애인복지의 탈시설화와 관련서비스 정책의 페러다임을 바꾸어가는 역할을 하고 있다. 그리고 장애인에게 있어서 '자립생활'은 의사결정이나 일상생활 활동을 함에 있어 '가족 등 타인에게의 의존도를 최소화하는 상태'를 말하며, 가족구성원들에게의 의존도조차도 최소화하고 모든 일상생활 활동에 필요한 최소한의 보조를 하나의 사회체계로서 누릴 수 있도록 하는 것이 활동보조서비스이다.

2) 노인재가복지서비스

노인시설복지서비스와 반대되는 개념으로 노인재가복지서비스는 재가노인을 위한 통합적 복지서비스라고 말할 수 있다. 본래 재가노인이란 건강상의 치료나 요양보호를 목적으로 각종 복지시설에 입소하여 지내는 노인을 제외한 모든 노인을 가리키지만, 재가노인복지를 시설복지의 상반된 개념으로 해석하기에는 곤란한 부분이 있다. 왜냐하면 재가복지서비스 중에 서비스의 범위나 제공되는 장소 등에 따라 여러 의미를 가지고 있기 때문이다.

우리나라의 경우 재가복지란 말은 1980년대부터 시작되었으며, 1987년 민간노인복지기관인 한국노인복지회가 시작한 가정봉사원 파견사업을 지원하기 시작하면서 정부에서 '재가노인 봉사사업'이라는 명칭을 사용하였다. 이후 1993년부터 공식적으로 '재가노인복지사업'이라는 용어가 나오게 되었으며, 같은 시기에 '재가노인복지사법'을 처음으로 규정하였다.

보건복지부(2007)는 재가복지서비스사업을 정신적, 신체적인 이유로 혼자서 일상생활을 수행하기 곤란한 노인 및 그 가정에 대하여 필요한 각종 서비스를 제공함으로써, 노인이 지역사회에서 가족 및 친지와 더불어 건전하고 안정된 생활을 영위할 수 있도록 하고 가족의 수발부담을 덜어주기 위함을 목적으로 하고 있다. 특히 "고령이나 노인성 질병 등의 사유로 일상생활을 혼자서 수행하기 어려운 노인 등에게 제공하는 신체활동 또는 가사활동지원 등의 장기요양급여에 관한 사항을 규정하여 노후의 건강증진 및 생활안정을 도모하고 그 가족의 부담을 덜어 줌으로써 국민의 삶의 질을 향상하도록 함을 목적으로 한다"고 규정하고 있다. 이에 재가노인복지시설은 다음의 하나 이상의 서비스를 제공함을 목적으로 한다고 규정하고 있다(노인복지법 제4장 38조).

첫째, 방문요양서비스 : 가정에서 일상생활을 영위하고 있는 노인(이하 '재가노인'이라 한다.)으로서 신체적 · 정신적 장애로 어려움을 겪고 있는 노인에게 필요한 각종 편의를 제공하여 지역사회 안에서 건전하고 안정된 노후를 영위하도록 하는 서비스이다.

둘째, 주 · 야간보호서비스 : 부득이한 사유로 가족의 보호를 받을 수 없는 심신이 허약한 노인과 장애노인을 주간 또는 야간 동안 보호시설에 입소시켜 필요한 각종 편의를 제공하여 이들의 생활안정과 심신기능의 유지 · 향상을 도모하고, 그 가족의 신체적 · 정신적 부담을 덜어주기 위한 서비스이다.

셋째, 단기보호서비스 : 부득이한 사유로 가족의 보호를 받을 수 없어 일시적으로 보호가 필요한 심신이 허약한 노인과 장애노인을 보호시설에 단기간 입소시켜 보호함으로써 노인 및 노인가정의 복지증진을 도모하기 위한 서비스이다.

넷째, 방문목욕서비스 : 목욕장비를 갖추고 재가노인을 방문하여 목욕을 제공하는 서비스이다.

제2절 재가복지서비스의 운영관리

1. 노인재가복지서비스 설치

재가노인복지시설은 다음과 같이 설치할 수 있다고 규정하고 있다(노인복지법 제4장 39조).

① 국가 또는 지방자치단체는 재가노인복지시설을 설치할 수 있다.

② 국가 또는 지방자치단체외의 자가 재가노인복지시설을 설치하고자 하는 경우에는 시장 · 군수 · 구청장에게 신고하여야 한다.

③ 재가노인복지시설의 시설, 인력 및 운영에 관한 기준과 설치신고 등에 관하여 필요한 사항은 보건복지부령으로 정한다.

〈표 11-1〉 노인장기요양기관 설치서류

서비스	필요 서류
공통	1. 장기요양기관 지정신청서(별지 제19호서식) 1부 1-1. 일반현황 1부 1-2. 인력현황 각1부(서비스 유형별 1부) 1-3. 시설현황 각1부(서비스 유형별 1부) 2. 면허 또는 자격증 사본 • 사회복지사, 간호(조무)사, 물리(작업)치료사, (촉탁)의사, 요양보호사, 영양사 3. 요양보호사 자격유예자 재직증명서(유예대상자별) 각 1부 • 요양보호사 자격유예자의 경우 자격유예기준일('08.7.1)에 근무하던 기관에서 발급한 경력증명서 또는 재직증명서, '08.7.1 이전에 지정받는 경우에는 지정당시 재직증명서를 첨부하여 지정을 받으면 '08.7.1 이후에 자격유예 여부를 재심사하지 않을 계획 4. 법인의 경우 - 법인 대표자가 아닌 대리인 신청 시 위임장
신규설치 요양시설	5. 개정규정('08.4.4 이후)에 따라 설치 신고된 요양시설의 경우 사용자와 고용인 간의 직접 근로계약을 증빙할 수 있는 근로계약서 사본 또는 건강보험 사업장 가입자 명부

자료: 보건복지부 2008년 노인보건복지사업안내.

재가노인복지시설을 설치하고자 하는 자는 재가노인복지시설설치신고서(노인복지법 시행규칙 별지 제20호 서식)를 첨부하여 특별자치도지사 · 시장 · 군수 · 구청장에게 제출한다. 〈표 11-1〉 참조.

① 설치하고자 하는 자가 법인인 경우에는 정관 1부

② 위치도, 평면도 및 설비구조내역서 각 1부(주 · 야간보호서비스 또는 단기보호서비스를 제공하려는 경우에만 제출한다)

③ 이용료 기타 이용자의 비용부담 관계서류 1부

④ 사업계획서(사업대상 및 서비스내용을 포함한다) 1부

⑤ 시설을 설치할 토지 및 건물의 소유권 또는 사용권을 증명할 수 있는 서류 각 1부(주 · 야간보호서비스 또는 단기보호서비스를 제공하려는 경우에만 제출한다)

재가노인복지시설의 시설규모는 다음과 같다(노인복지법 시행규칙 제29조).

(1) 방문요양서비스 및 방문목욕서비스를 제공하는 경우 : 시설전용면적 16.5㎡(연면적 기준) 이상이 되어야 한다.

(2) 주 · 야간보호서비스 및 단기보호서비스를 제공하려는 시설의 정원 및 면적은 다음과 같다.

① 이용정원 : 5명 이상

② 시설 연면적 : 시설 연면적 각각 90㎡ 이상(이용정원이 6명 이상인 경우에는 1명당 6.6㎡ 이상의 공간을 추가로 확보하여야 한다.)이 되어야 한다. 다만, 주 · 야간보호서비스와 단기보호서비스를 함께 제공하거나 사회복지시설에 병설하는 경우에는 공동으로 사용하는 시설의 면적을 포함하여 각각 90㎡ 이상이 되어야 한다.

③ 이용자 1명당 침실 면적은 6.6㎡ 이상이고, 합숙용 침실 1실의 정원은 4명 이하여야 한다.

2. 노인재가복지서비스 내용

재가노인복지시설은 다양한 사업을 수행하고 있으며, 구체적인 내용을 제시하면 다음과 같다.

1) 방문요양서비스

(1) 방문요양에 관한 사항

① 신체활동지원서비스 : 세면도움, 구강관리, 몸 청결, 머리감기기, 몸단장, 옷 갈아입히기, 목욕도움, 배설도움, 식사도움, 체위변경, 이동도움, 신체기능의 유지증진 등 신체에 관한 서비스

② 가사활동지원서비스 : 취사, 침실 및 주변정돈, 세탁 등 가사에 관한 서비스

③ 개인활동지원서비스 : 외출 시 동행, 일상업무 대행 등 개인 활동에 관한 서비스

④ 정서지원서비스 : 말벗, 격려 및 위로, 생활상담, 의사소통 도움 등 정서에 관한 서비스

(2) 상담 및 교육에 관한 사항

① 노인생활 및 신상에 관한 상담서비스

② 장애노인 및 보호자의 교육

(3) 노인결연에 관한 사항 : 무의탁노인의 후원을 위한 결연사업

2) 방문목욕서비스

목욕준비, 입욕 시 이동보조, 몸 씻기, 머리말리기, 옷 갈아입히기 등이며 목

욕 후 주변정리까지 포함한다.

3) 주 · 야간보호서비스

(1) 생활지도 및 일상동작훈련 등 심신의 기능회복을 위한 서비스
(2) 급식 및 목욕서비스 등
(3) 노인가족에 대한 교육 및 상담

4) 단기보호서비스

급식, 치료, 그 밖에 일상생활에 필요한 편의를 제공하는 서비스

※ 장기요양급여란?

6개월 이상 혼자서 일상생활을 수행하기 어렵다고 인정되는 자에게 신체활동 · 가사활동의 지원 또는 간병 등의 서비스나 이에 갈음하여 지급하는 현금 등을 의미.

* 시설급여: 장기요양기관이 운영하는 노인요양시설 및 노인요양공동생활가정 등에 장기간 동안 입소하여 신체활동 지원 및 심신기능의 유지 · 향상을 위한 교육 · 훈련 등을 제공하는 장기요양급여.
* 재가급여: 방문요양, 방문목욕, 방문간호, 주 · 야간보호, 단기보호, 복지용구 등 가정을 방문하여 신체활동, 가사활동, 간호 등의 서비스를 제공하거나 주 · 야간보호시설이나 단기보호시설에서 신체활동 지원 등의 서비스를 제공하는 장기요양급여.

자료: 보건복지부 2008년 노인보건복지사업안내.

노인복지법 제38조에 따른 재가노인복지시설의 이용대상자는 다음 각 호와 같다(동법 시행규칙 제27조).

5) 장기요양급여수급자

6) 심신이 허약하거나 장애가 있는 65세 이상의 자(이용자로부터 이용비용의 전부를 수납받아 운영하는 시설의 경우에는 60세 이상의 자로 한다)로서 다음 각 목에 해당하는 자.

(1) **방문요양서비스** : 1일 중 일정시간 동안 가정에서의 보호가 필요한 자.
(2) **주 · 야간보호서비스** : 주간 또는 야간 동안의 보호가 필요한 자.
(3) **단기보호서비스** : 월 1일 이상 15일 이하 단기간의 보호가 필요한 자.
(4) **방문 목욕서비스** : 가정에서의 목욕이 필요한 자.
(5) **재가노인지원서비스** : (1)부터 (4)까지의 서비스 이외의 서비스로서 상담 · 교육 및 각종 지원서비스가 필요한 자를 대상으로 한다.

3. 노인재가서비스의 체계

1) 대상체계

고령이나 노인성 질병 등으로 목욕이나 집안 일 등 일상생활을 혼자하기 어려운 노인들에게 신체활동 · 가사활동지원 등의 급여를 제공하여 노후생활의 안정과 그 가족의 부담을 덜어주어 국민의 삶의 질을 높여주는 사회보험제도이다. 국민건강보험 가입자로서 65세 이상의 등급판정기준에 따라 판정받은 자,[3] 또는 65세 미만일 경우에도 대상자가 치매, 뇌혈관성 질환, 파킨슨병 등 노인성질병을 가진 자로 6개월 이상 동안 혼자서 일상생활을 수행하기 어렵다고 인정하는 경우 등급판정기준에 따라 판정을 받은 자로 정하고 있다. 이에 서비스를 받기 위해서는 장기요양수급대상자로 인정을 받아야 하고, 공공부조의 국민기초생활 수급자도 보험가입자가 된다(보건복지부, 2008).

2) 급여체계

급여내용으로는 시설급여와 재가급여가 있는데, 여기에서는 재가급여만을 논의키로 한다. 재가급여의 종류는 방문요양, 방문목욕, 방문간호, 주 · 야간보호, 단기보호 등 다섯 가지이다. 이러한 급여의 수혜자가 되기 위해서는 요양등급을 받아야 하는데, 등급을 받을 수 있는 기준이 일정해야 한다. 급여수혜자가 소비자로서 주권을 누릴 수 있다고 보는가의 문제와 급여가 미시적, 거시적 관점에서 경제 등에 미치는 영향에 관한 문제는 충분한 연구가 이루어져야 할 것이다. 따라서 장기요양급여 제공의 기본원칙을 제시하면 다음과 같다.

첫째, 장기요양급여는 노인의 심신상태, 생활환경과 노인 및 그 가족의 욕구, 선택 등을 종합적으로 고려하여 필요한 범위 안에서 이를 적정하게 제공하여야 한다.

둘째, 장기요양급여는 노인 등이 가족과 함께 생활하면서 가정에서 장기요양을 받는 재가급여를 우선적으로 제공하여야 한다.

셋째, 장기요양급여는 노인 등의 심신 상태나 건강 등이 악화되지 아니하도록 의료서비스와 연계하여 이를 제공하여야 한다(노인 장기요양보험법 제3조).

이상에서 보건복지가족부는 등급외자서비스 연계 지침에 의하여 국민건강보험공단은 등급외자 명단을 시 · 군 · 구에 통보하도록 하며, 시 · 군 · 구는 보건복지서비스(노인돌봄이서비스, 가사간병도우미, 독거노인 생활관리사

3) 노인장기요양보험제도 등급판정기준에 따라 최저 55점 이상의 판정을 받은 1, 2, 3등급 대상자.

파견, 보건소 예방서비스 등)를 연계하도록 되어 있다.

3) 전달체계

사회복지제도에 있어서 서비스 전달체계란 클라이언트에게 적합하고, 필요한 모든 과정을 의미하며, 서비스 전달상의 행정조직, 서비스의 전달자, 서비스를 받는 수혜자 사이의 조직적 배열을 말한다. 재가서비스의 대상자가 선정되고 재원이 마련되었더라도 어떻게 대상자에게 전달되어지느냐는 매우 중요한 문제이다. 가장 효과적이고 효율적으로 전달되어져야 하기 때문이다. 대상자에게 가장 적합한 혜택을 주기 위하여 전달체계의 설계가 어떻게 되어 있는가는 결국 대상자의 선정 자체와 그 서비스의 성격에 대한 정책이 어떻게 실제적으로 표현되고 전달되는지의 문제에 달려 있다.

따라서 재가서비스의 전달체계는 건강보험공단에서 대상자를 선정하고, 시청에서 재가노인복지시설을 허가해 주며, 재가노인복지시설에서 대상자에게 서비스를 제공해 주는 역할로 구성된다. 그러므로 재가노인복지시설을 운영하는 운영자가 어떻게 재가노인복지시설을 경영하느냐에 따라서 그 서비스의 질이 많이 달라질 수 있다.

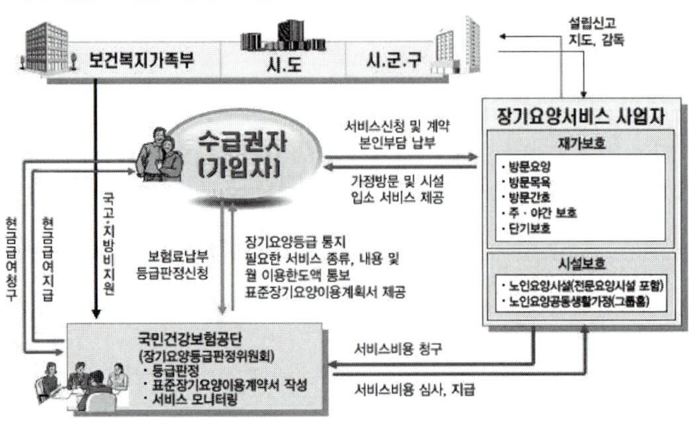

[그림 11-1] 노인장기요양보험의 서비스 이용체계

4) 재원체계

사회복지서비스에 있어서 재원은 매우 중요하다. 아무리 좋은 제도와 대상자가 있어도 재원이 없으면 아무 소용이 없기 때문이다. 재원조달의 근원이나 형태에 관한 선택이 그래서 중요하다. '노인장기요양보험법'에서의 재원마련은 기본적으로 노인장기요양보험료, 정부재원, 대상자부담 등의 혼합형으로 되어있다. 정부재원의 경우는 정부예산으로 지원되며 공공부분의 경우 일반 국민들의 보험료로 재원이 마련되고 있다. 그리고 보험의 형태는 사회보험의 형태로 '노인장기요양보험'을 포함하여 5대보험이라 한다. 즉, 대상자부담은 시설급여 20%, 재가급여 15%를 본인부담금으로 하고 있다.

4. 장애인재가서비스 운영현황

장애인실태조사의 결과(2009)에서 전국 장애인구수 약 2,149천명이 외출하지 않는 주된 이유가 '장애 때문에 불편해서', '외출도우미가 없어서'의 비율 합 85.2%로 나타났다. 이에 앞서 2009년 8월부터 서비스가 개시된 '경상남도 장애인도우미뱅크' 사업은 국가가 시행하는 활동보조인서비스가 제공하는 모든 영역뿐만 아니라, '재가간병지원'과 '재가교육지원'그리고 일시적 '위탁가정서비스'를 지원하고 있다. 상담은 그 기본을 이루고 있어서 장애인실태조사 결과에서 나타난 장애인들의 욕구를 상당부분 충족하고 있으며, 새로운 장애인재가복지서비스로 자리잡아 가고 있다.

활동보조서비스(PAS)는 장애인의 자립생활을 기본이념으로 도입되고 있으며, 장애인복지의 탈시설화와 관련서비스 정책의 패러다임을 바꾸어가는 역할을 하고 있다. 장애인에게 있어서 '자립생활'이란 의사결정이나 일상생활 활동을 함에 있어 '가족 등 타인에게의 의존도를 최소화하는 상태'를 말한다. 즉, 가족구성원들에게의 의존도조차도 최소화하고 모든 일상생활 활동에 필요한 최소한의 보조를 하나의 사회체계로서 누릴 수 있도록 하는 것이 활동보조서비스이다.

활동보조서비스 이용 이후의 삶의 변화에 관한 실태조사에서, 활동보조인 서비스를 운영하는 데 있어서의 어려움으로 가족의 저항, 활동보조인의 모집과 고용의 불연속성, 약속의 불이행, 장애인에 대한 지나친 보호의 태도, 활동보조서비스에 대한 무지와 장애인의 수동성, 장애인과 활동보조인의 갈등 등을 문제로 제기하고 있다. 이에 제기된 문제의 해결방안을 제시하면 다음과 같다(김경미, 2005).

첫째, 가족이 장애인을 보호해야 한다는 강한 가족책임감은 서비스이용의 경험으로 긍정적인 변화의 결과를 가져올 수 있으므로, 활동보조서비스의 긍정적인 측면에 대한 홍보와 가족으로 구성된 지지집단이 필요하다.

둘째, 활동보조인의 모집과 고용의 불연속성, 약속의 불이행문제 등은 활동보조인에 대한 임금 상승과 사회보험의 적용, 명시적인 계약, 예비 활동보조인의 확보 등이 필요하다.

셋째, 장애인에 대한 지나친 보호태도는 장애인의 자기결정권에 대한 교육을 통해 해결될 수 있다. 활동보조인 교육을 통해 장애인의 자기결정권을 교육하고 장애인에게도 활동보조인에게 본인의 요구를 주장하고 보조인을 교육할 수 있는 능력을 기를 수 있는 교육의 기회를 제고한다.

넷째, 활동보조에 대한 홍보로 인식도를 높이고, 장애인이 취득하게 되는 효과를 교육할 필요가 있다.

다섯째, 장애인과 활동보조인 사이에서 발생할 수 있는 갈등을 조율하는 역할을 수행할 중간매체가 필요하다.

제3절 재가복지서비스의 문제점과 개선사항

1. 재가복지서비스의 문제점

1) 대상체계의 문제점

재가노인복지서비스의 대상자는 모든 사업에서 신체적 정신적 장애로 일상생활 수행능력에 지장이 있는 자, 독거노인으로 서비스가 필요한 자, 부득이한 사유로 인하여 가족의 보호를 받을 수 없는 심신이 허약한 자, 기타 복지시설 기관장이 서비스가 필요하다고 인정한 자 등으로 되어 있다. 그러나 막연한 수급대상자 범위를 중증노인으로 제한할 경우, 적용대상자의 포괄성 측면에서 경증의 노인과 치매노인, 가장 많은 욕구를 가진 급여대상자 등에 대한 보편주의 원칙에서 형평성의 문제가 제기되고 있다. 만약 등급판정 결과 경증치매노인은 비록 신체적 기능상태가 양호할지라도 가족수발자는 24시간 동안 지속적으로 보호를 제공해야 한다. 이에 치매노인의 가족수발자가 다른 질병을 앓고 있는 노인의 가족수발자에 비해 부양부담수준이 상대적으로 높은 것으로 나타나, 경증치매노인을 포함 정신장애노인, 중증장애인과 말기 암환자 등을 급여대상자로 확대할 필요가 있다(장재혁, 2008).

그리고 판정기준이 매우 애매하여 어느 정도의 신체적, 정신적 결함을 가진 사람이 대상자가 되는지에 대한 모호성과 결함이라는 단어의 기준은 전문의료인이 판정하는 질병을 의미하는지 또는 기능적인 결함인지에 대한 명확성이 결여되어 있음을 알 수 있다. 또한 단기보호사업의 대상자 선정과 관련하여 가장 많이 지적되는 문제는 주간보호사업 대상자와의 차별성이 분명치 않다는 점이다. 보통 골절사고나 가족 간 갈등으로 문제가 있는 경우에 입소하거나 혹은 가족이나 친지의 수발자가 없는 경우에 입소하기도 하며, 심지어 중증치매노인은 단기보호시설, 경증치매노인은 주간보호시설에서 보호를 받는 식으로 구분되어 있다.

2) 서비스내용의 문제점

재가복지서비스의 양과 질의 개선이 동시에 이루어져야 한다. 서비스의 양과 질의 개선을 위해서는 재가서비스시설의 인력기준을 상향조정할 필요가 있다. 주 · 야간보호시설이나 단기시설의 경우, 근로기준법에 근거한 8시간 근무를 기준으로 하여 오전 · 오후 · 저녁 · 야간대별 필요인력 기준을 달리 산출하여야 한다. 특히 24시간 운영되는 단기보호의 인력기준은 요양시설의 인력기준과 동일한 수준으로 상향조정되어야 한다. 그리고 방문요양, 방문목욕, 방문간호의 경우에도 상해보험료가 보험수가에 반영됨으로써, 서비스제공기관이 안정적으로 사업을 수행할 수 있어야 한다(박종연, 2008).

특히 요양보호사의 전문성의 문제를 들 수 있다. 현재의 요양보호사 교육원의 난립과 더불어 전문성이 결여된 단기간의 이수과정을 통한 자격증 취득으로 인하여 재가복지서비스의 질이 떨어지는 것이 현실이다. 그리고 재가복지파견시설에서 활동하는 요양보호사는 자체에서 모집하고 위탁훈련을 시켜 현장에 내보내는 무급자원봉사자들도 있어 자신의 업무에 책임감을 가지기 어렵다. 이에 재가노인복지서비스는 요양보호사제도의 교육의 질 확대 및 전문성 제고를 위한 실습이 제도적으로 정착되어야 한다.

다음으로 무분별한 기관난립으로 인한 공급과잉 문제를 들 수 있다. 시설의 지역별 불균형과 무분별한 기관난립의 문제는 이용자의 접근성의 불평등 문제와 기관 간 과다경쟁으로 인한 인건비 절감이 결국 서비스의 질 저하로 연결된다는 문제를 갖고 있다. 그리고 재가노인복지서비스의 전달체계의 분산에 문제가 있다. 재가노인서비스의 전달체계는 그 조직, 인력, 시설, 서비스 면에서 서로 분산되어 있고, 상호협조 내지 조정관계에 어려움을 겪고 있다. 이러한 문제는 재가노인복지사업에 한정되고 있는 것은 아니지만, 앞으로 지속적으로 증가할 것으로 예상되는 재가노인복지사업을 고려해 볼 때, 체계적인 재가노인복지서비스의 전달체계의 문제로 지적되고 있다[4].

4) 노인장기요양보험법의 경우 전달체계가 시설신고는 지자체이며, 서비스관리 감독은 건강보험공단이고, 서비스제공은 재가복지시설이다보니 전달체계가 분산되는 경우가 있다.

3) 재원체계의 문제점

우리나라는 1998년을 기점으로 지금까지 노인복지서비스는 꾸준하게 증가되고 있다. 현행 장기요양보험의 재정이 보험료, 국비나 지방비 부담, 본인부담비용 등 3가지 중 어느 하나에 부담이 가중되는 방식으로 구성되어 있다. 즉, 보험료는 건강보험료와 연동되어 있어서 건강보험료의 징수수준에 따라 장기요양보험재정이 영향을 받게 된다. 급속한 고령화 추세를 반영하고 지역별 고령화 편차를 고려한다면, 국비의 인상은 불가피하며 노인장기요양보험제도의 보편적인 서비스를 위하여 노인장기요양보험의 국고지원 비율을 점진적으로 확대시켜야 할 필요가 있다. 그리고 관리감독의 부재 문제가 제기되고 있다. 즉, 공단이나 지자체의 관리인원에 비해 재가시설이 많아 적절한 관리감독이 부재하여 많은 재원이 낭비되고 있다.

2. 재가복지서비스의 개선사항

1) 대상체계의 개선사항

우리나라의 재가노인복지서비스의 급여대상자를 확대할 필요가 있다. 예를 들어, 암환자나 65세 미만의 장기요양자들은 법의 사각지대에 놓여 있는 것이 현실이다. 또한 65세 미만의 투석환자나, 심장질환자나, 당뇨환자들은 65세 미만이라는 이유로 장기요양서비스를 받지 못하고 있다. 노인장기요양보험 시행 1년이 된 현시점에서 재가복지서비스가 진정으로 사회보험의 선두주자로 자리매김 하려면 적용대상을 중증 이상의 노인으로만 제한하여 서비스를 제공하는 현재의 제도에서 탈피하여야 한다. 또한 많은 대상자들에게 실질적인 혜택이 제공되도록 적용대상자를 확대하는 방안이 절실히 필요하다. 즉, 보편성의 가치를 실현하기 위하여 가장 중요한 것은 장기요양보호를 필요로 하는 모든 국민이 이 제도의 혜택을 받도록 하는 것이다. 이에 제도를 뒷받침 할 수 있는 시설과 인력을 계획에 따라 꾸준히 확충하여 체계적이고 질 높은 서비스를 제공할 수 있는 기반을 갖추어 전 국민에게 혜택이 돌아가는 방향으로 나아가야 한다.

적용대상자 범위에 간병과 수발이 필요한 중증장애인을 포함시켜야 한다는 점이다. 이는 장애인단체에 대한 정확한 이해와 설득을 강화할 필요가 있다. 노인장기요양보험제도의 취지는 노인에 대한 간병과 수발이므로 노인복지법에 적용된 노인에 대해서만 적용대상이 됨을 장애인이나 장애인단체에 이해와 설득을 강화시키며, 장애인복지법과 연계된 노인장기요양보험제도가 될 수 있도록 노력해야 한다. 특히 장애인들이 소외감을 갖지 않도록 접근해야 하며, 특히 노인장기요양보험제도의 서비스수준에 맞추어 중증장애인에 대한 복지사업을 확대하는 것이 바람직한 방안이라고 생각된다.

2) 서비스내용의 개선사항

재가서비스대상자의 욕구수준, 노인단독가구의 증가와 만성질환자 및 치매노인의 증가 등을 고려하여, 이미 외국에서 시행되고 있는 방문의료, 안부전화서비스, 긴급구호서비스 및 식사배달서비스 등을 통합적으로 연계하는 제도가 도입되어야 한다. 재가노인복지서비스는 서비스이용의 편의성에 있어서 정신적, 신체적으로 독립적인 일상생활을 수행하기 곤란한 노인과 노인부양가정에 필요한 각종서비스를 제공해야 한다. 노인이 가족 및 친지와 더불어 건강하고 안정된 노후생활을 영위할 수 있도록 함과 동시에 노인부양으로 인한 가족의 부담을 덜어주기 위한 서비스 역시 제공해야 할 것이다.

따라서 무분별한 재가서비스시설의 설립에 대한 정부의 적절한 제재가 필요하다. 서비스대상자는 전체 노인인구 500만명의 약 4%인 20만명 정도이다. 이에 서비스대상자 20만명 중 요양시설 이용대상자는 약 40%에 해당하는 8만명 정도이고, 재가서비스를 받고 있는 대상자의 수는 약 12만명 정도이다. 이는 한 시설에서 평균 15명의 대상자에게 서비스를 제공할 수 있다는 것이다. 이로 인한 시설 간 대상자확보 경쟁이 심해지고 불법, 탈법이 성행하고 있음을 알 수 있다. 이에 보건복지부와 건강보험공단에서는 재가노인복지시설의 평가와 철저한 관리감독을 통한 시설의 설립 및 퇴출에 대한 기준이 마련되어야 한다고 밝히고 있다.

3) 재정체계의 개선사항

재정의 개선방안은 먼저 정부의 재정지원 수준을 높여야 한다는 것이다. 노인장기요양제도 시행에 있어 가장 큰 변화는 기관들의 재정의 원천이 서비스 실적에 따른 보험료 수가 지불방식으로의 변화이다. 이러한 변화로 인해 장기요양기관의 재료비 과다부담, 선별입소, 허위 및 부당청구, 유인알선행위(본인부담 감면, 경품제공 등) 등의 행위가 발생하게 되었다. 그러므로 원가산정의 표준화와 급여의 표준화된 틀에 의해서 서비스를 제공하지 못하는 시설에 대한 대비책이 필요하다. 그리고 이용자의 본인부담률을 낮추어야 한다. 서비스의 남용에 따른 비용증가를 억제하기 위해서 일정수준 이용자부담률을 도입하고 있다. 그러나 이용자부담률이 높으면 이용자가 불리하기 때문에 가능한 한 급여상한을 높게 설정하여 이용자부담률을 낮추어야 한다. 많은 본인부담금은 저소득노인층이 많음을 고려할 때, 오히려 가족의 경제적 부담으로 전가될 가능성이 높다.

따라서 정부의 지원을 늘리고 본인부담금을 낮출 필요가 있다. 서울특별시의 경우는 재정자립도가 98%이고, 광역시의 경우 82%, 도의 경우는 43%이며, 시 · 군의 경우는 각각 53%, 24% 등이다. 이에 지방행정에서 재정자립도가 낮은 지방자치단체는 국가와 광역단체의 재정지원 없이는 사회복지사업을 운영하기가 어렵다(서상철, 2002). 그러므로 중앙정부에만 의존하는 것이 아니라 지방자치단체의 자립도를 높여주는 방안을 강구하는 것이 앞으로의 중요한 과제이다.

4) 지역사회자원의 효율적 활용

재가복지서비스의 특징은 욕구의 다양화 및 지역성과 통합성이다. 이에 지자체의 특성을 고려한 정부의 노력이 요구된다. 즉, 지역복지서비스는 중앙집권에서 지역분권으로 전환되어 책임 및 권한을 동시에 주는 지역환경이 만들어져야 한다. 실시주체인 지방정부는 자율성과 더불어 전문성을 갖추어야 할 것이며, 민간에게만 전문성을 요구할 것이 아니라 복지서비스를 계획하고 분배를 할 책임이 있는 지방행정이 전문성을 갖추어 시행착오가 없는 복지서비스를 제공해야 한다.

사회복지협의회의 역할이 중요하다. 고령화사회에서는 서비스의 다양화와 이에 따른 각종 운영주체들의 등장으로 인하여 잘못된 사회적 판단과 자기결정을 내릴 수 없는 노인이용자들이 늘어날 것으로 예상되고 있다. 이러한 이용자들을 위하여 그들의 편에 서서 그들을 도울 수 있는 사회체제는 물론, 그런 기관이나 단체가 있어야 할 것이다. 따라서 직접 서비스를 제공하는 기관이 이러한 역할을 한다는 것은 바람직하지 못하기 때문에, 객관성이 있고 지방행정과 대립할 수 있는 입장에서 역할을 수행할 수 있는 사회복지협의회와 같은 기관의 역할이 점점 중요해지고 있다.

생각해 볼 문제들

1. 재가복지서비스의 개념을 장애인과 노인 관점에서 정의해 보라.

2. 노인재가복지서비스의 운영관리를 요약하여 설명해 보라.

3. 장애인복지서비스의 운영관리를 요약하여 설명해 보라.

4. 재가복지서비스의 문제점을 4가지로 구분하여 설명해 보라.

5. 재가복지서비스의 개선사항을 제시해 보라.

제12장 | 아동복지시설

아동복지는 아동이 건강하게 출생하여 행복하고 안전하게 자라도록 보장함을 목적으로 하고 있다. 우리나라는 산업화 이후 급격한 경제성장으로 불평등한 사회구조의 악순환과 IMF 경제위기로 인한 빈익빈 부익부 현상으로 인해 아동복지의 기능이 약화되었다. 이와 같은 아동복지의 기능 약화와 함께 부모들의 이혼, 별거, 양육포기, 생계곤란 등의 사회문제는 가족과 함께 생활할 수 없는 다수의 요보호아동이 발생되었다. 이는 아동들을 보호하기 위한 아동복지시설의 역할의 중요성을 부각시키고 있다. 따라서 본 장은 첫째, 아동복지시설의 개념, 둘째, 아동복지시설의 운영관리, 셋째, 아동복지시설의 문제점 및 개선사항 등을 중심으로 살펴보고자 한다.

제1절 아동복지시설의 개념

1. 아동복지시설의 정의

아동복지란 아동이 건강하게 출생하여 행복하고 안전하게 자라나도록 그 복지를 보장함을 목적으로 하고 있다(아동복지법 제1장 제1조). 동법 제3조에서는 아동이란 18세 미만인 사람을 말하며, 아동복지란 아동이 행복한 삶을 누릴 수 있는 기본적인 여건을 조성하고 조화롭게 성장, 발달할 수 있도록 경제적, 사회적, 정서적 지원을 의미하고 있다. 보호대상아동이란 보호자가 없거나 보호자로부터 이탈된 아동 또는 보호자가 아동을 학대하는 경우 등 그 보호자가 아동을 양육하기에 적당하지 아니하거나 양육할 능력이 없는 경우의 아동을 말한다. 지원대상아동이란 아동이 조화롭고 건강하게 성장하는 데에 필요한 기초적인 조건이 갖추어지지 아니하여 사회적, 경제적, 정서적 지원이 필요한 아동을 말한다. 그리고 가정위탁이란 보호대상아동의 보호를 위하여 성범죄, 가정폭력, 아동학대, 정신질환 등의 전력이 없는 보건복지부령으로 정하는 기준에 적합한 가정에 보호대상아동을 일정 기간 위탁하는 것을 말한다.

아동학대란 보호자를 포함한 성인이 아동의 건강 또는 복지를 해치거나 정상적 발달을 저해할 수 있는 신체적, 정신적, 성적 폭력이나 가혹행위를 하는 것과 아동의 보호자가 아동을 유기하거나 방임하는 것을 말한다. 피해아동이란 아동학대로 인하여 피해를 입은 아동을 말하고, 아동복지전담기관이란 제45조에 따른 아동보호전문기관(이하 아동보호전문기관이라 함)과 제48조에 따른 가정위탁지원센터(이하 가정위탁지원센터라 함)를 말한다. 따라서 아동복지시설이란 제50조에 따라 설치된 시설을 말하며, 아동양육시설은 보호를 필요로 하는 아동을 입소시켜 보호, 양육하는 것을 목적으로 하는 시설을 말한다.

Kadushin(1980)은 아동복지시설을 '혈연적으로 아동과 무관한 어른들의 보호아래 아동집단의 공동생활을 위한 하루 24시간의 서비스를 제공하는 주거시설'이라고 정의하였다. 즉, 부모의 역할상실과 역기능, 아동의 무능력, 장애와 역할기피, 역할갈등, 그리고 지역사회의 자원 결핍에서 비롯된다고 보고, 이러한 아동문제를 일시적 영구적으로 치료하기 위해서 시설보호 사업이 제공되어야 한다고 주장하였다. Friedlander & Apte(1974)의 연구에서는 시설에서 생활하는 아동들이 서로 무관한 다른 아동이나 어른들과 함께 생활하고 적응해야 하기 때문에, 가정과는 전혀 다른 분위기에서 양육되며 따뜻한 인간관계를 맺기에는 제약이 많고 개인이 집단에 매몰되어 성격를 상실하거나 개성의 발달 또는 정서적, 신체적, 창조적 능력의 발달에 대한 기회를 상실한다고 역설하였다.

이상의 내용을 종합해 보면, 아동복지시설은 복지욕구를 가진 아동들을 시설에 의거하여 보호, 양육하는 곳으로 정의하고 있다. 아동의 양육은 본래 가정에서 부모에 의하여 이루어지는 것이 원칙이지만, 부모의 사망, 이혼, 질병, 방임 및 학대, 유기 등 부모의 원인에 의하여, 혹은 아동 자신의 심신발달상의 장애, 비행 등의 이유에 의하여 부모나 가정으로부터 떨어져서 시설을 이용해야 하는 경우가 있다. 이러한 경우 아동복지시설이 해당 아동의 인격형성을 위하여 기본적인 양육의 장이 된다는 것은 그 아동의 생애에 있어서 지극히 중요한 영향을 주고 있다. 즉, 유아기의 경우 부모와의 분리와 격리는 그 아동에 있어서 심리적으로 상처를 받기 쉽고, 이후의 인격형성에도 커다란 영향을 미칠 수 있다는 것이다.

2. 아동복지시설의 기본원칙

아동복지정책과 아동복지서비스가 효과성과 목적을 달성하기 위해서는 기본적인 원칙이 필요하다. 장인협 · 오정수(2002)는 아동복지시설의 기본적인 원칙을 강조하였는데, 즉 권리와 책임의 원칙, 보편성과 선별성의 원칙, 개발성 기능의 원칙, 포괄성의 원칙, 전문성의 원칙 등 그 여섯 가지 원칙을 제시하면 다음과 같다.

1) 권리와 책임의 원칙

아동복지에서 권리와 책임의 원칙이란 아동을 위한 건전한 육성대책은 아동, 부모 및 사회의 세 주체 간의 권리와 책임에 기반을 두어야 한다는 원칙이다. 즉, 아동복지의 책임은 부모뿐만 아니라 국가 및 사회도 책임을 지니고 있으며, 아동 또한 사회복지의 대상이면서 주체로서 인식되어야 한다는 원칙이다.

2) 보편성과 선별성의 원칙

아동복지에서 보편성과 선별성은 동시에 적용되어야 하는 원칙이다. 보편성은 모든 아동을 대상으로 하여 급여나 서비스를 동일한 수준에서 제공한다는 것이다. 즉, 아동수당, 무상 의무교육 등이 해당되며, 보편주의에 의한 제도는 대체로 일반조세에 의해 재정이 충당되고 있다. 그리고 선별성의 원칙은 아동에 대한 복지를 추구하는 데 조건이나 기준을 정하고, 이에 따라 아동복지의 대상자가 사업을 제한하는 원칙을 말한다. 즉, 선별성의 원칙에 의한 급여와 서비스는 그 성격에 있어 시혜적, 일시적, 보충적, 잔여적 성격이 강하다.

3) 예방성과 치료성의 원칙

아동복지에서 가장 바람직한 것은 아동의 문제를 미연에 방지하는 경우이다. 특히 아동기에 당한 상처는 그의 일생에 영향을 미치기 때문에, 가능한 한 문제가 발생하지 않도록 하는 예방의 원칙이 중요하다. 치료의 원칙은 문제 발생 시 실시되는 조치를 말하는 것으로서 일단 확인된 문제는 해결이 가능하다고 하는 전제 속에서 출발하고 있다. 그러나 많은 경우 사전에 예방을 못할 뿐 아니라, 적절한 치료의 기회를 상실하여 발달상의 장애를 갖는 경우가 빈번하다.

4) 개발성의 원칙

아동복지에서 개발성의 원칙이란 아동이 갖고 있는 능력을 최대한 발휘할 수 있도록 하는 원칙이다. 개발성의 원칙에는 아동의 사회적 자립과 함께 사회적 기여의 창출이라는 관점이 내포되어 경제적 이익에도 관련되어 있다. 모든 아동이 이 원칙을 적용받지만, 특히 발달상의 편차기 심한 장애아동이나 우수한 아동, 양육환경이 결여된 곳에서 자라는 시설아동이나 빈곤가정 아동 등이 주요 대상이 되고 있다.

5) 포괄성의 원칙

아동복지에서 포괄성의 원칙은 요보호아동에게 프로그램이나 서비스가 포괄적으로 제공되어야 한다는 원칙이다. 즉, 포괄성의 기본전제는 건강한 가정생활, 경제적 안정, 교육, 보건, 노동, 오락 및 특수보호 등에 두고 있다. 이에 대한 정부정책도 아동의 권리와 복지를 위하여 통합적이거나 종합적으로 접근되어야 하며, 지역사회에서 제공되는 아동복지서비스 또한 포괄적이며 통합적으로 사례관리 수준으로 실행되어야 한다.

6) 전문성의 원칙

현대사회에서 아동과 그 가정의 문제는 다양하고 복잡하게 나타나므로 아동의 건전한 성장과 발달을 추구하기 위해서는 여러 가지 전문적인 분석과 접근이 필요하다. 즉, 최근 심각한 사회문제가 되고 있는 아동학대의 경우 부모가 당면한 문제뿐만 아니라, 아동의 정서적인 문제가 함께 복잡하게 얽혀 있다. 따라서 요보호아동에 대해서 단순한 격리나 분리만으로는 문제해결이 되지 않으므로, 그들의 현실적인 문제를 해결하기 위해서는 전문적인 접근이 필요하다.

3. 아동복지시설의 종류와 기능

아동복지시설의 종류와 기능은 아동복지법 제52조에 근거를 두고 있다. 따라서 아동복지시설의 종류를 제시하면 다음과 같다.

1) 생활시설

(1) 아동양육시설 : 보호대상아동을 입소시켜 보호, 양육 및 취업훈련, 자립지원서비스 등을 제공하는 것을 목적으로 하는 시설.

(2) 아동일시보호시설 : 보호대상아동을 일시보호하고 아동에 대한 향후의 양육대책을 수립하고 보호조치를 행하는 것을 목적으로 하는 시설.

(3) 아동보호치료시설 : 아동에게 보호 및 치료서비스를 제공하는 다음 각 목의 시설.

- 불량행위를 하거나 불량행위를 할 우려가 있는 아동으로서 보호자가 없거나 친권자나 후견인이 입소를 신청한 아동 또는 가정법원, 지방법원소년부지원에서 보호위탁된 19세 미만인 사람을 입소시켜 치료와 선도를 통하여 건전한 사회인으로 육성하는 것을 목적으로 하는 시설.
- 정서적 · 행동적 장애로 인하여 어려움을 겪고 있는 아동 또는 학대로 인하여 부모로부터 일시 격리되어 치료받을 필요가 있는 아동을 보호 · 치료하는 시설.

(4) 공동생활가정 : 보호대상아동에게 가정과 같은 주거여건과 보호, 양육, 자립지원서비스를 제공하는 것을 목적으로 하는 시설.

2) 이용시설

(1) 자립지원시설 : 아동복지시설에서 퇴소한 사람에게 취업준비기간 또는 취업 후 일정기간 동안 보호함으로써 자립을 지원하는 것을 목적으로 하는 시설.

(2) 아동상담소 : 아동과 그 가족의 문제에 관한 상담, 치료, 예방, 연구 등을 목적으로 하는 시설.

(3) 아동전용시설 : 어린이공원, 어린이놀이터, 아동회관, 체육 · 연극 · 영화 · 과학실험전시 시설, 아동휴게숙박시설, 야영장 등 아동에게 건전한 놀이 · 오락, 그밖의 각종 편의를 제공하여 심신의 건강유지와 복지증진에 필요한 서비스를 제공하는 것을 목적으로 하는 시설.

(4) 지역아동센터 : 지역사회 아동의 보호 · 교육, 건전한 놀이와 오락의 제공, 보호자와 지역사회의 연계 등 아동의 건전육성을 위하여 종합적인 아동복지서비스를 제공하는 시설.

아동복지시설은 각 시설 고유의 목적사업을 해치지 아니하고, 각 시설별 설치기준 및 운영기준을 충족하는 경우 다음 각 호의 사업을 추가로 실시할 수 있다.

- 아동가정지원사업 : 지역사회아동의 건전한 발달을 위하여 아동, 가정, 지역주민에게 상담, 조언, 정보 등을 제공하여 주는 사업.
- 아동주간보호사업 : 부득이한 사유로 가정에서 낮 동안 보호를 받을 수 없는 아동을 대상으로 개별적인 보호와 교육을 통하여 아동의 건전한 성장을 도모하는 사업.
- 아동전문상담사업 : 학교부적응아동을 대상으로 올바른 인격형성을 위한 상담, 치료 및 학교폭력예방을 실시하는 사업.
- 학대아동보호사업 : 학대아동의 발견, 보호, 치료 및 아동학대의 예방 등

을 전문적으로 실시하는 사업.

- 공동생활가정사업 : 보호대상아동에게 가정과 같은 주거여건과 보호를 제공하는 것을 목적으로 하는 사업.
- 방과 후 아동지도사업 : 저소득층 아동을 대상으로 방과 후 개별적인 보호와 교육을 통하여 건전한 인격을 형성하는 것을 목적으로 하는 사업.

이상에서 아동복지시설의 기능은 대상과 지원서비스에 따라 다양하게 구분될 수 있으나, Kadushin(1980)은 아동복지시설이 가진 전문적 기능을 지지적 서비스(supportive service), 보완적 서비스(supplementary service), 대리적 서비스(substitutive service) 등으로 구분하고 있다.

첫째, 지지적 서비스(supportive service)는 부모와 아동이 각자의 책임을 효율적으로 수행할 수 있도록 그들의 능력을 지원하고 강화시켜 주는 서비스를 말한다. 이러한 서비스는 아동들이 자신의 가정에 머물러 있으면서도 받을 수 있는 서비스이며, 복지시설은 외부에서 역할기능이 제대로 발휘될 수 있도록 도와주는 역할을 한다. 이러한 상황이 발생하는 원인으로는 부모가 자녀양육에 곤란함을 느끼거나 부모역할을 하지 못하는 경우, 부모형제와의 갈등으로 자녀의 양육이나 교육에 상당한 영향을 미치는 경우 등이다. 이는 개별지도(casework), 집단지도(group work) 등을 통하여 서비스를 제공하고, 그들이 만족스러운 성장을 가져올 수 있도록 도와주는 데 그 목적이 있다.

둘째, 보완적 서비스(supplementary service)는 가족내부나 시설에서 일시적으로 부모의 역할 일부를 보충하거나 대행해 주는 서비스를 말한다. 이는 보육서비스(day care service)가 대표적인 예라 할 수 있다. 즉, 아동복지시설의 종사자들이 바로 보완적 실천가라 할 수 있다.

셋째, 대리적 서비스(substitutive service)는 아동이 자신의 가족을 완전히 떠나 타인에 의해 양육 보호되는 서비스를 말한다. 그 대표적인 예로서 시설보호, 가정위탁 입양 등이 있다. 그리고 대부분의 시설보호가 여기에 해당된다.

제2절 아동복지시설의 운영관리

1. 아동복지시설 현황

아동인구 변화는 아동을 둘러싼 환경변화의 이해를 위해 먼저 연구되어야 할 기초적 요인이다. 이에 아동인구의 총인구에 대한 구성비를 보면 〈표 12-1〉과 같다. 즉, 인구구성비는 1990년 0~14세가 25.6%에서 2010년 16.2%, 2030년 11.4%, 그리고 2050년에는 8.9%로 상당한 속도로 감소하는 것을 알 수 있다. 이는 경제수준 향상과 저출산으로 인한 아동인구의 절대수 감소를 의미하는 것으로서 단순보호, 양육목적 등의 영 · 유아시설 수요는 감소하고 있다는 것을 추론할 수 있다.

한편, 요보호아동 발생의 추이는 〈표 12-2〉에서와 같이 증가하고 있음을 볼 수 있다. 이는 사회적 원인으로 기아나 미아인 경우는 감소하고 있지만, 미혼모의 아동, 빈곤, 부모의 실직, 학대 등에 따른 요보호아동은 증가하고 있어 아동복지시설의 보다 전문적인 보호를 필요로 하기 때문이다.

〈표 12-1〉 0-14세 아동인구 변화추이

(단위 : 천명)

인구구조	1990	2000	2010	2020	2030	2040	2050
총인구	42,869	47,008	48,875	49,326	48,635	46,343	42,343
0-14세	10,974	9,911	7,907	6,118	5,525	4,777	3,763
인구구성비: 0-14세(%)	25.6	21.1	16.2	12.4	11.4	10.3	8.9

자료: 통계청(2007), 장래인구추이

〈표 12-2〉 요보호아동 발생추이

(단위 : 명)

구 분	계	기아	미혼모 아동	미아	비행, 가출 부랑아	빈곤, 실직, 학대 등
1995	4,576	1,227	1,285	149	1,915	-
2000	7,760	1,270	2,938	144	3,363	-
2001	12,086	717	4,897	98	728	5,646
2002	10,057	634	4,337	74	749	4,263
2003	10,222	628	4,457	79	595	4,463
2004	9,393	481	4,004	62	581	4,265

자료 : 보건복지부(2005-a)

이와 함께 아동보호시설과 보호아동은 〈표 12-3〉과 같다.

〈표 12-3〉 아동보호시설과 보호아동

(단위 : 명)

구 분	시설수	입소자	퇴소자	연말현재 수용자
1990	278	8,730	9,811	23,450
1995	269	5,591	6,731	18,074
2000	269	8,567	8,688	17,720
2001	275	10,638	9,550	18,808
2002	277	8,911	9,043	18,676
2003	279	8,387	8,245	18,818
2004	279	8,026	7,831	19,014

자료 : 보건복지부(2005-b)

시설에 수용보호되는 아동은 〈표 12-3〉에서와 같이 2004년 12월 31일 기준 279개의 아동복지시설에 19,014명의 아동이 수용보호되고 있다. 따라서 아동복지시설이 과잉시설화 되고 있는 것이다. 이러한 시설아동의 증가는 국가경제의 악화에 따른 이혼 등으로 가족해체현상이 그 원인이라 할 수 있다. 이와 같이 일반적인 보호, 양육 등을 필요로 하는 아동시설의 수요는 적어지고 전문적 보호를 필요로 하는 아동을 위한 특수시설의 수요는 커지고 있는 시점이다. 이제 요보호아동의 개념은 변화하고 있으며 아동복지시설은 넓은 의미의 요보호 아동을 위한 적극적인 복지를 수행해야 할 시점에 와 있는 것이다.

2. 아동복지시설의 재정현황

우리나라 대부분의 아동복지시설은 재정의 어려움을 겪고 있다. 국가와 지방자치단체는 시설의 운영과 보호아동의 양육, 보호 관리에 필요한 비용을 보조하고 있으나, 시설보호아동수 기준의 획일적인 지급방식의 보조금 책정기준이 현실적이지 못하다.

전국 아동복지생활시설 258개소의 보조금(법인전입금) 평균은 7,400만원인 것으로 나타났다. 아동복지생활시설의 결산액은 평균 6억 4,500만원으로 나타남에 따라 보조금과 결산액의 시설별 편차는 매우 크며, 생활시설의 운영법인별로 재정규모의 차이가 많은 것으로 나타났다. 후원금 규모를 보면, 전국 아동복지생활시설의 평균 후원금은 4,360만원이며, 사업비규모는 평균 1억 6,500만원인 것으로 나타났고, 프로그램에 사용하는 예산규모는 평균 1,754만원으로 나타났다.

〈표 12-4〉 전국 아동복지생활시설 재정규모 현황

(단위: 원)

	시설수	최 소	최 대	평 균
보조금	200개소	20,790원	1,940,000,000원	74,365,329원
결산액	261개소	20,405,473원	10,319,672,874원	645,729,886원
후원금	250개소	76,152원	237,748,922원	45,200,663원
사업비	258개소	131,465원	2,197,537,440원	167,287,707원
프로그램비	241개소	100,000원	112,733,100원	18,853,169원

출처 : 한국사회복지협회 · 성균관대사회복지연구소 · 보건복지부(2005)

3. 아동복지시설 설치기준

아동복지시설의 시설기준은 아동복지법 시행규칙 제11조의 별첨2에 의해 다음과 같다.

1) 아동양육시설 · 아동일시보호시설 및 아동단기보호시설

아동시설 등에 대해서는 다음의 설비를 갖추어야 한다. 단 아동 30인 미만을 수용하는 시설의 경우에는 시설실정에 맞도록 오락용구, 도서류 및 놀이기구 등을 갖추어야 한다.

(1) 강당 또는 오락실 : 66제곱미터 이상으로 오락용구를 비치하여야 한다.
(2) 도서실 : 열람석과 아동의 정서함양을 위한 도서류를 비치하여야 한다.
(3) 놀이터 : 165제곱미터 이상으로 시이소오 · 미끄럼틀 · 그네 · 모래밭 등 놀이기구를 갖추어야 한다.

2) 아동보호치료시설 및 아동직업훈련시설

아동양육시설은 다음의 설비를 별도로 갖추어야 한다. 단 아동 30인 미만을 수용하는 시설에는 시설실정에 맞도록 심리검사, 치료용 설비 및 직업훈련에 필요한 설비를 갖추어야 한다.

(1) 심리검사 · 치료실 : 16.5제곱미터 이상으로 심리검사, 치료를 위한 적당한 설비를 갖추어야 한다.
(2) 직업훈련장 : 66제곱미터 이상으로 하되, 관할 시장 · 군수 · 구청장이 직업훈련과목 및 그 과목수에 따라 가감할 수 있으며, 직업훈련에 필요한 설비를 갖추어야 한다.

3) 자립지원시설

자립지원시설은 복도 · 목욕실 등을 제외한 거실의 실제면적이 아동 1인당 9.9제곱미터 이상으로 하되, 1실의 정원은 2인 이하로 한다.

4) 아동상담소

(1) **상담실** : 16.5제곱미터 이상
(2) **심리검사 · 치료실** : 16.5제곱미터 이상으로 하되, 2개실 이상을 갖출 것
(3) **집단지도실** : 33제곱미터 이상

5) 아동복지관

(1) **강당** : 99제곱미터 이상
(2) **오락실** : 50제곱미터 이상
(3) **도서실** : 열람좌석수 20석 이상으로 하되, 도서 1000권 이상을 갖출 것
(4) **놀이터** : 150제곱미터 이상으로서 시이소오, 미끄럼틀, 그네, 모래밭 등을 갖출 것
(5) **상담실** : 9.9제곱미터 이상으로 하되, 2개실 이상을 갖출 것
(6) **집단지도실** : 33제곱미터 이상으로 하되, 2개실 이상을 갖출 것

6) 공동생활가정

공동생활가정은 전용면적 60제곱미터 이상의 주택형 숙사를 갖추어야 한다.

7) 지역아동센터

지역아동센터는 사무실 · 조리실 · 식당 및 집단지도실을 각각 갖추되, 해당 시설을 모두 합한 면적이 전용면적 82.5제곱미터 이상이 되도록 한다. 단 지역아동센터를 이용하는 일일평균 아동의 수가 20인 미만인 시설은 전용면적 60제곱미터 이상으로 한다.

4. 아동복지시설의 운영기준

아동복지시설의 운영기준(아동복지법 시행규칙 11조 별첨 3)은 다음과 같다.

1) 건강관리

(1) 아동의 입소 시에는 반드시 건강진단을 하여야 한다.
(2) 보호아동 및 직원에 대하여는 연 1회 이상의 건강진단을 하여야 한다.
(3) 건강진단결과 건강이 좋지 아니한 자에 대하여는 그 치료를 위하여 필요한 조치를 취하여야 한다.

2) 급식위생

(1) 급식은 필요한 영양을 섭취할 수 있도록 식단을 작성하고, 그에 따라 시행되어야 한다.
(2) 식단은 영양사가 작성하되, 영양사가 없는 시설은 보건소의 지도를 받아 식단을 작성하여야 한다.
(3) 전염성질환, 화농성창상 등을 가진 자는 아동의 식사를 조리하여서는 아니 된다.
(4) 상수도 외의 음용수를 사용하는 경우에는 적어도 연 2회 이상 수질검사를 받아야 한다.

3) 관리규정

조직 · 인사 · 급여 · 회계 · 물품 등 기타 시설의 관리에 관한 필요한 규정을 제정 · 시행하여야 한다.

4) 장부 등의 비치

시설에는 다음의 장부 및 서류 등을 비치하여야 한다.

(1) 시설의 연혁에 관한 기록부
(2) 재산목록과 그 소유 또는 사용권 증명서
(3) 시설운영일지
(4) 시설장 및 직원의 인사카드(이력서 및 사진을 포함한다)
(5) 예산서 및 결산서
(6) 총계정원장 및 수입 · 지출 보조부
(7) 금전 및 물품의 출납부와 그 증빙서류
(8) 보고서철 및 관계관청과의 문서철
(9) 소속법인인 정관 및 관계의결서류
(10) 입 · 퇴소아동의 명단 및 관계서류

5) 아동복지시설의 기거자

(1) 시설의 장은 아동의 거실이 있는 건물마다 생활지도원, 보육사 기타 필요한 직원 중 1인을 보호아동과 함께 기거하게 하여야 한다.
(2) 시설안에서는 보호아동 외에 시설의 장 및 직원과 그 가족이 아닌 자는 거주하지 못한다.

6) 아동의 보호조치

(1) 아동양육시설 및 일시보호시설의 장은 아동이 입소한 때에는 입소된 날부터 2주 동안 그 심신상태를 관찰하여야 한다.
(2) 아동양육시설의 장은 학대받은 아동에 대한 보호조치를 의뢰받은 때에는 육체적, 정신적으로 정상생활이 될 때까지 특별지도를 위하여 다른

아동과 분리하여 수용할 수 있다.

제3절 아동복지시설의 문제점 및 개선사항

1. 시설환경의 현대화와 정보화

시설아동의 삶의 질을 보장하기 위해서는 아동복지시설에 대한 국가와 지방자치단체의 지원을 현실화 하여야 한다. 시설의 필요인력을 충원하기 위해 편법을 사용하거나 혹은 예산을 전용하는 사례가 발생하는 것은 정부의 시설 운영에 대한 지원이 현실적이지 못하기 때문이다. 사회적 보호를 필요로 하는 아동에게 가정적인 환경과 가장 유사한 생활환경을 제공하고, 아동 각자의 인권이 존중되는 개별화된 보호를 제공하며, 시설의 아동과 보호제공자가 양질의 관계를 형성하기 위해서는 시설보호가 소규모화 되어야 한다.

또한 아동복지시설이 대부분 노후화되어 있으므로 시설아동의 안전을 위해 증 · 개축이 이루어져야 한다. 정부는 시설의 요구에 근거하여 지역시설 간의 불균형이 없도록 시설의 증 · 개 · 신축비 지원계획을 수립하여 지원해야 하며, 시설에서 기본적으로 갖추어야 할 설비 및 물품을 충분히 구비하여 불편이 없도록 하여야 한다. 그리고 시설에 대한 건물안전도 검사 및 소방, 전기 등 각종 안전도 검사를 실시하여 안심하고 아동 및 종사자들이 이용할 수 있도록 해야 한다.

현대 사회는 지식정보화 사회로서 빠르게 변화하고 있으므로, 아동복지시설도 사회의 전반적 추세에 발맞추어 시설의 정보화를 구축하여야 한다. 전체 시설간의 네트워크가 형성되어야 하며, 시설의 업무를 표준화하고 아동복지시설의 운영에 관한 정보, 국내의 학술자료와 각종 아동 관련정보, 아동의 정서적, 행동적 문제에 대한 상담 등 많은 정보를 공유해야 한다. 그리고 아동복지시설의 활성화, 업무의 효율화 등에 도움을 줄 뿐 아니라, 투명성 있게 시설을 운영할 수 있어야 한다.

2. 치료 중심의 전문아동복지시설

우리나라 아동복지시설의 문제점 중 하나는 양육시설 중심이면서 양육시설 내에서 문제를 가진 아동에 대한 치료적인 보호가 제대로 이루어지지 않는다는 점이다. 예를 들면 아동학대예방센터로부터 장기간의 격리보호가 결정된 정서적, 행동적 문제를 가진 아동을 양육시설에 보내려 할 때, 대부분의 양육시설이 아동이 가지고 있는 문제를 다룰 수 없고, 다른 아동에게 악영향을 끼친다는 이유로 거절하는 경우가 많다.

또한 아동이 정신적인 문제를 가지고 있는 경우, 장애를 가지고 있는 경우, 성과 관련된 문제를 가지고 있는 경우 등 치료적 개입이 생활전반에서 필요할 때, 이들이 갈 만한 시설이 없거나 매우 제한되어 있다. 따라서 이들 아동의 다양한 욕구를 충족시키고 치료하여 건강한 성인으로 성장할 수 있도록 도울 수 있는 치료 중심의 전문아동복지기관이 필요하다.

3. 시설의 지역적 편재와 시설의 개방

대부분 아동복지시설은 서울과 경기 일원에 밀집되어 아동이 자기가 생활하던 지역사회에서 보호받아야 한다는 원칙을 지키기가 어렵다. 기존 살던 지역을 떠나 타지역의 기관에 입소할 경우, 아동은 친척이나 친구와의 이별과 전학, 말씨의 차이 등으로 적응에 더 큰 어려움을 겪을 수 있으며, 혹시 미아라면 부모가 아동을 찾기가 더 어려워질 수 있다.

따라서 아동의 인구분포에 맞춘 시설설립이나 전환이 필요하며, 수도권과 비교하여 비교적 열악한 지역아동복지시설에 대한 지원도 더 필요하다. 아동복지시설은 지역사회자원이기 때문에 지금까지의 폐쇄성을 탈피하여 시설의 아동이나 직원이 지역사회의 일원으로 참여하도록 하고 시설을 개방하여 긴밀한 협력관계를 형성하도록 해야 한다.

4. 인력의 전문성 강화

보건복지부(2005)의 통계연보에 따르면, 아동양육을 직접적으로 담당하는 보육사는 전체 종사자의 약 53.3%를 차지하며, 이는 1개 시설당 평균 6.2명의 보육사가 배치되는 셈이다. 특히 상담요원 및 생활지도교사는 전체 종사자 중 3.3% 밖에 되지 않아 2.5개 시설당 1명씩 배치되는 셈이다. 의사와 영양사가 배치되어 있는 곳은 일부에 불과하며 간호사 또한 1.6개 시설당 1명이 배치되어 있는 실정이다.

아동복지시설의 경우, 보육사 배치기준의 법적 기준과 정부보조 기준을 비교해 보면, 영아시설 아동 5인당 1인의 배치기준을 7인당 1인으로, 육아시설과 일시보호시설아동 10인당 1인의 법적 기준을 14인당 1인으로 늘려 놓았다. 수용규모에 따른 배치제한은 시설당 1인씩 배치하도록 되어 있는 간호사와 생활지도사의 배치를 시설아동수 80인 이상 및 100인 이상의 규모조건을 두어, 실질적으로 그 규모에 미치지 못하는 많은 시설에서는 배치를 가로막고 있다. 그 밖에 정부보조금이 지급되지 않아 배치가 제한되기도 하는 실정이다.

아동복지서비스의 질적 수준을 결정하는 또 다른 중요한 요인은 서비스창출, 전달자의 전문성이다. 현재 종사자의 자격기준을 보면, 이러한 전문성이 얼마나 보장되는지 의문시 된다. 특히 아동복지생활시설에서 아동과 가장 밀접한 관계를 맺는 보육사나 생활지도원의 자격은 매우 중요한 문제이다. 물론 아이를 키우는 일에 전문성이 무관할지도 모르나 시설의 아동이 가지고 있는 문제점이나 욕구에 있어서 일반가정의 아동과는 다르다. 부모와 분리의 경험을 가지고 있는 아동은 성장단계에 따른 정상적인 욕구충족을 못했다는 점에서 특별한 관심과 지도가 필요하다.

아동을 양육하는 사람의 전문성은 매우 중요하다. 〈표 12-2〉와 같이 최근 입소 아동별 유형을 볼 때, 미혼모 아동, 빈곤 실직 학대 등에 의한 아동이 급격히 증가하는 현실에서 시설입소아동에 따른 전문적 양육의 자세가 필요하다. 그러나 현재의 종사자 인건비 지원 기준은 전문성을 겸비한 종사자를 채용하기 어려운 실정이다. 현재 실정에 의하면 종사자의 수가 충분하지 않아 업무의 가중이 따르고 높은 이 · 퇴직률을 보이며, 전문화된 서비스전달이 어려운 상황이므로 인력난을 해소하기 위해 정부는 법정기준의 종사자를 확보하도록 국고를 지원하고, 사회복지도우미를 활용하는 방안도 검토해야 한다. 그리고 종사자의 열악한 근로조건은 전문성 있는 종사자를 구하는 데 애로사항으로 작용할 뿐 아니라, 지속적이고 안정적인 근무를 방해하는 원인이 된다.

따라서 시설근무자는 아동에게 때로는 부모, 치료자, 때로는 상담자와 친구의 역할을 하게 되는 중요한 위치에 있는 사람으로 적절한 교육과 훈련을 거친 전문인력이어야 한다. 법에 규정되어 있는 자격을 갖추는 것은 물론, 아동을 자기 자식처럼 따뜻하게 대해 줄 수 있는 성품도 중요하다. 또한 문제를 가진 아동이 점점 증가하는 추세이므로 치료적인 보호서비스를 제공할 수 있는 전문능력의 구비도 요구되고 있다. 이에 보수교육 등 정기적 교육 · 훈련을 강화하여 전문지식과 기술의 습득을 지원해야 하며, 시설에 이처럼 유능한 전문인력을 확보하기 위해서 현재의 열악한 처우수준을 대폭 개선해야 한다.

5. 재정확보 방안

우리나라 대부분의 아동복지시설은 재정의 어려움을 겪고 있다. 국가와 지방자치단체는 시설의 운영과 보호아동의 양육, 보호 관리에 필요한 비용을 보조하고 있으나, 시설보호아동수 기준의 획일적인 지급방식의 보조금 책정기준이 현실적이지 못하다. 한국사회복지협회 · 성균관대사회복지연구소 · 보건복지부(2005) 등의 연구결과에서도 약 35.3%의 조사대상시설에서 정부보조금의 현실화를 최우선적인 과제로 응답하였다. 이와 같이 아동복지시설 재정의 대부분을 국고보조금에 의존하고 있는 실정에서, 정부는 보조금의 책정기준을 현실화하여 지원하여야 한다. 이를 위해서는 국고보조금 지원체계를 개선해야 하며, 새로운 재정 확보방안이 개발되어야 한다.

그리고 시설운영비 및 인건비에 대한 국고보조금을 타 분야의 시설과 마찬가지로 상향조정하여야 하며, 현행 지급되는 국고보조금의 단가를 과학적이고 합리적으로 산출하여 현실에 맞게 조정하여야 한다. 현행 수용인원 비례의 획일적인 지원방식을 시설종별, 규모별, 지역별의 여건을 감안한 차등지급 및 일정, 입소정원 초과시 체감비례 지원으로 개선하는 제도를 마련해야 한다. 또한 후원금의 경우, 현재 각 시설별, 목적사업별로 전개되고 있는 후원금 모금방안을 공동모금 형태로 후원금을 활성화하여 시설, 지역별 후원금의 격차를 축소하도록 하고, 후원금 관리규정을 보완하여 문제가 제기되는 것을 미연에 방지하여야 한다. 특히 후원금 및 후원물품을 합리적으로 모금하고 사용할 수 있도록 하며, 그 사용내역을 후원자에게 공개하여 투명성을 확보해야 한다.

생각해 볼 문제들

1. 아동복지시설의 운영원칙에 대해 설명해 보라.

2. 아동복지법을 기준으로 아동복지시설의 설치기준을 제시해 보라.

3. 아동복지시설의 종류를 생활시설과 이용시설 관점에서 요약하여 설명해 보라.

4. 아동시설의 문제점을 제시해 보라.

5. 아동시설의 개선사항을 시설환경 측면과 운영측면으로 구분하여 제시해 보라.

제13장 | 장애인복지시설

장애인은 독자적으로 살아가는 것이 어렵거나 생활하지 못하지만, 그들은 행복한 삶을 누리고 가치있게 살기를 원하고 있다. 장애인을 보호하는 주체는 일차적으로 가정이지만, 그 가정이 경제적인 능력이 없거나 장애인 혼자서 가정을 형성하고 있는 경우에 장애인보호가 어려울 수 있다. 장애인복지시설은 전문적이고 직업적인 기술을 제공하도록 사회적으로 위임받은 곳이라고 할 수 있다. 이는 기본적으로 욕구를 가진 장애인들의 삶의 질을 향상시킴으로써 행복과 보다 나은 삶을 살 수 있도록 영향을 주기 위해 존재해야 한다. 따라서 본 장은 첫째, 장애인복지시설의 개념, 둘째, 장애인복지시설의 운영관리, 셋째, 장애인복지시설의 문제점 및 개선사항 등을 중심으로 살펴보고자 한다.

제1절 장애인복지시설의 개념

1. 장애인복지시설의 정의

장애인복지법 제1장 제1조에 의하면, 장애인복지법의 목적은 장애인의 인간다운 삶과 권리보장을 위한 국가와 지방자치단체 등의 책임을 명백히 하고 있다. 즉, 장애발생 예방과 장애인의 의료 · 교육 · 직업재활 · 생활환경개선 등에 관한 사업을 정하여 장애인복지대책을 종합적으로 추진하며, 장애인의 자립생활 · 보호 및 수당지급 등에 관하여 필요한 사항을 정하여 장애인의 생활안정에 기여하는 데 있다. 동법 제2조에서 장애인이란 신체적 · 정신적 장애로 오랫동안 일상생활이나 사회생활에서 상당한 제약을 받는 자를 말하며, 신체적 장애란 주요 외부 신체기능의 장애, 내부기관의 장애 등을 말하고, 정신적 장애란 발달장애 또는 정신질환으로 발생하는 장애를 말한다. 또한 장애인복지의 기본이념은 장애인의 완전한 사회참여와 평등을 통하여 사회통합을 이루는 데에 있다(동법 제3조).

사회복지조직으로서 장애인복지시설은 영리조직 혹은 관료조직과 같은 다른 공식조직과 구별되는 다음과 같은 특성을 갖고 있다(최성재 · 남기민, 2001).

첫째, 사회복지시설에 투입되는 원천이 장애인이라는 것이다. 즉, 장애인복지시설의 주된 활동대상은 사회문제나 욕구를 지닌 장애인들을 말한다. 인간으로서의 장애인은 다른 물질이나 사물과 달리 서비스 전달과정에 반응하고 참여하는 특성이 있다. 이는 다른 관료조직과 대조적으로 장애인복지시설의 원천은 가치중립적이 아니며, 문화적 가치를 부여받고 사회적, 도덕적 정체성을 지니고 있는 인간들이라는 점이다. 따라서 장애인복지시설의 활동은 도덕적으로 정당화되어야 한다. 즉, 비영리조직의 활동에 영향을 미치게 되는데, 모든 활동이 도덕적으로 정당화되어야 하기 때문에 기술과 활동에 있어서 제한을 받는 경우가 많다.

둘째, 장애인복지시설의 목표가 애매모호하여 가치와 이해관계에 갈등을 유발할 수 있다는 것이다. 즉, 장애인복지시설의 대상이 장애인이기 때문에 조직의 목표에 대하여 구체적인 합의를 얻기 어려운 점이 많다. 반면에 시설을 둘러싸고 있는 많은 이익집단들은 시설을 통해 각자의 가치관과 목적을 달성하려고 시도하게 되는데, 이러한 상황이 목표의 갈등을 초래하게 된다.

셋째, 장애인복지시설은 소기의 결과를 얻는 데 불완전한 지식과 기술을 사용하고 있다는 것이다. 즉, 사회과학적 지식의 불확실성과 원조관계에 대한 지식의 불확실성으로 인하여 서비스 결과의 성공률이 높지 못하다는 점이다. 사회는 극도의 복잡한 체계이며 개인마다 각기 독특한 속성을 가지고 있다. 따라서 시설에 투입되는 원천이 불안정하고 명료하지 못하며 변동적이므로 결과를 예측할 수 없는 기술을 가지고 업무를 수행해야 한다.

넷째, 장애인복지시설은 운영자금을 외부로부터 지원받기 때문에 환경의 변화에 쉽게 영향을 받게 된다는 것이다. 장애인복지시설은 공공의 이익을 위해서 사회적으로 물질적 및 비물질적인 후원을 받아야 한다. 이로 인해 장애인복지시설은 만성적인 자원부족의 상태에 놓이게 되고, 이는 직원들의 소진을 초래하여 업무행태에 부정적으로 영향을 미치게 된다.

다섯째, 장애인복지시설은 전문성을 가지고 있는 직원들에 대한 의존도가 높다는 것이다. 장애인복지시설의 핵심적인 활동은 조직구성원과 서비스대상자인 고객과의 관계이다. 그런데 고객들은 대개 비자발적 혹은 사회적으로 바람직하지 못한 다양한 문제를 지닌 사람들인 경우가 많다. 이는 수요공급의 법칙이 적용되는 시장에서 거래관계를 통해 개인의 욕구를 충족하는 일반적인 체계로 고객들의 만족을 유도하기 어렵다. 따라서 장애인복지시설 종사자의 전문적인 지식과 기술에 입각한 활동이 중요시된다.

여섯째, 장애인복지시설의 서비스효과를 명확하고 타당하게 측정할 수 있는 표준척도를 설정하기가 어렵다는 것이다. 즉, 조직목표의 다양성과 모호성, 서비스 기술의 불확실성, 인간의 관찰과 측정의 어려움 등이 종합적으로 시설활동의 산출 측정과 효율성 사정을 어렵게 만든다. 따라서 시설의 성과평가에 대한 논란이 많고 변화와 혁신에 대한 저항이 다른 조직에서보다 크다.

2. 장애인복지시설의 기본원칙

장애인복지는 장애인을 인간으로서 존중하고 능력을 최대한 발휘하여 인권차원에서 가치 있는 삶을 영위하도록 지원하는 데 있다. 이러한 차원에서 장애인복지정책은 다음의 이념에 기초하여 수립되어야 함을 강조하고 있다(남기민, 2007).

첫째, 인권존엄의 원칙이다. 장애인에 대한 일반적인 사회적 인식은 인간의 본질적인 면은 보지 않은 상태에서 차별과 편견이 지배적이라 할 수 있다. 따라서 장애인은 한 인간으로서 생명이 존중되어야 하고, 비장애인과 동일한 사회의 기본적인 의무와 권리가 존중되고 있다.

둘째, 개별화의 원칙이다. 장애를 가지고 있어도 개인이 추구하는 삶의 목표는 다르다. 따라서 다양한 장애를 가진 개인에 대한 장애의 의미부여와 문제해결을 위한 접근방법에는 개별화가 요구되고 있다.

셋째는 발달보장의 원칙이다. 모든 개체는 변화하고 발달하며 그 가능성을 믿고 잠재능력을 개발하는 것이 발달보장이다. 따라서 장애인의 개성적 발달과 잔존능력의 성장가능성을 찾아 그 성장에 기대를 걸고 개성이나 특성을 파악하는 것이 요구되고 있다.

넷째, 기회균등의 원칙이다. 기회균등이란 모든 사람이 일상생활을 하는 데 필요한 모든 사회적 기구와 서비스를 이용할 수 있는 것을 의미한다. 장애인도 사회구성원의 한 사람이기 때문에 모든 사람들이 공유하는 사회적 기회가 장애인에게도 보장되어야 한다. 따라서 비장애인과 다른 생활이나 분리된 생활은 바람직하지 못하므로 정상적인 사회생활을 할 수 있는 방안이 요구되고 있다.

다섯째, 사회참여의 원칙이다. 장애인은 신체적 · 정신적 장애가 있다는 이유만으로 기본권이 보장되지 않은 채 사회에서 소외되고 존재조차도 무시되고 있다. 장애인의 평등한 기본권이란 정치적 · 법적 · 사회적 권리로 비장애인과 동등한 의무와 권리가 인정되어야 한다는 것이다. 따라서 장애인의 완전한 사회참여와 평등이 이루어지도록 장애인과 비장애인이 하나의 사회를 형성하는 사회통합이 요구되고 있다.

여섯째, 사회가치의 원칙이다. 장애인은 장애를 가지고 있다는 이유만으로 사회로부터 가치절하의 평가를 받고 있다. 즉, 장애인의 잠재적 능력을 인정받지 못하게 되는 경우가 많다. 따라서 장애인도 사회의 한 구성원으로 역할을 부여받아 함께 살 수 있는 존재로서 사회적 권리가 요구되고 있다.

이상에서 장애인복지의 원칙은 사회와 국가가 인간의 존엄과 가치를 가지고 장애인들이 행복을 추구할 권리를 보장하는 것에 초점을 두고 있다. 특히 장애인의 인권을 보호하고 완전한 사회참여와 평등을 이루어 더불어 살아가는 사회를 만들기 위한 여건과 환경을 조성하도록 노력해야 하는 것을 강조하고 있다.

3. 장애인복지시설의 분류

장애인복지시설의 종류 및 설치기준은 '장애인복지법' 및 그 시행규칙에 따라 분류할 수 있다. 따라서 장애인복지법 제5장 제58조에서 장애인복지시설의 종류를 제시하면 다음과 같다.

- 장애인거주시설 : 거주공간을 활용하여 일반가정에서 생활하기 어려운 장애인에게 일정 기간 동안 거주 · 요양 · 지원 등의 서비스를 제공하는 동시에 지역사회생활을 지원하는 시설
- 장애인지역사회재활시설 : 장애인을 전문적으로 상담 · 치료 · 훈련하거나 장애인의 일상생활, 여가활동 및 사회참여활동 등을 지원하는 시설
- 장애인직업재활시설 : 일반 작업환경에서는 일하기 어려운 장애인이 특별히 준비된 작업환경에서 직업훈련을 받거나 직업생활을 할 수 있도록 하는 시설
- 장애인의료재활시설 : 장애인을 입원 또는 통원하게 하여 상담, 진단 · 판정, 치료 등 의료재활서비스를 제공하는 시설

장애인복지시설은 장애인복지서비스가 제공되는 장소와 시설의 이용방법에 따라 생활시설, 이용시설로 구분할 수 있다. 장애인생활시설은 장애인이 필요한 기간 동안 생활하면서 재활에 필요한 상담 · 치료 · 훈련 등의 서비스를

받아 사회복귀를 준비하거나 장애로 인하여 장기간 요양하는 시설이다. 여기에는 장애유형별 생활시설, 중증장애인요양시설, 장애영유아생활시설이 포함된다. 장애인이용시설은 장애인복지관, 장애인의료재활시설, 장애인체육시설, 장애인주간보호시설, 장애인단기보호시설, 장애인수련시설, 장애인공동생활가정 등 장애인에게 전문적인 상담 · 치료 · 훈련 등을 제공하거나 여가활동 및 사회참여활동 등에 필요한 편의를 제공하는 시설을 의미한다.

장애인복지시설의 프로그램 및 서비스비용 수납여부에 따라 유료시설과 실비 및 무료시설로 분류할 수 있다. 장애인유료복지시설은 장애인이 필요한 치료 · 상담 · 훈련 등 편의를 제공받고, 이에 소요되는 일체의 비용을 시설운영자에게 납부하여 운영하는 시설이다.

제2절 장애인복지시설의 운영관리

1. 장애인복지시설 현황

장애인생활시설은 전국적으로 2005년에 약 265개소이며, 이곳에서 살고 있는 장애인은 약 19,668명으로 집계되고 있다. 장애인생활시설 중 지적장애시설이 110개소로 가장 많았고, 중증장애인요양시설 93개소, 지체장애인시설 31개소, 시각장애인시설 13개소, 청각 · 언어장애인시설 12개소, 장애영유아시설 6개소가 설치되어 있다(보건복지부, 2006). 그러나 지난 2010년에는 장애인생활시설이 452개소이며, 현원은 24,395명이었다. 장애인생활시설 중 지적장애시설이 196개소 10,178명으로 가장 많았고, 중증장애시설 82개소 10,365명, 지체장애시설 40개소 2,055명, 시각장애시설 14개소 744명, 장애영유아시설 10개소 491명, 청각장애인시설 10개소 196명 순으로 나타났다(경기도장애인시설협회, 2011).

장애인복지시설은 전국적으로 분석해 보면, 265개소에서 452개소로 약

59%가 증가하였다. 세부적으로 지적장애시설이 110개소에서 196개소로 약 56%가 증가하였고, 나머지 시설은 조금씩 증가하거나 감소하는 정도로서 장애인시설 중 지적장애시설, 즉 정신지체장애인에 대한 대책이 시급함을 알 수 있다. 이에 장애인생활시설수는 〈표 13-1〉과 같다.

〈표 13-1〉 장애인생활시설 시설수(2010.12월 기준)

(단위 : 명)

합 계		지체장애		시각장애		청각장애		지적장애		중증장애		장애영유아	
시설수	현원	시설수	현원	시설수	현원	시설수	현원	시설수	현원	시설수	현원	시설수	현원
452	24,395	40	2,055	14	744	10	462	196	10,178	82	10,365	10	491

자료: 경기도장애인시설협회(2011)

2010년 12월말 현재 장애인직업재활시설의 현황을 살펴보면, 전체 시설수는 422개소이며 근로장애인은 11,932명이었다. 이 중 근로작업시설은 45개소 1,817명, 보호작업시설은 377개소 10,115명으로 나타났다(경기도장애인시설협회, 2011). 이에 장애인직업재활시설 현황은 〈표 13-2〉와 같다.

〈표 13-2〉 장애인직업재활시설 현황(2010. 12월 기준)

(단위 : 시설수, 명)

시설수	근로장애인	근로작업시설		보호작업시설	
		시설수	근로장애인	시설수	근로장애인
422	11,932	45	1,817	377	10,115

자료: 경기도장애인시설협회(2011)

2010년 12월말 현재 장애인지역사회재활시설의 현황을 살펴보면, 전체 시설수는 1,726개소이며, 공동생활가정 589개소, 주간보호시설 442개소, 장애인복지관 191개소, 수화통역센터 176개소, 장애인심부름센터 1,545개소 순으로 나타났다(경기도장애인시설협회, 2011). 이에 장애인지역사회재활시설 현황은 〈표 13-3〉과 같다.

〈표 13-3〉 장애인지역사회재활시설 현황(2010.12월 기준)

(단위 : 시설수)

소계	장애 복지관	의료 재활 시설	주간 보호 시설	단기 보호 시설	공동 생활 가정	장애인 체육 시설	장애인 심부름 센터	수화 통역 센터	점자 도서관	점자 도서 및 녹음 출판시설
1,726	191	18	443	103	589	27	154	176	23	2

자료: 경기도장애인시설협회(2011)

2. 장애인복지시설 설치기준

장애인복지시설을 설치 · 운영할 수 있는 자는 국가, 지자체, 사회복지법인, 개인 등 누구나 시 · 군 · 구청장에게 신고 후 설치 · 운영할 수 있다(장애인복지법 제5장 59조).

1) 장애인복지시설 설치의 공통기준

장애인복지시설 설치의 공통기준(장애인공동생활가정은 제외)은 다음과 같다.

- 시설의 입지조건 : 접근이 용이하고 쾌적한 환경.
- 시설의 규모 : 상시 10인 이상이 생활할 수 있는 시설.
- 시설구조 및 설비 : 이용하는 장애인의 장애유형별 · 성별 · 연령별 특성 고려.

  ※ 장애인 · 노인 · 임산부 등의 편의증진보장에 관한 법령 등 타법에 장애인편의시설이 추가로 규정되어 있을 경우 그에 따름.

- 생활시설 규모별 설비기준.

〈표 13-4〉 장애인 30인 이상 생활시설 면적(건물 총면적)

지제장애인 뇌병변장애인 청각 · 언어장애인 시설	시각장애인 생활시설	정신제체인 발달장애인 생활시설	중증장애인 요양시설 장애인유아 생활시설
1인당 21.78m^2이상	1인당 19.8m^2이상	1인당 21.12m^2이상	1인당 18.48m^2

〈표 13-5〉 장애인 30인이상 상시생활시설 설비

거실	사무실	의무실 또는 의료 재활실	재활 상담실	집단 활동실	자원 봉사자실	조리실	목욕실	세탁장	건조장	화장실	급 · 배수 시설	비상 재해 대비 시설
1	1	1	1	1	1	1	1	1	1	1	1	1

※ 거실의 경우 복도 · 다락 등을 제외한 바닥의 면적(생활자 1인당)

- 6세 미만의 경우에는 2.0m^2이상
- 6세 이상의 경우에는 3.3m^2이상

※ 1실의 정원

- 6세 미만의 경우에는 10인 이하
- 6세 이상의 경우에는 8인 이하

〈표 13-6〉 장애인 30인 미만 거주시설 면적 : 1인당 9.37m^2이상

거실	사무실	의무실 또는 의료재활실	조리실	목욕실	세탁장	건조장	화장실	급 · 배수 시설	비상재해 대비시설
1	1		1	1		1	1	1	1

※ 거실의 경우 복도 · 다락 등을 제외한 바닥의 면적(생활자 1인당)

- 6세 미만의 경우에는 2.0m^2이상

- 6세 이상의 경우에는 3.3㎡ 이상

※ 1실의 정원
- 6세 미만의 경우에는 10인 이하
- 6세 이상의 경우에는 8인 이하

2) 시설 유형별 설비기준(공통사항 외 추가설비)

〈표 13-7〉 생활자 30인이상 장애인생활시설 및 장애인유료복지시설

시설별	설비기준	
장애유형별 생활시설	지체장애인 뇌병변 장애인 시설	• 시행하고자 하는 재활사업별로 물리치료실 · 작업치료실 · 직업훈련실 및 보장구제작실 등 필요한 설비와 지체장애인의 치료 및 훈련에 필요한 기계 · 기구류 구비
	시각장애인 시설	• 재활사업별로 사업 목적달성에 필요한 시설 · 설비 구비 • 2층 이상의 건물에는 1개소 이상의 피난설비 구비
	청각 · 언어 장애인시설	• 직업 훈련사업시 직업훈련실 및 작업훈련용 기계 · 기구류 비치 • 가능한 한 청능훈련실 · 언어치료실과 필요한 기계 · 기구 구비
장애유형별 생활시설	정신지체인 발달장애인 시설	• 작업치료실을 설치하되 작업치료의 종류, 기계기구의 종류 및 작업인원에 따라 필요한 면적 확보 • 중증 정신지체인 수용 거실은 1층에 설치 • 필요에 따라 1인용 거실 및 2인용 거실 설치 가능
중증장애인 요양시설	• 시설의 구조와 설비는 중증장애인이 생활하기에 불편이 없도록 지도요망 • 유행성질환 감염에 대비하여 격리보호실을 1개 이상 설치 - 격리보호실에는 산소호흡기 및 흡입기(가래제거용)를 사용할 수 있는 시설물 설치 • 거실 중심으로 화장실 · 욕실 설치 • 잔존기능의 유지 및 향상을 위하여 훈련, 치료를 할 수 있는 물리치료실 · 작업치료실 및 언어치료실 등의 필요한 설비와 기자재 구비 • 중증장애인의 의료적 진단, 치료에 필요한 각종기구와 진료실, 간호실 구비	

시설별	설비기준
장애영유아 생활시설	• 시설의 구조와 설비는 장애영유아들이 생활하기에 불편이 없도록 지도요망 • 휠체어 · 유모차 등 사용에 불편함이 없도록 이동 및 주거공간 등 생활공간 확보 및 각종 편의 시설 구비 • 허약아 · 미숙아 · 전염가능 아동을 격리 · 보호할 수 있는 격리보호실 1개이상 설치 • 신생아를 치료 · 보호할 수 있는 관계장비 설비 구비 • 거실 중심으로 화장실, 욕실 설치 • 잔존기능의 향상을 위하여 훈련 · 치료를 할 수 있고, 물리치료실, 작업치료실, 언어치료실 등의 필요한 설비와 기자재 구비

〈표 13-8〉 장애인지역사회재활시설(생활시설)

시설별	설비기준
장애인공동생활가정	• 거실(1인당 최소 3.3㎡ 이상) • 조리실 • 화장실 • 기타 장애인의 공동생활에 필요한 설비

3. 장애인복지시설 종사자 배치 및 자격기준

1) 장애인 생활시설 관리 및 운영요원 배치기준

장애인 시설규모별 관리 및 운용요원의 기준은 30인 이상과 미만시설로 구분하고 있다. 이에 시설규모별 배치기준은 〈표 13-9〉와 같다.

〈표 13-9〉 시설규모별 배치기준

구분	시설장	총무	의사 또는 촉탁 의사	간호사 ①	생활 지도원 ②	영양사	사무원	사회 재활 교사	직업 훈련 교사	시설 관리인	조리원 ③	위생원 ④
30인 이상 시설	1	1	1	1	하단 설명	50인 이상에 1명	100인 이상에 1명	30인 이상에 1명	직업 훈련 또는 작업 과목에 따라	200인 이상에 1인	1	1
30인 미만 시설	1	-	1	1		-	-	-		-	1	-

① 중증장애인요양시설과 장애영유아생활시설 : 50인당 1인 이상

② 18세 이상 성인 : 10인당 1인 이상

- 아동 및 정신지체 또는 발달장애인 : 5인당 1인 이상
- 시각장애인 : 4인당 1인
- 중증장애인요양시설 및 장애영유아생활시설 : 3인당 1인
- 장애인유료복지시설은 장애인생활시설 인원의 1.5배 이상

③ 시설거주자가 50인 이상인 시설의 경우 매 50인을 초과하는 때마다 1인 추가

④ 시설거주자가 30인 이상인 시설의 경우에 한하며 시설거주자가 100인 이상인 시설의 경우에는 매 100인을 초과하는 때마다 1인 추가

〈표 13-10〉 시설특성별 관리 및 운영요원 배치기준

시설별		물리 치료사	작업 치료사	상담 평가 요원	청능 치료사	언어 치료사	보행 훈련사	근로 시설 기사
장애인 유형별 생활시설	지체장애인 뇌병변장애인	1인이상 (30인 초과시 마다 1인추가)	1인이상 (다른 전문요원이 겸직가능)	1인 (다른 전문요원이 겸직가능)	-	-	-	-
	시각 장애인	-	-	상동	-	-	1인	-

시설별		물리 치료사	작업 치료사	상담 평가 요원	청능 치료사	언어 치료사	보행 훈련사	근로 시설 기사
장애인 유형별 생활시설	청각·언어 장애인	-	-	상동	1인 이상	1인 이상	-	-
	정신 지체인 발달 장애인	1인이상 (30인 초과시 마다 1인추가)	1인이상 (다른 전문요원이 겸직가능)	상동	-	1인 이상	-	-
중증 장애인 요양시설		상동	상동	상동		1인 이상		
장애 영유아 생활시설		상동	상동	상동		1인 이상		

2) 관리 및 운영요원의 자격기준

관리 및 운영요원의 자격기준은 〈표 13-11〉과 같다.

3) 벌칙 및 행정처분

(1) 벌칙

- 1년 이하 징역 또는 300만원 이하 벌금
  - 업무상 알게 된 개인의 신상에 관한 비밀을 누설할 경우
  - 설치신고 또는 변경신고 하지 않고 시설을 설치운영한 자
  - 시설운영의 중단, 시설폐쇄시 법 50조 제3항 각호의 시설거주자 권익보호조치를 취하지 않은 경우
  - 정당한 사유없이 장애인복지실시기관이 명한 보고를 하지 않거나 허위로 보고한 자, 자료를 제출하지 않거나 허위자료를 제출한 자, 조사 · 검사 · 질문을 거부방해 또는 기피한 자 ⇒ 법인의 대표자 또

는 법인이나 개인의 대리인 · 사용인 그밖의 종사자가 그 법인 또는 개인의 업무에 관해 상기의 위반행위를 한 경우에는 행위자 처벌 외 법인 또는 개인에 대해 벌금을 과함

- 200만원 이하 과태료
  - 설치신고를 하고 시설운영을 개시하지 않은 자
  - 시설운영 중단, 재 운영, 시설의 폐지 등의 신고의무를 위반한 자

〈표 13-11〉 관리 및 운영요원의 자격기준

직종별	자 격 기 준
시설장	(1) 의사(한의사 · 치과의사 포함)로서 장애관련 분야에 3년 이상 진료경력이 있는 자 (2) 특수학교 교장 또는 교감이었던 자 및 초 · 중등교육법에 의한 특수학교교사 (교사자격증소지자)로서 당해 시설 입소대상장애인의 교육에 3년 이상 종사한 경력이 있는 자 (3) 사회복지사업법에 의한 사회복지사 3급 이상의 자격증을 가진 자로서 사회복지사업에 3년 이상 종사한 경력이 있는 자 (4) 위 각호에 준하는 학식과 경력이 있다고 인정되는 자
총 무	(1) 사회복지사업법에 의한 사회복지사 3급 이상의 자격증을 가진 자 (2) 제1호에 준하는 자격이 있다고 인정되는 자
사회재활 교사	(1) 사회복지사업법에 의한 사회복지사 (2) 고등교육법에 의한 전문대학 이상의 학교에서 심리학 · 교육학 또는 장애인재활 관련학을 전공하고 졸업한 자
직업훈련 교사	(1) 고등교육법에 의한 대학에서 직업재활 또는 특수교육을 전공하고 졸업한 자 (2) 사회복지사업법에 의한 사회복지사 (3) 장애인직업재활시설 운영직종과 관련된 자격증을 취득한 후 장애인복지사업에 2년 이상 종사한 경력이 있는 자
시설관리 기사	전기, 소방설비, 건축설비, 산업안전, 배관설비, 열관리 등 시설관리와 관련된 분야의 면허 또는 자격증 소지자

(2) 행정처분

- 시설의 개선, 사업의 정지, 폐쇄 등
  - 시설기준 미달시
  - 정당한 사유 없이 장애인복지실시기관이 명한 보고를 하지 않거나

허위로 보고한 자, 자료를 제출하지 않거나 허위자료를 제출한 자, 조사 · 검사 · 질문을 거부방해 또는 기피한 자

- 사회복지법인 또는 비영리법인의 설치 · 운영 시설의 경우 사회복지법인 또는 비영리법인의 설립허가가 취소된 경우
- 시설의 회계부정이나 불법행위 기타 부당행위 등이 발견되었을 때
- 설치목적의 달성 기타사유로 계속 운영할 필요가 없다고 인정될 때
- 이 법 또는 이 법에 의한 명령이나 처분에 위반할 때

제3절 장애인복지시설의 문제점 및 개선사항

1. 장애인복지대상자

보건복지부(2005)의 장애인실태조사에 의하면, 장애인 중 장애인등록을 하지 않는 이유로 장애인등록제도의 절차나 방법을 몰라서가 32.9%로 가장 높게 나타났으며, 장애인이라고 생각하지 않아서가 28.4%, 장애인 등록 때 혜택이 없을 것 같다가 13.5%를 차지하고 있다. 그리고 '남에게 장애인임을 알리기 싫어서'가 여전히 8%에 육박해 장애인 스스로도 사회에 나오기를 두려워하고 장애인에 대한 사회적 편견이 많으며, 장애인복지시책이 미흡함을 알 수 있다. 또한 장애인과 그 가족의 사회 노출기피 성향 및 복지수혜대상이 아닌 경우 등의 사유로 등록을 회피하는 것을 알 수 있다. 뿐만 아니라 장애인 등록절차 또한 복잡하다. 장애인 등록신청 및 장애진단은 장애인복지법 시행규칙 제3조에 의거하고 있다. 등록신청은 장애인으로 등록하고자 하는 사람은 거주지 동사무소에 신청을 하고, 18세 미만의 아동 및 본인이 의사표시를 할 수 없는 장애인은 보호자가 신청을 대행할 수 있으며, 특별한 경우를 제외하고는 6개월 이상의 치료 후 장애가 고착되었을 시 신청할 수 있다. 이러한 절차는 중증이나 중복장애인에게는 동사무소나 병원의 접근이 쉽지 않기 때문에

장애인 등록이 매우 어렵다. 따라서 개선사항을 몇 가지 제시하면 다음과 같다.

첫째, 장애인의 범위를 확대시켜 심각한 장애를 가지고 있는 사람들조차 장애인으로 인정받지 못하는 것을 개선해야 한다. 즉, 심각한 장애를 가지고 있어 사회생활이 어려움에도 불구하고 장애인으로 인정받지 못해 그에 마땅한 복지혜택을 받지 못하여 어려움을 겪는 사람들이 많다.

둘째, 기존 장애등급 분류상 규정이 모호한 마비나 부분강직 등은 등급에 따른 신체조건을 구체화하여 객관적인 장애판정이 가능하도록 해야 한다.

셋째, 장애인 등록제를 정착시켜 모든 장애인의 욕구에 부응하고 경제적 부담을 최소화 할 수 있는 단계적 지원시책을 마련하는 등 종합적인 처방이 있어야 한다. 또한 국민들의 장애인에 대한 의식이 개선되고, 장애인이 떳떳한 사회의 일원으로서 참여할 수 있는 홍보와 개발이 뒷받침될 수 있도록 정부의 꾸준한 노력이 요구된다.

2. 장애인복지급여

우리나라 전체 장애인 중에서 국민기초생활보장의 생계급여 및 장애수당을 지급받는 장애인들은 일부의 빈곤계층에 국한되고 있어 많은 장애인들이 소득보장에 어려움을 겪고 있다. 또한 간접적 소득보장으로서 각종의 조세감면제도는 그 공제의 수준이 낮아 소득보장으로서의 실효가 낮고 접근권 관련 비용감면의 경우도 그 유형은 다양하다. 이에 전체 장애인 중에서 이를 이용하는 장애인은 많지 않기 때문에 감면의 실질적 효과는 매우 미흡하다. 따라서 이의 개선을 위해서는 장기적으로 장애인에 대한 무기여식연금제도의 도입을 통해 장애인에 대한 낙인(stigma)을 해소하는 소득보장체계의 기본적 장치를 마련하는 것이 중요한 과제이다.

3. 장애인복지재정

장애인복지정책을 나타내는 지표는 장애인복지예산인데, 국가의 공적책임이 강조되는 사회보장 부문에 있어 예산의 배분은 복지의 수준을 결정하는 중요한 부분이라 할 수 있다. OECD(2003)의 보고서에 따르면, 우리나라 장애인에 대한 공공프로그램 지출은 1999년의 경우 GDP대비 0.29%로 멕시코와 함께 OECD 국가 중 최하위에 처해 있다고 발표하였다. 또한 ISSA(1999)의 자료에 의하면, 국가별 장애인소득보장 프로그램에 있어서 한국은 92위로 나타나고 있다. 이른바 복지국가로 알려져 있는 노르웨이, 스웨덴은 각각 5.58%, 4.66%로 가장 높은 수준을 나타냈고, 네덜란드(4.64%), 폴란드(4.60%) 등도 4%대의 높은 비율을 나타냈다.

우리나라 전체 장애인 관련정책의 공공지출 중 비율은 5%로 멕시코의 3%를 제외하면 가장 낮았다. OECD의 평균은 11%로서 우리나라보다 두 배 이상 높으며, 노르웨이(21%), 폴란드(20%), 네덜란드(19%) 등은 공공사회지출 중 장애관련지출의 비중이 상당히 높았다. 따라서 참여정부 이후에 장애인복지의 예산이 많이 늘었다고 하지만 아직도 상당히 부족한 수준이라고 할 수 있다(권선진, 2005). 그동안 장애인복지는 거의 전적으로 보건복지부 소관으로 여겨져 왔으나, 장애인의 욕구는 다양하여 모든 욕구를 고려하면 다부문의 행동이 요구되고 있다.

따라서 장애인에 대한 통합적 접근을 실행하기 위해서는 무엇보다도 서로 다른 부문 간에 조정이 필요하다. 사회복지는 그 성격상 많은 투자를 필요로 하므로 선진국의 경우 예산을 편성할 때, 장애인을 위한 교육, 의료, 복지 등의 예산을 우선적으로 확보하고 있다. 그러나 현재 우리나라 장애인복지예산을 전체적으로 살펴보면, 기존의 전통적인 장애인 수용시설 운영비와 공적부조사업지로 80% 이상을 배정하고 있다. 이는 21세기의 장애인복지정책도 여전히 수용시설 중심으로 정책을 펴고 있다는 반증이라 할 수 있다. 장애인복지정책의 방향은 지역중심의 재가장애인복지 활성화에 초점을 두고 있다고 하지만, 장애인복지예산만을 놓고 볼 때 아직도 전근대적 수용시설정책에 머물고 있는 것이 현실이다.

이에 개선사항으로는 장애인복지 주무부서인 보건복지부의 예산확보에 있어서 강력한 위치에 서지 못하고, 장애인 관련단체도 압력단체로 힘을 발휘하기에는 아직 미약하므로 우리 모두가 장애인복지의 시대적 중요성을 재인식하여 접근할 필요가 있다. 지방자치단체에서 주요정책을 집행할 수 있도록 기반을 마련해야 하고, 장애인정책의 재원마련을 위한 세금징수권을 지닐 수 있도록 하는 방안이 검토되어야 한다. 즉, 장애인복지재정은 지방자치단체 예산과 중앙정부의 보조금, 그리고 장애인에 대한 서비스 수익금으로 충당할 수 있을 것이다. 또한 장애인복지예산은 수용시설 중심의 치중된 예산편성이 아닌 지역사회 중심 재활을 위해서 장애인 개인이 가정과 지역사회에서 보호받고 생활할 수 있도록 예산이 편제되어야 한다.

4. 장애인복지 전달체계

장애인복지를 위한 공공 전달체계나 민간 전달체계는 아동복지나 노인복지 전달체계에 비하여 복잡하다. 장애인은 인생의 주기 상 아동이나 노인과 같이 어느 일정한 시기에 있는 것이 아니라, 전생애를 걸쳐서 대상이 될 수 있으며 그에 따른 서비스 욕구도 다양하고 장애인 유형도 각각 다르기 때문이다. 현재 장애인복지정책의 주무부처인 보건복지부에 독립된 장애인복지심의관실이 설치되어 있다. 그러나 현행 장애인복지의 공공 전달체계는 보건복지부 외에도 교육인적자원부, 노동부, 정보통신부, 건설교통부 등에 분산되어 있어 통합성과 효율성의 문제가 제기되고 있다. 물론 장애인복지법에 의하여 국무총리 소속 하에 장애인복지조정위원회가 설치되어 부처 간의 의견을 조정하고 있지만 충분치 못한 실정이다.

따라서 장애인과 관련된 제반 정책 및 행정기능이 효율적으로 통합될 수 있도록 상호 유기적인 전달체계가 구축되어야 한다. 그리고 민간 전달체계로서 장애인복지시설의 증설과 전문인력의 확대배치가 이루어져야 하며, 무엇보다도 장애인복지시설 종사자들의 처우향상이 시급히 요구되고 있다. 또한 공공 전달체계와 민간 전달체계 간에, 그리고 민간 전달체계 상호 간에 유기적인 협조관계를 유지하기 위해 분립 운영되고 있는 장애인복지 관련단체의 협회 활동이 조정 · 통합되는 기능이 강화되어야 한다.

생각해 볼 문제들

1. 장애인복지시설의 기본원칙에 대해 설명해 보라.

2. 장애인복지법을 기준으로 장애인복지시설의 설치기준을 제시해 보라.

3. 장애인복지시설을 생활시설과 이용시설 관점에서 요약하여 설명해 보라.

4. 장애인시설의 문제점을 제시해 보라.

5. 장애인시설의 개선사항을 4가지 측면으로 구분하여 제시해 보라.

제14장 노인복지시설

노인인구의 비율은 지난 2000년 고령화 사회에 진입한 이래 빠르게 증가하여 2018년에는 14%에 해당하는 고령사회로 진입할 것을 예상하고 있다. 고령화 사회에서는 정부나 가계가 노인부양을 부담하기 때문에 경제적 문제와 노인보호문제, 의료와 연금을 비롯한 사회보장비용 증대 등의 사회문제가 주요한 과제로 부각되고 있다. 현대사회에 있어서 사회복지시설은 과거의 시설생활자만의 수용보호에서 1970년대 이후 탈시설화, 커뮤니티케어 등 지역복지 수요의 확대에 따라 시설 안에서의 수용보호만이 아니라 노인재가복지에 대한 역할이 점점 커지고 있다. 따라서 본 장은 첫째, 노인복지시설의 개념, 둘째, 노인복지시설의 운영관리, 셋째, 노인복지시설의 문제점 및 개선사항 등을 중심으로 살펴보고자 한다.

제1절 노인복지시설의 개념

1. 노인복지시설의 개요

우리나라「노인복지법」제31조에는 노인복지시설의 종류로서 노인주거복지시설, 노인의료복지시설, 노인여가복지시설, 재가노인복지시설, 노인보호전문기관 등 5종이 명시되어 있다. 일반적으로 노인복지시설은 노인요양시설을 생각할 수 있는데, 노인요양시설의 정확한 의미는 노인복지시설 중 노인의료복지시설에 속하는 것으로 입소대상과 소요경비의 부담 정도에 따라 노인요양시설, 노인요양공동생활가정, 노인전문병원(노인복지법, 2010년 1월31일 개정) 등을 말한다. 그리고 노인복지시설은 사회복지사업법 제2조의 '사회복지사업'을 행할 목적으로 설치된 시설로서 노인복지법에 정의되어 있는 시설을 의미한다.

인간의 정상적인 삶은 가정생활과 사회생활의 적절한 조화를 통하여 추구될 수 있는 것이다. 시설노인의 인간다운 삶은 시설 내적 생활과 더불어 시설 외적 생활, 즉 지역사회와 교류를 통하여 이루어지게 된다. 물론 이는 밀접하게 상호 연계되어 있어서 명확하게 구분하기 어려운 점도 있지만, 시설과 지역사회의 교류를 통하여 시설노인의 삶의 질을 높인다는 사실이다(박태영, 2003). 노인복지시설은 이와 같이 지역사회에 거주하고 있는 노인의 삶의 질적 수준을 도모하고자 노인의 포괄적 욕구해결에 필요한 관련 서비스 및 프로그램을 제공하는 시설을 의미한다. 따라서 노인복지시설은 지역사회 내에서 다음과 같은 역할을 수행하고 있다(全國社會福祉協議會, 2000).

첫째, 시설노인의 생활을 유지하고 지원하는 역할이다. 사회적인 자립이 곤란한 사람이 자택에서 생활할 수 없을 경우에 시설에 입소하여 생존권적 기본권을 보장한다. 이러한 시설보호를 통하여 노인은 자신의 문제나 장애로부터 치료, 훈련, 회복하여 사회적 자립을 하게 된다. 따라서 시설보호는 그 유형에 따라 단순한 생명의 안전이나 유지 차원에서부터 전문적인 서비스의 제공에 이르기까지 다양한 수준의 서비스가 필요하다.

둘째, 가정생활을 지원하는 역할이다. 노인의 시설보호이용으로 인하여 남은 가족생활을 직 · 간접적으로 지원하고 가족관계를 조정하고 가족의 부양기능을 안정시킬 수 있다. 시설이 있으므로 가족 내의 보호를 포기하고 시설로 유기하는 부작용도 있지만, 가족기능을 강화하기 위한 적절한 조치로서 가족에 대한 상담, 가족 실정에 적합한 지원체계 구축, 시설의 통합적 기능강화 등을 통하여 가정생활을 지원해 나가야 한다.

셋째, 지역사회복지를 증진하는 역할이다. 시설은 시설노인에 대한 서비스 제공만 하면 되는 것으로 생각해 왔다. 그러나 지역사회와 유리된 시설보호는 시설노인에게 있어서 매우 부적절한 서비스일 수밖에 없다. 시설은 지역사회에 고립된 섬과 같은 곳이 아니라, 지역사회복지인프라로 자리매김해야 한다. 시설이 시설보호에 충실한 것은 물론이고 시설이 위치하는 지역사회의 욕구에 적극적으로 대응하는 노력이 필요하다.

넷째, 지역주민에 대한 복지와 교육적인 역할이다. 시설은 주민의 체험적인 복지교육의 현장이다. 주민이 복지문제를 자신의 문제로 여기지 않는 한 복지영역에 적정한 재원투입이나 사회적 차별극복을 기대하기에는 한계가 있다. 지역주민에게 복지의식을 심어줄 수 있는 최적의 교육시설이 바로 사회복지시설이다. 주민에게 자원봉사활동 거리를 제공하고, 시설노인에 대한 이해를 높이고, 시설보호에 대한 주민참여를 조장하고, 시설노인과 주민이 함께 어우러져 진정한 이웃으로 나눔의 삶을 살아갈 수 있도록 체험의 장이 되어야 한다.

사회복지사업(사회복지사업법 제2조)

사회복지사업법 제2조 제1호에 규정한 개별법령*에 의한 "보호 · 선도 또는 복지에 관한 사업"과 "사회복지상담 · 부랑인 및 노숙인보호 · 직업보도 · 무료숙박 · 지역사회복지 · 의료복지 · 재가복지 · 사회복지관 운영 · 정신질환자 및 한센병력자 사회복귀에 관한 사업" 등 각종 복지사업과 이와 관련된 "자원봉사활동 및 복지시설의 운영 또는 지원을 목적으로 하는 사업"을 말함.

* 개별법령(2009. 12. 1. 시행)
① 국민기초생활보장법, ② 아동복지법, ③ 노인복지법, ④ 장애인복지법, ⑤ 한부모가족지원법, ⑥ 영유아보육법, ⑦ 성매매 방지 및 피해자 보호 등에 관한 법률, ⑧ 정신보건법, ⑨ 성폭력 범죄의 처벌 및 피해자 보호 등에 관한 법률, ⑩ 입양촉진 및 절차에 관한 특례 법률, ⑪ 일제하 일본군 위안부 피해자에 대한 생활안정지원 및 기념사업 등에 관한 법률, ⑫ 사회복지공동모금회법, ⑬ 장애인 · 노인 · 임산부 등의 편의증진 보장에 관한 법률, ⑭ 가정폭력방지 및 피해자 보호 등에 관한 법률, ⑮ 농어촌 주민의 보건복지증진을 위한 특별법, ⑯ 식품기부 활성화에 관한 법률, ⑰ 의료급여법, 기초노령연금법, 긴급복지지원법, 다문화가족지원법

2. 노인복지시설의 필요성

노인인구가 급속도로 증가하는 추세로서 노인복지시설이 중요한 기능을 수행하게 된다. 따라서 노인복지시설이 필요한 이유는 인구, 사회, 문화적 측면의 변화에서 제시하면 다음과 같다.

첫째, 노인인구의 급속한 증가와 인구의 고령화로 노인에 대한 다양한 복지서비스 요구가 증가되고 있다. 2010년 현재 총 인구 중 65세 이상 노인인구는 약 460여만 명에 이르러 전체 인구의 11.2%를 차지하고 있고, 이들 노인인구의 증가속도는 갈수록 빨라져 조만간 고령사회가 될 전망이다(통계청, 2006). 이와 같이 고령노인들의 증가는 무소득으로 인해 경제사회적 의존도가 높고, 치매나 중풍 등의 만성퇴행성질환의 발생가능성이 높은 요보호 노인들의 증가와 직결되어 장기요양서비스가 필요한 요보호노인들의 수를 급증하게 하는 요인이 되고 있다(통계청, 2008). 노인인구의 경제적, 신체적 의존도와 더불어 정서적 의존도의 증가는 다양한 복지서비스의 요구로 연결되어, 이를 충족시킬 수 있는 다양한 기능의 노인시설의 필요성이 강조되고 있다.

〈표 14-1〉 65세 이상 요양보호대상자 증가 전망

구분	시설			재가				
	최중증	중증	합계	최중증	중증	경증	치매(경증)	합계
2007	26,781	65,566	92,347	27,171	124,113	238,642	236,242	626,168
2010	29,388	71,950	101,338	30,062	137,322	264,040	261,389	692,813
2020	41,480	101,554	143,034	143,472	198,575	381,817	377,983	1,001,847

자료: 보건복지부(2004), 공적노인요양보장체계 개발연구.

둘째, 가족의 부양부담증가로 인한 문제발생이다. 고령노인인구의 증가는 거동불능노인과 치매노인 등의 증가로 이어지고 있다. 특히 이들을 보호하는 가정에서는 경제적, 심리적 부담이 증가하게 되고, 심각한 갈등으로 이혼이나 가정해체 등의 문제를 겪게 된다. 이러한 사회문제가 우리 사회에서 증가하면서 이를 해결하기 위한 가족과 가정의 대체기능으로서의 시설이용이 요구되기 때문에 노인복지시설의 필요성이 증가하고 있다.

셋째, 노인 단독가구가 증가하면서 독거노인수가 늘어나고 있다. 지난 1990년에는 65세 이상 노인인구 2,195,084명 중에 독거노인세대가 8.9%였고 노인부부세대는 16.9%였다. 이후 2000년에는 3,394,896명의 노인인구 중에 독거노인세대가 16.2%이고, 노인부부세대는 28.7%이다. 10년간 노인부부세대가 거의 1.7배 증가하였고 독거노인은 거의 두 배가 증가한 것으로 나타났다(통계청, 2006). 노인부부세대와 독거노인의 비율은 더욱 증가하여 2005년 현재 각각 33.0%와 18.1%에 이르고 있다. 노인부부가구는 배우자를 사별한 후 독거가구로 되는 경우가 증가하였고, 이들 가구에는 대부분 여성노인이 남아 독거노인들은 여성노인 중심이다. 또한 독거노인들은 농촌으로 갈수록 연령이 높아 그 비율이 증가하고 있어, 이들에 대한 사회적 복지지원서비스의요구가 높아질 것으로 예상되고 있다.

넷째, 노부모에 대한 부양의식이 변하고 있다. 노인부양의 책임이 개인과 가족에게만 있지 않고 사회와 국가가 책임을 공유해야 한다는 의식이 자녀세대나 노인세대 모두에게 확산되고 있다. 이러한 노인부양의 가치관은 독거노인의 증가와 맞물려 가정과 가족 외에 타인의 도움을 필요로 하는 노인가구의 증가를 초래하고 있다.

결국 고령화와 더불어 노인의 절대적 인구의 증가, 길어진 노년기와 더불어 장기간의 간병과 보호를 필요로 하는 초고령노인의 증가, 노인단독가구의 증가와 핵가족화, 부양의식의 변화 등이 나타나고 있다. 이로 인한 가정의 부양기능 약화와 같은 요인은 가정을 통한 적절한 보호를 감소시킬 뿐 아니라 시설보호의 필요성과 중요성을 부각시키고 있다. 특히 가정에서 장기간의 간병과 집중적 돌봄을 필요로 하는 노인을 부양할 경우, 이들의 경제적 · 신체적 · 심리적 부양부담은 심한 경우 가족해체로까지 이어지는 가족갈등을 유발하고 있다. 이에 따라 가족과 가정의 대체기능으로서 노인복지시설의 필요성이 증가하고 있다(박차상 외, 2006).

〈표 14-2〉 노인부부세대와 독거노인의 비율

연도	65세 이상 노인(명)	노인부부세대(%)	독거노인세대(%)
1990	2,195,084	16.9	8.9
2000	3,394,896	28.7	16.2
2005	4,383,156	33.0	18.1

자료: 통계청(2008), 2007 고령자통계.

3. 노인복지시설의 분류

우리나라의 노인복지법의 총칙에 의하면, 노인복지법의 목적은 '노인의 질환을 사전예방 또는 조기발견하고 질환상태에 따른 적절한 치료 · 요양으로 심신의 건강을 유지하고, 노후의 생활안정을 위하여 필요한 조치를 강구함으로써 노인의 보건복지증진에 기여하기 위함'으로 정의하고 있다. 또한 이 법의 기본이념은 "① 노인은 후손의 양육과 국가 및 사회의 발전에 기여하여 온 자로서 존경받으며 건전하고 안정된 생활을 보장받는다. ② 노인은 그 능력에 따라 적당한 일에 종사하고 사회적 활동에 참여할 기회를 보장 받는다. ③ 노인은 노령에 따르는 심신의 변화를 자각하여 항상 심신의 건강을 유지하고 그 지식과 경험을 활용하여 사회의 발전에 기여하도록 노력하여야 한다"이다. 이러한 목적과 기본이념을 달성하기 위한 노인복지시설의 종류는 노인복지법 제31조에 정의하고 있다. ① 노인주거복지시설 ② 노인의료복지시설 ③ 노인여가복지시설 ④ 재가노인복지시설 ⑤ 노인보호전문기관 등이다. 이에 노인복지시설의 종류는 〈표 14-3〉과 같다.

〈표 14-3〉 노인복지시설의 종류

종류	시설	설치목적	입소(이용) 대상자	설치
노인주거복지시설	양로시설	노인을 입소시켜 급식과 그 밖에 일상생활에 필요한 편의를 제공	ㅇ 다음 각 호의 어느 하나에 해당하는 자로서 일상생활에 지장이 없는 자 가. 「국민기초생활보장법」 제2조에 따른 수급권자(이하 "기초수급권자"라 한다)로서 65세 이상의 자 나. 부양의무자로부터 적절한 부양을 받지 못하는 65세 이상의 자 다. 본인 및 본인과 생계를 같이 하고 있는 부양 의무자의 월 소득을 합산한 금액을 가구원 수로 나누어 얻은 1인당 월평균 소득액이 통계청장이 통계법 제17조 제3항에 따라 고시하는 전년도의 도시근로자가구 월평균 소득을 전년도의 평균 가구원수로 나누어 얻은 1인당 월평균 소득액 이하인 자(이하 "실비보호대상자"라 한다)로서 65세 이상의 자 라. 입소자로부터 입소비용의 전부를 수납하여 운영하는 양로시설 또는 노인공동생활가정의 경우는 60세 이상의 자	시장·군수·구청장에 신고
	노인공동생활가정	노인들에게 가정과 같은 주거여건과 급식, 그 밖에 일상생활에 필요한 편의를 제공		
	노인복지주택	노인에게 주거시설을 분양 또는 임대하여 주거의 편의·생활지도·상담 및 안전관리 등 일상생활에 필요한 편의를 제공	단독취사등 독립된 주거생활을 하는 데 지장이 없는 60세 이상의 자	〃

종류	시설	설치목적	입소(이용) 대상자	설치
노인의료복지시설	노인요양시설	치매·중풍 등 노인성 질환 등으로 심신에 상당한 장애가 발생하여 도움을 필요로 하는 노인을 입소시켜 급식·요양과 그 밖에 일상생활에 필요한 편의를 제공	ㅇ 노인성질환 등으로 다음 각 호의 어느 하나에 해당하는 자 가. 「노인장기요양보험법」 제15조에 따른 장기요양급여수급자 나. 기초수급권자로서 65세 이상의 자 다. 부양의무자로부터 적절한 부양을 받지 못하는 65세 이상의 자 라. 입소자로부터 입소비용의 전부를 수납하여 운영하는 노인요양시설 또는 노인요양공동생활가정의 경우는 60세 이상의 자	〃
	노인요양공동생활가정	치매·중풍 등 노인성 질환 등으로 심신에 상당한 장애가 발생하여 도움을 필요로 하는 노인에게 가정과 같은 주거여건과 급식·요양, 그 밖에 일상생활에 필요한 편의를 제공		
	노인전문병원	주로 노인을 대상으로 의료를 행하는 시설 ☞ 의료법에 의한 의료기관을 개설할 수 있는 자(치과의사 및 조산사 제외)에 한하여 시·도지사의 허가를 받아 설치	가. 노인성질환으로 치료 및 요양을 필요로 하는 자 나. 임종을 앞둔 환자	시·도지사 허가
노인여가복지시설	노인복지관	노인의 교양·취미생활 및 사회참여활동 등에 대한 각종 정보와 서비스를 제공하고, 건강증진 및 질병예방과 소득보장·재가복지, 그 밖에 노인의 복지증진에 필요한 서비스를 제공	60세 이상의 자	시장·군수·구청장에 신고
	경로당	지역노인들이 자율적으로 친목도모·취미활동·공동작업장 운영 및 각종 정보교환과 기타 여가활동을 할 수 있도록 하는 장소를 제공	65세 이상의 자	〃

종류	시설	설치목적	입소(이용) 대상자	설치
	노인교실	노인들에 대하여 사회활동 참여욕구를 충족시키기 위하여 건전한 취미생활 · 노인건강유지 · 소득보장 기타 일상생활과 관련한 학습프로그램을 제공	60세 이상의 자	〃
	노인휴양소	노인들에 대하여 심신의 휴양과 관련한 위생시설 · 여가시설 기타 편의 시설을 단기간 제공	60세 이상의 자 및 그와 동행하는 자. 다만, 이용인원이 정원에 미달하는 때에는 정원의 100분의 30의 범위 안에서 그 외의 자도 이용할 수 있다.	〃
재가노인복지시설	방문요양서비스	가정에서 일상생활을 영위하고 있는 노인으로서 신체적 · 정신적 장애로 어려움을 겪고 있는 노인에게 필요한 각종 편의를 제공하여 지역사회 안에서 건전하고 안정된 노후를 영위하도록 하는 서비스	ㅇ 장기요양수급자나 심신이 허약하거나 장애가 있는 65세 이상의 자(이용자로부터 이용비용의 전부를 수납 받아 운영하는 시설의 경우에는 60세 이상의 자로 한다)로서 다음 각 호에 해당하는 자 가. 방문요양서비스 : 가정에서 보호가 필요한 자 나. 주 · 야간보호서비스 : 주간 또는 야간 동안의 보호가 필요한 자 다. 단기보호서비스 : 단기간의 보호가 필요한 자 라. 방문목욕서비스 : 가정에서의 목욕이 필요한 자	〃
	주 · 야간보호서비스	부득이한 사유로 가족의 보호를 받을 수 없는 심신이 허약한 노인과 장애노인을 주간 또는 야간 동안 보호시설에 입소시켜 필요한 각종 편의를 제공하여 이들의 생활안정과 심신기능의 유지 · 향상을 도모하고, 그 가족의 신체적 · 정신적 부담을 덜어주기 위한 서비스		
	단기보호서비스	부득이한 사유로 가족의 보호를 받을 수 없어 일시적으로 보호가 필요한 심신이 허약한 노인과 장애노인을 보호시설에 단기간 입소시켜 보호함으로써 노인 및 노인가정의 복지증진을 도모하기 위한 서비스		

종류	시설	설치목적	입소(이용) 대상자	설치
	방문 목욕 서비스	목욕장비를 갖추고 재가노인을 방문하여 목욕을 제공하는 서비스		
노인 보호 전문 기관	노인 보호 전문 기관	시 · 도지사가 노인보호전문기관을 지정 · 운영, 노인학대 신고, 상담, 보호, 예방 및 홍보, 24시간 신고 · 상담용 긴급전화(1389) 운영	노인학대행위자에 대한 상담 및 교육, 학대받은 노인의 발견 · 상담 · 보호 등 노인학대 예방 및 방지를 위한 홍보	시 · 도지사 지정

자료 : 보건복지부 2009년 사회복지시설 현황

〈표 14-4〉 노인복지시설 현황

종 류	시 설	2008		2007		2006	
		시설 수	입소정원	시설 수	입소정원	시설 수	입소정원
합계		63,919	112,064	60,788	150,548	59,117	119,498
노인주거 복지시설	소계	347	17,342	398	16,579	366	16,074
	양로시설	306	11,520	384	13,014	351	12,509
	노인공동생활가정	21	177				
	노인복지주택	20	5,645	14	3,565	15	3,565
노인의료 복지시설	소계	1,832	81,262	1,186	61,406	898	52,628
	노인요양시설	1,332	66,715	1,114	51,310	815	40,589
	노인요양 공동생활가정	422	3,500				
	노인전문병원	78	11,047	72	10,096	83	12,039
노인여가 복지시설	소계	59,422		57,777		56,789	
	노인복지관	228		211		183	
	경로당	57,930		56,480		55,504	
	노인교실	1,260		1,082		1,099	
	노인휴양소	4		4		3	

종 류	시 설	2008		2007		2006	
		시설 수	입소정원	시설 수	입소정원	시설 수	입소정원
재가노인 복지시설	소계	2,298	13,460	1,408	72,563	1,045	50,79
	방문요양서비스	1,111		767	62,736	523	42,832
	주야간보호서비스	621	10,627	504	8,109	409	6,557
	단기보호서비스	217	2,833	137	1,718	113	1,407
	방문목욕서비스	349					
노인보호 전문기관	노인보호전문기관	20		19		19	

자료 : 보건복지부 2009년 사회복지시설 현황

제2절 노인복지시설의 운영관리

1. 노인복지시설 현황

노인복지시설들은 해마다 감소하거나 거의 변동이 없는 것으로 나타나고 있으나, 노인의료복지시설과 재가복지시설은 해마다 증가하고 있는 것으로 나타났다. 특히 재가복지시설은 2007년 대비 2008년에 거의 2배에 가까운 증가를 나타내고 있다. 이에 연도별 노인복지시설 현황은 〈표 14-4〉와 같다.

2. 노인복지시설 설치기준

노인복지시설은 노인주거복지시설, 노인의료복지시설, 노인여가복지시설, 재가노인복지시설, 노인보호전문기관 등이 있지만, 여기에서는 노인장기요양제도와 관련있는 노인의료복지시설과 재가노인복지시설 위주로 살펴보고자 한다.

1) 노인의료복지시설

노인의료복지시설은 다음과 같이 분류되고 있다.

- 노인요양시설 : 치매 · 중풍 등 노인성질환으로 심신에 상당한 장애가 발생하여 도움을 필요로 하는 노인을 입소시켜 급식 · 요양과 그 밖에 일상생활에 필요한 편의를 제공함을 목적으로 하는 시설
- 노인요양공동생활가정 : 치매 · 중풍 등 노인성질환으로 심신에 상당한 장애가 발생하여 도움을 필요로 하는 노인에게 가정과 같은 주거여건과 급식 · 요양, 그 밖에 일상생활에 필요한 편의를 제공함을 목적으로 하는 시설
- 노인전문병원 : 주로 노인을 대상으로 의료를 행하는 시설이다. 노인의료복지시설의 입소대상 · 입소비용 및 입소절차와 설치 · 운영자의 준수사항 등에 관하여 필요한 사항은 보건복지부령으로 정하고 있다.

(1) 노인의료복지시설의 설치 및 사업내용

노인의료복지시설은 다음과 같이 설치할 수 있다.

① 국가 또는 지방자치단체는 노인의료복지시설을 설치할 수 있다.
② 국가 또는 지방자치단체외의 자가 노인의료복지시설을 설치하고자 하는 경우에는 시장 · 군수 · 구청장에게 신고해야 한다. 다만 노인전문병원은 의료법에 의한 의료기관을 개설할 수 있는 자(치과의사 및 조산사를 제외한다)에 한하여 시 · 도지사의 허가를 받아 설치할 수 있다.
③ 노인의료복지시설의 시설, 인력 및 운영에 관한 기준과 설치신고 및 설치허가 등에 관하여 필요한 사항은 보건복지부령으로 정한다. 다만 노인

전문병원의 시설 등에 관한 기준은 「의료법」 제36조의 규정에 의한 의료기관의 시설 등의 기준에 관한 규정 중 요양병원에 관한 규정을 준용하되, 보건복지부령이 따로 정하는 경우에는 그러하지 아니하다.

④ 노인전문병원에 관하여 이 법에서 규정된 사항을 제외하고는 「의료법」의 규정을 준용한다.

노인의료복지시설(노인전문병원을 제외)을 설치하고자 하는 자는 노인의료복지시설설치신고서(노인복지법 시행규칙 별표 서식 제16호 양식)를 첨부하여 특별자치도지사 · 시장 · 군수 · 구청장에게 제출하여 신고필증을 받은 후에 이를 첨부하여 노인장기요양기관의 설치신고서(노인장기요양보험의 별지 제19호 서식)를 작성하여 동 기관에 제출한다. 이에 구체적인 내용은 다음과 같다.

① 설치하고자 하는 자가 법인인 경우에는 정관 1부

② 위치도 · 평면도 및 설비구조내역서 각 1부

③ 입소보증금 · 이용료 기타 입소자의 비용부담 관계서류 1부

④ 사업계획서(제공되는 서비스의 내용 및 의료기관과의 연계에 관한 사항을 포함한다) 1부

⑤ 시설을 설치할 토지 및 건물의 소유권을 증명할 수 있는 서류(입소자로부터 입소비용의 전부를 수납하여 운영하려는 노인요양시설 및 노인요양공동생활가정의 경우에는 사용권을 증명할 수 있는 서류로 갈음할 수 있다) 각 1부

노인장기요양보험이란?

고령이나 노인성질병 등으로 인하여 6개월 이상 동안 혼자서 일상생활을 수행하기 어려운 노인 등에게 신체활동 또는 가사지원 등의 장기요양급여를 사회적 연대원리에 의해 제공하는 사회보험 제도이다.

노인장기요양법 제1조에서의 노인장기요양보험은 고령이나 노인성 질병 등의 사유로 일상생활을 혼자서 수행하기 어려운 노인 등에게 제공하는 신체활동 또는 가사활동 지원 등의 장기요양급여에 관한 사항을 규정하여 노후의 건강증진 및 생활안정을 도모하고 그 가족의 부담을 덜어줌으로써 국민의 삶의 질을 향상하도록 함을 목적으로 합니다.

노인장기요양보험제도는 '08. 7. 1부터 시행하였다. 노인장기요양보험제도는 그간 가족의 영역에 맡겨져 왔던 치매. 중풍 등 노인에 대한 장기간에 걸친 간병, 장기요양 문제를 사회연대원리에 따라 국가와 사회가 분담한다.

자료 : 보건복지부 2008년 노인보건복지사업안내

노인의료복지시설의 시설의 규모는 다음과 같다.

① 노인요양시설 : 입소정원 10명 이상(입소정원 1명당 연면적 23.6㎡ 이상의 공간을 확보하여야 하며, 입소자 1명당 침실면적은 6.6㎡ 이상이어야 하고, 합숙용 침실 1실의 정원은 4명 이하이어야 한다).

② 노인요양공동생활가정 : 입소정원 5명 이상 9명 이하(입소정원 1명당 연면적 20.5㎡ 이상의 공간을 확보해야 하며, 입소자 1명당 침실면적은 6.6㎡ 이상이어야 하고, 합숙용 침실 1실의 정원은 4명 이하이어야 한다).

2) 재가노인복지시설

정신적 · 신체적인 이유로 독립적인 일상생활을 수행하기 곤란한 노인과 노인부양가정에 필요한 각종 서비스를 제공함으로써, 노인이 가족 및 친지와 더불어 건강하고 안정된 노후 생활을 영위할 수 있도록 함과 동시에 노인부양으로 인한 가족의 부담을 덜어주기 위한 시설이다. 이에 재가노인복지시설은 다음의 하나 이상의 서비스를 제공함을 목적으로 한다.

① 방문요양서비스 : 가정에서 일상생활을 영위하고 있는 노인(이하 '재가노인'이라 한다)으로서 신체적 · 정신적 장애로 어려움을 겪고 있는 노인에게 필요한 각종 편의를 제공하여 지역사회 안에서 건전하고 안정된 노후를 영위하도록 하는 서비스

② 주 · 야간보호서비스 : 부득이한 사유로 가족의 보호를 받을 수 없는 심신이 허약한 노인과 장애노인을 주간 또는 야간 동안 보호시설에 입소시켜 필요한 각종 편의를 제공하여 이들의 생활안정과 심신기능의 유지 · 향상을 도모하고, 그 가족의 신체적 · 정신적 부담을 덜어주기 위한 서비스

③ 단기보호서비스 : 부득이한 사유로 가족의 보호를 받을 수 없어 일시적으로 보호가 필요한 심신이 허약한 노인과 장애노인을 보호시설에 단기간 입소시켜 보호함으로써 노인 및 노인가정의 복지증진을 도모하기 위한 서비스

④ 방문 목욕서비스 : 목욕장비를 갖추고 재가노인을 방문하여 목욕을 제공하는 서비스

(1) 재가노인복지시설의 설치 및 사업내용

재가노인복지시설은 다음과 같이 설치할 수 있다.

① 국가 또는 지방자치단체는 재가노인복지시설을 설치할 수 있다.

② 국가 또는 지방자치단체외의 자가 재가노인복지시설을 설치하고자 하는 경우에는 시장 · 군수 · 구청장에게 신고하여야 한다.

③ 재가노인복지시설의 시설, 인력 및 운영에 관한 기준과 설치신고 등에 관하여 필요한 사항은 보건복지부령으로 정한다.

재가노인복지시설을 설치하고자 하는 자는 재가노인복지시설설치신고서(노인복지법 시행규칙 별지 제20호 서식)를 첨부하여 특별자치도지사 · 시장 · 군수 · 구청장에게 제출한다. 〈표 14-5〉 참조.

① 설치하고자 하는 자가 법인인 경우에는 정관 1부
② 위치도, 평면도 및 설비구조내역서 각 1부(주 · 야간보호서비스 또는 단기보호서비스를 제공하려는 경우에만 제출한다.)
③ 이용료 기타 이용자의 비용부담 관계서류 1부
④ 사업계획서(사업대상 및 서비스내용을 포함한다) 1부
⑤ 시설을 설치할 토지 및 건물의 소유권 또는 사용권을 증명할 수 있는 서류 각 1부(주 · 야간보호서비스 또는 단기보호서비스를 제공하려는 경우에만 제출한다.)

〈표 14-5〉 노인장기요양기관 설치서류

서비스	필요 서류
공통	1. 장기요양기관 지정신청서(별지 제19호서식) 1부 1-1. 일반현황 1부 1-2. 인력현황 각1부(서비스 유형별 1부) 1-3. 시설현황 각1부(서비스 유형별 1부) 2. 면허 또는 자격증 사본 • 사회복지사, 간호(조무)사, 물리(작업)치료사, (촉탁)의사, 요양보호사, 영양사
공통	3. 요양보호사 자격유예자 재직증명서(유예대상자별) 각 1부 • 요양보호사 자격유예자의 경우 자격유예기준일('08.7.1)에 근무하던 기관에서 발급한 경력증명서 또는 재직증명서, '08.7.1 이전에 지정받는 경우에는 지정당시 재직증명서를 첨부하여 지정을 받으면 '08.7.1 이후에 자격유예 여부를 재심사하지 않을 계획 4. 법인의 경우 - 법인 대표자가 아닌 대리인 신청 시 위임장

서비스	필요 서류
신규설치 요양시설	5. 개정규정('08.4.4 이후)에 따라 설치 신고된 요양시설의 경우 사용자와 고용인 간의 직접 근로계약을 증빙할 수 있는 근로계약서 사본 또는 건강보험 사업장가입자명부

재가노인복지시설의 시설규모는 다음과 같다.

① 방문요양서비스 및 방문목욕서비스를 제공하는 경우 - 시설전용면적 16.5㎡(연면적 기준) 이상이 되어야 한다.

② 주 · 야간보호서비스 및 단기보호서비스를 제공하려는 시설의 정원 및 면적은 다음과 같다.

가. 이용정원 : 5명 이상

나. 시설 연면적 : 시설 연면적 각각 90㎡ 이상(이용정원이 6명 이상인 경우에는 1명당 6.6㎡ 이상의 공간을 추가로 확보하여야 한다)이 되어야 한다. 다만 주 · 야간보호서비스와 단기보호서비스를 함께 제공하거나 사회복지시설에 병설하는 경우에는 공동으로 사용하는 시설의 면적을 포함하여 각각 90㎡ 이상이 되어야 한다.

다. 이용자 1명당 침실 면적은 6.6㎡ 이상이고, 합숙용 침실 1실의 정원은 4명 이하이어야 한다.

재가노인복지시설은 다음과 같은 사업을 수행한다.

① 방문요양서비스

가. 방문요양에 관한 사항

㉠ 신체활동지원서비스 : 세면도움, 구강관리, 몸청결, 머리감기기, 몸단장, 옷갈아입히기, 목욕도움, 배설도움, 식사도움, 체위변경, 이동도움, 신체기능의 유지증진 등 신체에 관한 서비스

㉡ 가사활동지원서비스 : 취사, 침실 및 주변정돈, 세탁 등 가사에 관한 서비스

㉢ 개인활동지원서비스 : 외출 시 동행, 일상업무 대행 등 개인활동에 관한 서비스

㉣ 정서지원서비스 : 말벗, 격려 및 위로, 생활상담, 의사소통도움 등 정서에 관한 서비스

나. 상담 및 교육에 관한 사항

㉠ 노인생활 및 신상에 관한 상담서비스

㉡ 장애노인 및 보호자의 교육

다. 노인결연에 관한 사항 : 무의탁노인의 후원을 위한 결연사업

② 방문목욕서비스 : 목욕준비, 입욕시 이동보조, 몸씻기, 머리말리기, 옷갈아입히기 등이며 목욕 후 주변정리까지 포함한다.

③ 주 · 야간보호서비스

가. 생활지도 및 일상동작훈련 등 심신의 기능회복을 위한 서비스

나. 급식 및 목욕서비스 등

다. 노인가족에 대한 교육 및 상담

④ 단기보호서비스 : 급식, 치료, 그 밖에 일상생활에 필요한 편의를 제공하는 서비스

제3절 노인복지시설의 문제점 및 개선사항

1. 노인복지법

1) 재가노인복지서비스와 관련된 법률개선

노인복지관련 정책 중 가장 높은 비중을 차지하는 것이 재가노인복지 분야이다. 선진 각국에는 재가노인복지서비스의 원활한 제공을 위하여 별도의 법을 제정하여 시행하고 있는 나라들이 많은데, 우리나라는 노인복지법에 의해 시행되고 있으므로 앞으로 고령화사회에 대비하여 재가노인복지와 관련된 법은 노인복지법에서 분리하여 독립된 법으로 제정되어야 한다.

2) 노인보건의료복지사업과 관련된 법률개선

고령화사회에서 노인보건의료문제는 노인복지법에 규정되어 있는 노인보건의료와 관련된 법의 조항들 이외에도 모든 노인들에게 건강수첩을 교부하는 사업, 고령후기 노인들을 대상으로 하는 간병간호사업, 물리치료사업, 기능회복훈련 관련사업 등을 포함하는 노인보건의료사업법의 제정이 요구된다. 특히 재가노인복지 분야는 설치신고 시 노인의료복지시설로의 신고를 거치지 않고 있다. 즉, 생활시설인 노인요양원이나 노인요양공동생활가정은 노인의료복지시설을 득한 후 노인장기요양시설로 신고하는 절차가 있으나, 재가노인복지는 노인장기요양시설로의 신고만 하면 된다. 따라서 재가노인복지시설의 보건과 의료의 통합과 관련한 법률의 개선이 이루어져야 한다.

3) 노인주거복지시설 설치운영 관련 법률개선

노인복지분야에서 중요한 비중을 차지하는 분야가 바로 의식주와 관련된 노인주거복지시설 분야이므로, 향후 대폭적인 소요를 해소하기 위해 시군구 단위 또는 읍면동 단위로 시설을 설치 및 운영할 수 있어야 한다. 즉, 선진국의 경우와 동일하게 노인주거복지시설의 설치 · 운영만큼은 별도의 독립된 법에 의해서 운영되어야 할 것이다. 아울러 노인복지주택에 입소할 수 있는 자격을 연령이라는 경직된 기준으로 수혜자격을 결정하지 말아야 한다. 입소자격자의 배우자뿐만 아니라, 입소자격자가 가족의 부양을 책임지고 있는 경우도 가족과 함께 노인복지주택에 입소할 수 있도록 해야 한다. 이에 입소한 가족이 노인복지주택을 상속한 경우에도 계속적인 입소가 가능하도록 제도 및 법규의 개선이 요망되고 있다.

2. 재정

1) 국가의 예산지원 강화

우리나라는 최초 민간에 의해 사회복지시설을 설치 및 운영하여 왔으며, 처음부터 충분한 재정적 뒷받침을 가지고 시작된 것이 아니라 설립자의 순수한 봉사정신을 바탕으로 한 선의에 의해 시작되었다. 시설자체의 재정 또한 처음부터 빈약한 기반에서 출발했음은 물론 사회적 자원도 거의 없었고, 오늘날에 와서 거의 영세한 재정으로 국가보조금에 의존하고 있는 실정이다. 정부에서 매월 시설과 시설입소자들에게 지급하는 시설보호비의 수준은 너무 열악한 실정이며, 매년 증액을 요청하지만 정부의 예산부족 한계성 때문에 매년 5% 미만인 수준에 머물러 물가상승률을 고려하면 오히려 매년 떨어지는 결과가 된다.

따라서 정부에서 지원되는 예산은 일정하게 정해져 있지만 지방자치단체의 관심으로 자체실정에 맞게 시설별로 지원할 필요가 있다. 그리고 시설보호비의 애로사항을 다소 해결하고는 있으나 정부차원에서 시설보호의 예산지원이 보다 강화되어야 한다.

2) 수익사업의 확대

대부분의 노인복지시설은 재정적 측면에서 매우 열악한 상태에 있으며, 특히 규모가 작은 시설일수록 재정상의 어려움이 많은 실정이다. 이러한 재정문제를 해결하기 위해서는 복지시설의 실정에 맞게 가능한 한 수익사업을 많이 실시하여 재정의 확충을 도모하여야 한다. 즉, 정부의 지원만으로는 시설운영의 영세성에서 탈피할 수 없기 때문이다. 아울러 사회복지시설이 지역사회와의 관계를 심화시킬 수 있도록 지역사회주민들로 구성된 후원회를 결성하여 시설을 지원할 수 있는 후원자를 찾아 후원금을 받아야 하는 이유를 설득력 있게 주장하여 지역사회의 자원을 동원하는 것도 수익사업의 한 방법이 될 수 있다.

3. 인적자원

노인복지시설 종사자의 배치기준은 노인복지법 시행규칙 제17조, 22조, 26조, 29조의 규정에 따르고 있다. 우리나라는 시설입소자들에 비해 시설종사자 수가 상당히 부족한 실정이다. 이는 시설자체의 재정사정, 열악한 종사자의 처우문제로 인하여 근무하는 것을 기피하여 종사자를 채용하지 못한 이유도 있다. 더욱 큰 문제는 자격증을 보유하고 있는 종사자를 채용하지 못하는 데 있다. 시설운영비를 보조받기 위한 방편으로 자격증 없는 종사자를 채용하여 숫자만 맞추는 식이 되어서는 안된다.

노인복지시설을 실질적으로 운영하고 있는 직원들의 처우는 정부재정의 한계성과 운영법인의 영세성 등으로 현실화되지 못하고 있지만, 생계의 위협을 받는 상황 하에서 사명감이나 봉사만의 강요로 유능한 전문 서비스를 기대한다는 것은 사실상 불가능하므로 시설직원의 처우가 대폭 개선되어야 한다. 정부에서는 이러한 점들을 고려하여 시설에 입소하여 거주하고 있는 노인들에 대한 질 높은 복지서비스 제공을 위해 시설종사자들의 근로조건 개선 및 보수의 향상 등 처우를 개선하는 데 역점을 두어야 한다.

아울러 자격증을 소지하고 근무하고 있는 종사자들에 대한 교육, 훈련도 필요하다. 직원의 훈련은 시설직원이 가장 필요로 하는 훈련내용을 파악하여 전국수준 또는 혹은 지역수준의 연수교육, 국내외 타시설의 파견연수, 시설 자체 내의 연수 등을 통하여 실시해 나가야 한다.

4. 프로그램

1) 의료서비스 개선

노인복지시설 입소노인들의 대부분은 고령자들로 만성질환을 앓고 있는 노인들이 많기 때문에 양로시설 및 노인요양시설의 의료서비스는 입소노인들에게 있어서는 매우 중요한 서비스 중의 하나이다. 양로시설은 입소자 50명 당 간호사 1명이 근무하면서 입소노인들의 간단한 의료서비스를 제공하고 있고 의사 또는 촉탁의사는 필요 수를 두도록 되어 있으나, 촉탁의사의 대부분은 자신의 병원에서 영업을 하고 있기 때문에 충분한 시간적 여유를 가지고 방문진료를 하지 못하고 있는 실정이다. 이를 해소하기 위하여 노인성질환과 관계가 있는 의사를 채용하도록 하되, 의사채용이 불가능한 경우에는 관할 보건소에 근무하는 의사를 촉탁의사로 대체하는 방법도 고려할 만한 좋은 방법 중의 하나이다.

2) 요양서비스 개선

노인요양시설에서 실시하고 있는 요양서비스는 일상생활에서 이루어지는 프로그램이 대부분으로 입소노인들에게 큰 만족을 주지 못하고 있는 실정이다. 특히 각종 질병관리서비스의 프로그램이 운영되지 않고 있어 사전 예방차원보다는 사후 치료차원의 서비스가 제공되는 경우가 많다. 따라서 향후 시설

입소자 개인의 체질에 맞는 요양서비스를 개발하여 운영되어야 한다.

3) 재활서비스 개선

노인복지시설에 있어서 재활서비스의 프로그램 대부분은 재정상의 어려움으로 인하여 장비의 구입 및 시설설치가 미비하여 종교활동에만 의존하고 있다. 이에 다른 프로그램의 운영이 전무하므로 시설별 여건이 허락하는 범위 내에서 인간이 일상의 생활을 영위하는 데 필요한 동작인 일상생활동작훈련 프로그램만이라도 구비하여 입소노인들이 적절한 운동으로 스트레스해소와 건강을 유지할 수 있도록 서비스를 개선해야 한다.

생각해 볼 문제들

1. 노인복지시설의 필요성에 대해 설명해 보라.

2. 노인복지법을 기준으로 노인복지시설의 설치기준을 제시해 보라.

3. 노인복지시설의 종류를 생활시설과 이용시설 관점에서 설명해 보라.

4. 노인시설의 문제점을 제시해 보라.

5. 노인시설의 개선사항을 4가지 측면으로 구분하여 제시해 보라.

참고문헌

감정기 · 진재문(1999). 경남지역 사회복지시설의 사회화 연구. 경상남도사회복지협의회.

강영숙 · 노영웅(2008). 사회복지관 종사자의 자발적 이직의도 예측요인연구: 전북지역 사회복지관을 중심으로, Paper presented at the 신 사회위험에 대응하는 사회복지서비스 전략.

경기도장애인복지시설(2011). 2011 장애인 복지시설 일람표.

국가권익위원회(2009). 노인인권상황실태조사. 2009년 연구용역보고서. 박경숙 외.

국가권익위원회-a(2010). 장애인권리협약의 국내적 이행을 위한 실태조사, 2010년 국가인권위원회 인권상황실태조사. 전남대학교 공익인권법센터.

국가권익위원회-b(2010). 아동복지시설 아동인권 실태조사. 2010년 인권상황실태조사 연구용역보고서.

국가인권위원회(2002). 장애인 차별실태 자료분석을 통한 인권의식 개선 방안에 관한 연구.

__________(2006). 인권과 사회복지 실천. 교육자료(공공교육팀).

권선진(2005). 장애인복지론. 청목.

김경미(2005). 장애인의 활동보조서비스 이용 이후 삶의 변화에 대한 연구: 신체적, 심리적 사회관계적 측면을 중심으로. 한국사회복지학, 57(4).

김범수(2000). 21세기 지역사회복지론. 홍익재.

김영종(2004). 사회복지행정. 학지사.

김용득 외(2000). 정신지체인 생활시설 사업과 운영. 한국장애인복지시설협회 · 장애인복지시설발전위원회.

김운호(2004). 비영리단체의 성공적인 모금사례, 한국의 기부문화와 성공적인 모금사례, 조사연구 2004-01, p.62, 사회복지공동모금회.

김중섭(2001). 인권의 사회적 인식과 실천. 통일평화인권총서.

김태성 외(1998). 사회복지 전문직과 교육제도. 소화.

김통원 · 박세경(2004). 사회복지관 평가결과 및 정책제언. 한국보건사회연구원, 94(초점4).

김한구 외(1997). 자원봉사론. 백산출판.

남기민(2007). 사회복지정책론. 한지사.

남기민 · 홍성로(2008). 사회복지 법제론. 공동체.

류상렬(2004). 사회복지역사. 학지사.

박경규(2001). 신 인사관리. 홍문사.

박광준(2005). 사회복지의 사상과 역사. 양서원.

박영란 · 이예자 · 이용교 · 이찬진 · 임성택 · 짐아이프(2001). 한국의 사회복지와 인권. 인간과복지.

박용순 외(2010). 사회복지행정론. 창지사.

박종연(2008). 노인 장기요양보험제도 시행 100일 쟁점과 과제(3): 관리 운영, 정책토론회 자료집, 사회복지협의회 · 한국노인복지학회 · 한국노인복지시설협회.

박차상 외(2006). 케어복지론. 학지사.

박충환(2003). 비영리조직의 회계와 세무-사회발전을 중심으로. 법문사.

박태영 외(1999). 장애인복지시설의 운영개선 실행방안 연구. 한국장애인복지시설협회 · 장애인복지시설발전위원회.

박태영 외(2000). 지역사회복지에서의 정상화의 이론적 함의. 사회복지개발연구 제6권 제2호.

박태영(1995). 사회복지시설과 지역사회. 백산출판사.

______(2002). 장애인생활시설의 인적자원관리 방안에 관한 연구. 재활복지, 6(1).

______(2003). 노인복지시설과 지역사회와의 교류에 관한 연구. 사회복지연구, 24.

______(2009). 사회복지시설운영론. 학현사

변재관 외(2000). 2000년 사회복지시설평가(I). 한국보건사회연구원 · 보건복지부.

변재관 외(2000). 사회복지시설 평가지표개발 및 평가결과. 한국보건사회연구원. 보건복지부.

변재관 외(2001). 2000년 사회복지시설 평가(I)(II). 한국보건사회연구원.

보건복지부(2005). 보건복지통계연보.

__________(2005). 요보호아동 발생추이. 아동복지과.

__________(2005). 장애인복지실태조사.

__________(2006). 2005년 보건복지백서.

__________(2008). 노인장기요양보험제도.

__________(2009). 노인보건시설현황. 보건복지부.

__________(2011). 2011년도 사회복지시설 관리안내.

__________(2011b). 사회복지법인 관리안내.

__________(2011d). 2011년 장애인복지사업안내.

사회복지사1급 기본서(2010). 사회복지행정론. 나눔의집.

서상철(2002). 현대재가복지론. 현학사.

손준상(1998). 전략적 마케팅 기획. 노보.

아동복지편람(1997). 아산복지재단.

안경환(2004). 인권교육 기본용어. 국가인권위원회.

양용희 · 김범수 · 이창호(1997). 비영리조직의 모금전략과 자원개발. 한국사회복지사협회.

엄기욱 · 박인아(2007). 사회복지사의 기관유형, 급여수준, 직업만족이 이직의도에 미치는 영향에 관한 연구. 한국사회복지조사연구, 16(0).

오두범(1991). PR 커뮤니케이션. 나남출판.

우종모(2004). 사회복지행정론. 양서원.

윤찬영(2000). 더불어 사는 사회를 위한 이론과 실천. 전주대학교 출판부.

이만우 · 노준화(2005). 사회복지법인의 회계와 세무. 탐진.

이병록(2004), 사회복지시설의 사회화론에 관한 일고찰. 한국사회복지학, 56(1).

______(2006). 노인복지시설의 유형에 따른 시설사회화의 차이. 한국노인복지학회, 33.

이수동 · 임채운(2003). 마케팅-도전과 대응. 학현사.

이용교(2001). 인권에 대한 사회복지계의 접근: 성과와 과제. 박영란 외, 한국의 사회복지와 인권. 인간과 복지.

이의훈 · 김숙응(2007). 실버마케팅. 형설출판사.

이종복 외(2010). 사회복지시설운영론. 창지사.

______(1989). 사회복지시설과 지역사회. 사회복지시설론. 범론사.

이종복(1989). 사회복지시설의 사회화에 대한 고찰. 평택대학교 논문집, 제5권.

장인협 · 오정수(2002). 아동청소년 복지론. 서울대학교 출판부.

장재혁(2008). 노인 장기요양보험 추진현황과 발전방향. 보건복지 건강보험포럼, 여름호.

전재일 · 이성희(1999). 사회복지시설의 운영과 평가에 관한 연구. 대구대학교 사회복지개발연구 제5권 제2호.

정무성(1998). 사회복지기관의 후원자 개발을 위한 마케팅 전략에 관한 연구. 사회복지리뷰, 3(1).

정무성(2006). 사회복지프로그램 개발론. 학현사.

정무성a(2000). 비영리조직의 재정확보를 위한 바람직한 기부문화 활성화 방안, (사)시민운동기금 세미나 자료집, 2000.

정무성b(2000). 사회복지기관의 민간자원동원 전략. 제2회 한국지역사회복지대회 자료집.

조운희(1997). 사회복지관 운영평가를 위한 원칙에 관한 연구. 사회복지개발연구, 3(2). 사회복지개발연구원.

조홍식(1998). 장애인 수용시설의 지역사회 개방화. 재활복지 2(2).

최성재 · 남기민(2001). 사회복지행정론. 나남출판.

최원규(1996). 외국 민간 원조단체의 활동과 한국사회사업 발전에 미친 영향. 서울대학교 대학원 박사학위논문.

최윤희(1995). 현대 PR론, 사회복지관 PR, 나남출판.

통계청(2005). 사회통계조사.

______(2007). 장래인구추이.

______(2008). 2008년 생명표.

하상락(1989). 한국사회복지사론. 박영사.

한국사회복지학회(1998). 사회복지 수용시설 평가제의 도입과 대비전략: Self-Assessment 결과를 중심으로. 1998년도 추계학술대회, 10.

한국사회복지협의회(1998). 사회복지시설평가기준 및 평가체제개발연구.

____________(2009). 2009 사회복지시설평가 평가지침 – 노인종합복지관 –. 사회복지협의회 · 보건복지부.

____________(2010), 사회복지시설 유형별 최소기준(안). 사회복지시설평가개선 연구Ⅰ. 한국사회복지협의회 · 보건복지부

한국사회복지협회 · 성균관대사회복지연구소 · 보건복지부(2005). 2004년도 아동 · 장애인 사회복지시설평가자료

홍부길(1988). 비영리조직 마아케팅과 사회 마아케팅. 이화여자대학교출판부.

______(1994). 사회마케팅 – 공중행동변화를 위한 전략. 대영사.

황성철 · 한혜경(2003). 재가노인복지 정책과 실천. 현학사.

古川孝順外(1988). 複合施設化=脱｢施設社會化の視点. 日本社會事業大學紀要, 34.
高澤武司(1985). 社會福祉의 macro와 micro 사이. 川島書店.
東京都社會福祉協議會(1997). 施設運營 핸드북-民間社會福祉施設 運營을 위하여-.
牧里每治(1983). 施設社會化の到達點と課題 -いわゆる處遇の社會化を中心に-. 社會問題研究, 第33卷(1).
석정철실 · 길택한자(1986). 시설における실습교육. 동경: 동경서적.
小笠原祐次(1980). 老人ホ-ムおける施設社會化の諸問題と展開の課題. 社會老年學, 12.
野口定久(1980). 노인홈에 있어서 施設社會化의 實踐아웃트라인과 展開. 社會老年學, 第13號.
原久美子, 井上浩, 深谷美枝(2001). “施設の社會化の戰略” -社會福祉施設實踐の質的分析-. 明治學院論叢 第660號. 明治學院大學社會學會.
全國社會福祉協義會(2000). 社會福祉施設運營論.
秋山智久(1978). “施設の社會化”とは何か-その概念.歷史.發展段階-. 社會福祉研究, 23.
河田正勝(1979). 社會福祉施設と地域社會. 月刊福祉10號.

Bank-Mikkelsen. N(1980). Denmark, in R. J. Flynn & K. E. Nitsch(eds). Normalization. *Social Integration and Community Service*. Austin, Texas.
Bertalanffy, L.(1968). *General System Theory: Foundation, Development, Application.*. New York: Braziller.
Casio, W. F.(2006). *Managing Human Resource: Productivity, Quality of Work Life, Profit. Int'l ed*, New York: Mcgraw-Hill.
Dexer, M. & Habert, W.(1983). *The Home Help Service*. The Chaucer Press: Great Britain.
Drucker, P. F. (1990). *Managing the Non-profit Organization*. New York: Harper.
Fine, S. H. (1992). *Managing the Public Sector New Brunswick*. New Jersey: Transaction Publishers.
Fortune(1994). *Field Education. In Reamer ed. The Foundation of Social Work Knowledge*. New York: Columbia Univ. Press.
Friedlander, W. A. & Apte, R. Z.(1974). *I ntroduction to social welfare, 4th ed.,* New

Jersey: Prentice Hall.

Goffman, E.(1961). *Asylums*. Penguin Books.

Greenfield, J. M. (1991). *Fund-Raising*. New York: John Wiley & Sons.

Hargreaves. P. & Jarvis. P.(2000). *The human resource development handbook(rev. ed.)*. London: Kogan Page.

Ivancevich, J. M.(2003). *Human Resource Management. Int'l ed*, New York: Mcgraw-Hill.

Kadushin, A.(1980). *Homemaker Service, Child, Welfare Service*. New York: Mac Millan Publish Co, Inc.

Kinnear, T. & Bernhardt, K. L.(1990). *Principles of Marketing. IL*, Scott, Foresman, & Company.

Kortler, P.(1985). *Marketing for Nonprofit Organization*. Englewood Cliffs, New Jersey: Prentice & Company.

Kotler, P. & Levy, S. J. (1969). *Broadening the Concept of Marketing. Journal of Marketing. Vol.33*.

Nadler. L.(1983). Human resources development: The perspectives of business and industry. Columbs. *OH:ERIC Clearning Houseon Adult. Career. and Vocational Education.*

NASW(1987). *Social Work Dictional.*

Nirje, B.(1980). The Normalization principle, in R. J., Flynn & K. E. Nitsch(eds) *Normalization. Social and Community Service.* Baltimore

Noe, R. A., Hollenbeck, J. R., Gerhart, B., & Wright, P. M. (200&). *Fundamental of Human Resource Management. Int'l ed*, New York: Mcgraw-Hill.

Oliver, M.(1985). The Integration-Segregation Debate: Some Sociological Consideration. *British Journal of Sociology Education, 6(1)*.

Rossi, H. & Freeman, E.(1985). *Evaluation: a systematic approach, third edition*, Beverly Hills: Sage.

Sainsbury, S.(1993). *Normal life: A Study of War and Industrially Injured Pensioners*. England: Avebury.

Skidmore, R. A. (1995). *Social Work Administration, Needham Heights*. MA: Allyn & Bacon.

Tenbrunsel, T. W. (1982). *The Fund Raising Resource Manual.* New Jersey: Prentice Hall.

Weiss, C. H.(1998). *Evaluation, 2th ed*. New Jersey: Prentice Hall.

Wildavsky, A. (1964). *The Politics of the Budgetary Process*. Boston: Brown.

Wolfensberger, W.(1972). The Principle of Normalization in Human Services. *National Institute of Mental Retardation*. Toronto: leonard Crainford.

찾아보기

저자소개

박용순(朴容淳)

성결대학교 사회복지학과(문학학사)
숭실대학교 대학원 사회사업학과(문학석사)
숭실대학교 대학원 사회사업학과(문학박사)
현　한국지역사회복지학회 이사
　성결대학교 사회복지학과 교수
저서 및 논문　『사회복지개론』
　『사회복지행정론』(공저)
　노인자원봉사의 활성화를 위한 실증적인 분석연구
　청소년 성폭력 예방을 위한 사회복지적 접근 등

송진영(宋眞影)

서울과학기술대학교 전산학과
평생교육진흥원 사회복지학과
KAIST 일반대학원 정보및통신공학과(공학석사)
서울기독대학교 일반대학원 사회복지학과(문학박사)
현　반석재가복지원 시설장
　성결대학교 사회복지학과 겸임교수
저서 및 논문　『노인복지학』
　『지역사회복지론』(공저)
　중장년층 남성이 수행하는 다중역할과 삶의만족도에 관한 구조모형 분석
　중년 취업남성의 다중역할 몰입과 심리적 안녕감 간의 관계
　: 자기효능감의 매개효과를 중심으로 등

권성애(權聖愛)

서울신학대학교 기독교교육학, 사회복지학
미국 New York University 사회사업학과(사회사업학석사)
미국 University of Georgia 사회사업학과(사회사업학박사)
현　글로벌케어의료봉사(NGO) 인턴
　New York Women's Center 임상사회복지 인턴
저서 및 논문　『Promoting Wellness and Quality』
　What is the Domestic Violence?
　Analyzing the Intricate Interaction and Complex Conditions of Our Localities, Nation, and World 등

사회복지시설 운영론

초판 1쇄 발행 2012년 3월 30일
초판 2쇄 발행 2015년 7월 10일

지 은 이 | 박용순 · 송진영 · 권성애
펴 낸 이 | 김기섭
책임편집 | 최창숙
펴 낸 곳 | 창지사 www.changjisa.com
153-802 서울시 금천구 가산디지털 1로 83 파트너스타워1차 9층
전화 (02) 719-2211~3
팩스 (02) 701-9386
등 록 | 1977년 4월 28일 · 제1-421호

ISBN 978-89-426-2240-5 (93330)

값 20,000원